河南经济发展研究

（2017~2018）

郭 军◎著

经济管理出版社

ECONOMY & MANAGEMENT PUBLISHING HOUSE

图书在版编目（CIP）数据

河南经济发展研究（2017~2018）/郭军著.—北京：经济管理出版社，2019.8
ISBN 978 - 7 - 5096 - 6831 - 3

Ⅰ.①河…　Ⅱ.①郭…　Ⅲ.①区域经济发展—研究—河南—2017-2018　Ⅳ.①F127.61

中国版本图书馆 CIP 数据核字（2019）第 158226 号

组稿编辑：高　娅
责任编辑：高　娅　王虹茜
责任印制：梁植睿
责任校对：陈晓霞

出版发行：经济管理出版社
　　　　　（北京市海淀区北蜂窝 8 号中雅大厦 A 座 11 层　100038）
网　　址：www. E - mp. com. cn
电　　话：(010) 51915602
印　　刷：北京玺诚印务有限公司
经　　销：新华书店
开　　本：720mm×1000mm/16
印　　张：26
字　　数：338 千字
版　　次：2019 年 9 月第 1 版　　2019 年 9 月第 1 次印刷
书　　号：ISBN 978 - 7 - 5096 - 6831 - 3
定　　价：98.00 元

自 序

　　趁着春节假期，我把这两年的一些文稿整理完毕，看看时间，已是 2019 年 2 月 17 日了。整理之前我一直在思考怎样为本著作写一个自序，虽然脑海中一直想着以中共十九大的召开和纪念改革开放 40 周年这两件大事展开，却仍然没有头绪，不在状态。2 月 18 日，应小外孙女提议，我陪着她去了郑州市人民路的中原书城，她在一楼少儿馆很认真地挑了两本书，便坐在台阶上埋头看了起来，我则跑到二楼转悠着、寻觅着，希望能够找到一些灵感与思路。有关中共十九大和改革开放 40 周年的书不多也不少，我翻看了十多本，快两个小时过去了，似乎还是很茫然，正欲下楼之际，临路口书台上一本《一篇读罢头飞雪，重读马克思》的半旧色书目映入我的眼帘，韩毓海教授的这部著作，之所以引起我的注意，一是我印象中曾经翻阅过他的《五百年来谁著史》，写得很有个性与意境，文笔也很好；二是这个书名以及导读那一行字眼"阅读马克思，从这里开始"很是诱人，我一口气看了 30 页，心里泛起了涟漪，我没有再犹豫什么，疾步下楼来到收费处交款认购，心里油然升起一种满足感。

　　我回到小外孙女读书的地方与她一道阅读起来，先是挨着页看，后来是跳跃着看，给我感触最深的是：这是作者自己的东西，一些内容认知也有"拿来"的，但更多的是自己的研讨，且思路与文笔表达得很新颖、很到位、很自然、很耐读，包括对马克思一些理论的见解，以及与现代中国实践的联系等都很有见解，凸显出一位教授、一位学者的品格风范，现在像这样真正写出属于自己苦读认知的人已经很少了。

晚上躺在床上还在念叨着这本书、这个人。韩毓海教授实际上是中文系搞文学的，却能把经济社会问题，而且是把马克思主义学说与现实经济社会问题联系在一起，为时代"传道授业解惑"。这不禁使我想起了河南省原作协主席田中禾先生，我称田先生是源于我对他的一种崇敬。可能有十多年了，有一次我们一起参加省优秀报纸杂志评审，吃了晚饭出来散步，围着饭店的地理方格，我们转了多少圈已不记得，而田先生给我讲亚当·斯密，讲《资本论》的骨骼要义，使我这个一直认为自己在这方面很有底子、很有领略的人，感到汗颜、惭愧。一个搞文学的，竟然能把经济学的祖宗圣贤、名著名言讲得活灵活现、生动逼真、入木三分，太了不起了。从那时起，我再也不敢班门弄斧、自以为是了，开始重新老老实实地读书学习，提升和重塑自己。韩毓海教授也应该是我没有谋面的老师，却给了我感动、给了我教诲、给了我指向。再想想自己的一些小零碎，真觉得都有点拿不出手了，但我又非常珍惜韩毓海、田中禾给我的启迪，使我有了写作自序的涓涓细流，我应该像他们那样静下心来认真地研读、研讨，写出属于自己真实的、内心的思想和言语。

2019年2月19日，这一天是元宵节，小外孙女想出去走走，这一走，便走到了汴京城，我们逛起了开封的书店街。书店街曾经以诗市、画市、书市在全世界闻名遐迩，如今"市"保留下来了，"市井"却今非昔比，大多数换成了经营买卖各种小吃的地方。路边的一组用古铜浇筑的弟子与先生研墨习字的雕塑，在熙熙攘攘的人流中，显得冷落悲鸣，不再受人待见，亦不见路人驻足，只有那片片污水坑和用链条锁着的三辆破旧人力车紧紧地簇拥陪伴着。还好，我们从这头走到那头，发现了几家书店，而开封市的购书中心也一直坐落于此，这座偌大的三层古建筑里倒是挤满了看书购书的人，收费处也时不时地排起小长队，但看客多为少儿郎或是一些中学生。我上下几次楼把三层看了个遍，并没有发现有经济类的图书专架，而在迎门口的书台上惊喜地发现了一本由人民出版社出版发行的、中共中央党史和文献研究院编写的《改革开放四十年大事记》，顿觉眼前一亮，觉得自序更有路数了——联想到刚刚在车里只浏览题目，尚没有来得及看的微信群里转发的"今天，纪念一位伟人"的文稿，猛然间意识到今天是邓小平的祭日。转瞬间小平同志离开我们已有22年了！从1978年中共十一届三中全会，到2017年中共十九大，再到邓小平与改革开放四十年，我一下子豁然开朗起来，不由自主地竟面对着这本书和意念中自己好像肃立在深圳莲花山公园邓小平塑像前，规规矩矩地、深深地鞠了一躬。

返回家中，我迫不及待地读起了《改革开放四十年大事记》，一年年，一次次，一件件，四十年改革开放，四十年翻天覆地，亦如原河南省委讲师团的滕世宗团长在微信里说的那样，"若无邓公，也许如今还在为温饱发愁呢""改革开放创奇迹，莫忘小平大功勋"。改革开放四十年，我是亲历者，我是受益者，我知道了这个自序应该怎么写，写什么了。

微信里有人发过来这样一个题目：今天是2019年2月19日，邓小平逝世22周年。微信的内容既像一篇散文，又像是一首诗，还似作者本人在给大家朗诵着：今天，当你坐在高考考场时，你是否会想起他——邓小平！是他在1977年果断决策，恢复中断10年的高考制度。今天，当你坐在舒适的高铁上探亲旅行时，你是否会想起他——邓小平！是他在1978年出国考察后，提出中国要建设高速铁路。今天，当你每年参加义务植树时，你是否会想起他——邓小平！1979年确定3月12日为植树节后，是他种下了植树运动的第一棵树。今天，当贫困地区孩子坐在宽敞的教室学习时，你是否会想起他——邓小平！是他在1992年亲自为"希望工程"题词，并两次捐款带头推动这项工程建设。今天，当你到港澳旅游时，你是否会想起他——邓小平！是他提出"一国两制"伟大构想，使香港、澳门顺利回归祖国怀抱。今天，当你享受幸福安康的生活时，你是否会想起他——邓小平！是他倡导改革开放，让改革的春风唤醒华夏大地。今天，当你感叹中国的国防强大时，你是否会想起他——邓小平！是他力推军队革命化、现代化、正规化建设，使我国国防和军队建设发生质的飞跃……我的泪刷刷地流着，这些泪流得真实、流得自然，流的是对一代伟人的敬仰和致意！流的是对今天美好生活的满足和如意。

我翻看着《改革开放四十年大事记》，这是一部记载了邓小平号召改革开放、发展中国的历史画卷和史诗。四十年弹指一挥间，中华人民共和国历经了从毛泽东要使我国和人民自力更生、奋发图强"站起来"，到邓小平改革开放"富起来"的伟大跨越。1978 年 12 月 18～22 日举行的中共十一届三中全会批判了"两个凡是"的错误方针，充分肯定了必须完整地、准确地掌握毛泽东思想的科学体系，高度评价关于实践是检验真理的唯一标准问题的讨论；果断地停止使用"以阶级斗争为纲"的口号，做出把党和国家工作重心转移到经济建设上来、实行改革开放的历史性决策，从而实现了中华人民共和国成立以来党的历史上具有深远意义的伟大转折，开启了我国改革开放和社会主义现代化建设历史新时期。

翻看着《改革开放四十年大事记》，我心潮澎湃，思绪万千，不由得把历史的舢板划回到四十年前，看看、听听，改革开放是怎么一个初心、怎么一个设计、怎么一个起势、怎么一个征程：

1979 年 1 月，邓小平在听取工商业界人士对搞好经济建设的意见和建议时指出，现在搞建设，门路要多一点，可以利用外国的资金和技术，华侨、华裔也可以回来办工厂。要发挥原工商业者的作用，有真才实学的人应该使用起来，能干的人就当干部，要落实对他们的政策。总之，钱要用起来、人要用起来。1979 年 3 月末，邓小平在党的理论工作务虚会上作了《坚持四项基本原则》的讲话，强调如果动摇了四项基本原则中的任何一项，那就动摇了整个社会主义事业，整个现代化建设事业。1980年5月，邓小平在同中央负责同志谈话时指出，农村政策放宽以后，一些适宜搞包产到户的地方搞了包产到户，效果很好，变化很快。我们总的方向是发展集体经济，关键是发展生产力，要在这方面为集体化的进一步发展创造条件。1982年9月，在中共十二次全国代表大会开幕式的致辞里，邓小平提出了要把马克思主义的普遍真理同我国的具体实际结合起来，建设有中国特色的社会主义。1983年7月，邓小平在同中央几位同志谈话时指出，要请一些外国人来参加我们的重点建设以及各方面的建设，应该很好地发挥他们的作用。要扩大对外开放，中国是一个大的市场，我们要很好地利用，这是一个战略问题。1988年9月，邓小平在会见外宾时指出，马克思说过，科学技术是生产力，事实证明这话讲得很好。依我看，科学技术是第一生产力。他在听取有关方面的工作汇报时指出，沿海地区要加快对外开放，使这个拥有两亿人口的广大地带较快地先发展起来，从而带动内地更好地发展，这是一个事关大局的问题，内地要顾全这个大局。反过来，发展到一定的时候，又要求沿海拿出更多力量来帮助内地发展，这也是个大局。那时沿海也要服从这个大局。1990年3月，邓小平在同江泽民等谈话时提出，中国社会主义农业的改革和发展，从长远的观点看，要有两个飞跃。第一个飞跃，是废除人民公社，实行家庭联产承包为主的责任制。第二个飞跃，是适应科学种田和生产社会化的需要，发展适度规模经营，发展集体经济。1990年12月，邓小平同中央负责同志谈话时指出，我们必须从理论上搞懂，资本主义与社会主义的区别不在于是计划经济还是市场经济这样的问题。社会主义也有市场经济，资本主义也有计划控制。不要以为搞点市场经济就是资本主义道路。计划和市场都得要……

我激动地摘抄着邓小平在改革开放前期谈发展经济与之相关的一

些段落，又联想着之后邓小平关于社会主义生产目的、社会主义发展阶段、社会主义现代化建设、社会主义体制机制等理论，脑海中翻腾着那曾经的一场场改革发展理论的争鸣，一幕幕改革发展实践的潮涌，深深地认识到，正是邓小平的远见卓识，战略思维，不仅务实地推进了中国现代化建设的步伐，更形成了邓小平的把马克思主义同中国实际相结合，实施改革开放，建设有中国特色社会主义的理论——社会主义本质论、社会主义初级阶段论、社会主义市场经济论，这三论归结为一论，落点到了"发展是硬道理"论，而这些论述又是来自于邓小平的以马克思主义、毛泽东思想、社会主义道路为坐标曲线的"一个中心，两个基本点，三个标准，四项基本原则"的理论基础。理论的廓清，理论的明晰，才有了实践的遵循，才有了改革开放40年的发展变化，所以，当我们纪念改革开放40周年的时候，是怎么也不能忘怀邓小平这个伟大的设计师、伟大的启幕人的。

"我们党作出实行改革开放的历史性决策，是基于对党和国家前途命运的深刻把握，是基于对社会主义革命和建设实践的深刻总结，是基于对时代潮流的深刻洞察，是基于对人民群众期盼和需要的深刻体悟。""改革开放是我们党的一次伟大觉醒，正是这个伟大觉醒孕育了我们党从理论到实践的伟大创造。改革开放是中国人民和中华民族发展史上的一次伟大革命，正是这个伟大革命推动了中国特色社会主义事业的伟大飞跃！""建立中国共产党、成立中华人民共和国、推进改革开放和中国特色社会主义事业，是'五四运动'以来我国发生的三大历史性事件，是近代以来实现中华民族伟大复兴的三大里程碑。""改革开放铸就的伟大改革开放精神，极大地丰富了民族精神内涵，成为当代中国人民最鲜明的精神标识！"习近平在"庆祝改革开放40周年大会"上讲的这些被国人称之为的"金句"，对改革开放进行了客观的、精准的、高度的概括。无疑，改革开放真真实实地为中国人民和中华民族发展向前积累了强大能量，必将形成实现中华民族复兴和伟大中国梦的势不可当的磅礴力量，更将成为指引与支撑中国人民和中华民族强大起来的精神力量！

改革开放，尤其是中共十八大以来，以习近平为总书记的新的中央领导集体，以大无畏的、政治家的责任与担当，领导了亿万人民砥砺前行，进入了习近平中国特色社会主义新时代。新时代是因为新的社会主要矛盾的变化，这一变化，决定了当前和今后相当长的时期内，我国社会主义生产的目的，就是要按照新思想、新理念，认真解决我国经济发展的不平衡不充分问题，以不断满足人民日益增长的对美好生活的需要，包括为此审时度势，果断地由高速增长阶段转向高质量发展阶段。亦如习近平在中共十九大报告中所阐明的，"坚持质量第一，效益优先，以供给侧结构性改革为主线，推动经济发展质量变革、效率变革、动力变革，提高全要素生产率，着力加快建设实体经济、科技创新、现代金融、人力资源协同发展的产业体系，着力构建市场机制有效、微观主体有活力、宏观调控有度的经济体制，不断增强我国经济创新力和竞争力"。这是一个建立在对过去走过的路的冷静回顾与总结，这是一个面向未来、面向世界、面向现代化的睿智抉择，从而做出的战略性规划与运作统筹，这是一个回归以人民为主体、一切为了人民，贯穿着全心全意为人民服务的、共产党的基本宗旨的新追求、新部署、新工程、新方案。在今天，我们既要应对世界动荡多变的局势，融入经济全球化发展，更要有一个稳定发展的国内形势，"不管风吹浪打，胜似闲庭信步"，立基做好自己的事情。没有国家的经济、社会、文化、政治的良好发展，就不能使国家和人民趋向马克思憧憬的社会主义"自由人联合体"，谈复兴、谈追梦、谈崛起将是不现实的。所以，习近平每每讲话的字里行间，总是强调伟大梦想不是等得来、喊得来的，而是拼出来、干出来的，实干兴邦，幸福是奋斗出来的，话语权是以实力为支撑的，这就是中共十八大以来引领当代中国发展的主基调、主旋律、主动力。

我到市县或企业讲学座谈，说得最多的就是中共十九大报告中上述的这一段话。我说一定要认真学习，深刻领会这一段话，我们的地方官和企业领袖们更要全面系统深入领会贯彻，成为领导今日之中国地方经济和企业经济发展的纲和线。一定意义上说，"五大理念""四个意识""四个自信""五位一体""四个全面"，以及以党的建设的高质量，推进经济高质量发展，其基本的内涵与外延、初心与目的，应该都是源于使这一段话从理论转化为现实。这一段话既强调了"以经济建设为中心"，更深化了"以经济建设为中心"与怎样去实践和推进"以经济建设为中心"，使"以经济建设为中心"内化和提升到新时代这个发展的新的历史方位之高度——以高质量经济建设为中心。这是以习近平为总书记的中央高层对如何在新时代进一步促进和加快我国经济迅速强起来，而设计和开出的连天接地的、科学的大"处方"、大路径、大对策、大举措。只有经济高质量发展了，我们才有可能称得上经济强大了，我们才有可能复兴和圆梦，我们才有国际地位和话语权，我们才有可能真正地屹立于世界民族之林。高质量的、强大的经济竞争力才是国家实力和可持续发展的根本标识！

　　坦率地说，这两年我国经济形势整体处于不理想状态，按照中央政治局会议表述称"严峻"。舆论认为的主要影响因素是，科技创新不足问题、民营企业融资难融资贵问题、中美贸易摩擦问题，等等。应该说，这些因素都是存在的、重要的，但是我个人认为影响因素还不完全都在于此，至少还有以下几点值得认识和研讨：

　　第一，生态环保的"一刀切"问题。打好蓝天保卫战要不要，当然要；矫枉过正该不该，当然该。但像我国作为尚处在还没有完全摆脱"小生产像汪洋大海"般的发展中国家，作为尚处在还依靠的是农业起家，工业发家，第一、第二、第三产业融合兴家，作为尚处在工业化中前期、工业化刚刚开始寻找着与信息化的结缘发展，作为尚处在艰难的平衡着资本有机构成提高、技术有机构成提高与劳动力市场波动的安全临界点的社会主义初级阶段，绝对的、严格的照搬照套发达国家指标数据控制约束，是否可行？是否现实？何况生态环保问题的解决也绝不是三年两载的事情，总是需要一个过程，包括人的绿色生态观念、保护生态环境的制度体制机制、相应的工程装备措施、技术措施以及成本因素等。一些地方的一些企业因环保指标要求被限产、停产、停建，一些施工企业高达半年不许开工，一些企业因没有实力建设环保设施逼迫停产，凡此等等，导致了一些市县经济和收益难以为继。近段时间中央似乎已发现和开始解决这一问题，这是对的。记得20世纪90年代，我们实际上也因环保问题对中小微企业实施关停并转，由于"一刀切"，造成了市县经济几乎陷入瘫痪。时过境迁，人们发现上海、江浙地区，特别是两省所辖市县和乡镇经济并没有受到多大影响，是因为在那个时期没有搞"一刀切"，而是因时因情、区别对待、分类施策、政府作为、引领企业转变方式、技术改造、技术嫁接、转型升级，这个历史也是值得我们今天再思考、再回味的。

第二，科技创新力问题。改革开放以来，虽然科技是第一生产力的意识增强了，但长期习惯于拿来、仿造和发达国家坚持对我们的高新技术封锁，加之科技体制、管理制度、用人机制、创新环境、脑体力倒挂等问题并没有真正解决，这应该是一直影响科技创造与创新力不强的具体因素。特别是这些年本来的科研立项难，又加上了一个科研经费使用难，连攻关在国家层面的，甚至是国际顶尖前沿领域的科研团队、科研领军人物也因对财政、财务的"规盲""纪盲"，而遭受磨难甚至牢狱之灾，虽已引起国家总理不得不在两院院士大会上疾呼要改变这一现状，然而又有多少改变呢？科研单位，包括"985""211"研究型大学在内的组织导向、政策环境问题，地方主流科研单位、高校的官本位问题，学术造假问题，高喊着去行政化，而行政化越来越严重问题等并没有真正地、具体地得以解决。经济的下滑与科研的下滑是相连的，现在因使用经费难，而不愿申报项目，不做科研已是普遍现象。有高校的领导说，今天若不是有人要评职称还需申请个项目、发表篇论文，可能就没有什么人在搞科研也可能就没有什么科研成果了，这话是真的。科研形势的严峻与经济形势的严峻是一体的，这种线性关系下，何谈科技创新力呢？兴许上边高层也已洞察出了什么，近年来接连下发了一些文件，而关键是让这些文件怎么落地、落实，怎么解决"中梗阻"，怎么在基层全面落实按中央要求赋予科研团队、科研领军人物更多自主权？怎么让科研人员和科研团队自由地、自主地，无忧无虑地从事科研创造创新？

第三，政府治理与公务人员精神状态问题。提出提高政府治理能力水平、政府治理现代化肯定是英明的，但我感觉现在还不是政府治理能力差的问题，而是治理不治理，以怎样的工作状态、精神状态来治理的问题。2017 年中央提出治理懒政问题，其实到现在依然没有很大的改变，拿一些公务人员的话来说，现在是不敢干，不能干，不知怎么干？而下边聊天的话是，"惩治贪腐永远在路上""哪些该干，哪些不该干；哪些该说，哪些不该说；心里没底儿"，为什么要"习惯于在监督下工作"；等等。说穿了，对目前的施政有抵触，只好阳奉阴违，推推转转，不推不转。试问这样的精神状态、工作面貌，会有动能？会有绩效？会有发展？再者，由于习惯于封建的掌权、集权、专权、玩权，习惯于桌台背后发号施令，习惯于人情关系设租寻租，虽经四十年改革开放，一些官僚却依然不愿走市场经济这条路，依然看不好企业、百姓不受管制，自由平等、自觉自主地按照市场法则行事。究其原因，无非是由于深化改革和全面开放，打破了原有公务行政治理秩序藩篱，也由于一些人心有余悸，想"弄"事儿，又怕出事儿，懒政就是很自然的事情了。面对这一现状，中央并非不知情，为此一直在调整、在重组、在形成新的各级领导力，省市高层也在调整、重组自己的领导及其骨干带动力。然而，冰冻三尺非一日之寒，尚需要时间考量啊！改革四十年，什么都在变，唯有"两头热、中间凉"的问题没有根本改变，尽管中央一直在强力推进"放管服"，阻力、难度依然很大。

第四，社会安定及其治理问题。过去说，政府与国民之间的依赖、共产党与老百姓之间的鱼水情关系淡漠了，其实现在改变得太多了，尤其是这几年，惩治腐败，老虎苍蝇一起打，强调以人为本、强化国家财力的民生工程，增进人民的获得感、幸福感，老百姓是看在眼里感受在心里，是拥护共产党、热爱中华人民共和国的，并且对新时代有着极大的期盼和向往。但是也有不如意的地方，如电信欺诈、网络欺诈、广告欺诈、食品欺诈、司法不公等，引发了百姓生活的不安全性、不稳定性、不满意性。政府虽然也下了决心要解决这些问题，但为什么还是很猖獗，屡禁不止？说明法律漏洞多，说明司法不严。当人们整日处在担惊受怕，不知道敢吃什么，敢用什么，敢帮什么的时候，有心去创业创新？有心去安于和忠于工作？有投入忘我劳动的精神头？我们应该看到，社会环境、社会风尚问题直接拉低了劳动生产率。民间称专家为"砖家"，是说一些教授名家，天天就经济问题高谈阔论，经济形势却愈加严峻，就是认为被他们扔砖砸乱、砸坏的。想想也有道理，为什么？经济学家往往是就经济说经济了，然而很多经济问题并非能够从经济自身找出原因，单纯的经济学研究已无法看破经济问题，而是要从社会实践、社会学等视角研判，社会问题对经济问题的影响是客观的、直接的，所以我们必须正视和认真解决当前国民对社会乱象不满、治理不力的问题。

这里只是讲一些别人不愿意说，我则觉得应该说出来的话。经济形势不好有世界经济不景气的连锁反应，但中华人民共和国前三十年那么艰难，那么被封锁，不照样构建了我们的工业化和整个国民经济体系？习近平有一个思想叫：什么时候，无论什么事情，主动权都要也都必须要掌握在我们自己手里。对于美国给我们制造麻烦，对于世界经济持续低迷，我们应敢于亮剑，敢于应对，但理智的是，更要审视、正视我们自己的问题短板所在，首先做好我们自己的事情。

说到老家河南，我一直很喜欢 2017 年《河南日报》几位记者概括的这一段话，从工农业战线"十面红旗"到"十八罗汉闹中原"，再到"三区一群"战略引领；从"中原粮仓"到"国人厨房"，再到"世界餐桌"；从闻名全国的"二七商战"到粮食的"郑州价格"，再到 E 贸易"买全球、卖全球"……河南人主动抓住机遇，全面深化改革，让河南由跟随者向领跑者转变。这段话道出了河南的进步与发展，展示出了河南作为发展中大省的魅力。

的确，河南似乎比有些省份经济形势要好一些，一是继续保持了经济总量在全国第五位的水平；二是年均增速基本上维持了高于全国一个多百分点的水平，在目前大形势背景下，能做到这一点，着实是不容易的。应该说，尽管省委书记在两年里换了两任，省委省政府还是提出了不少好的思路决策，虽然其中有不少是理念性，甚至属于口号性的。我最喜欢听与看的是 2017 年河南省首次提出的《政府工作报告》，至今还一直沿用和坚持的作为河南经济社会发展目标取向、目标要求的"三个同步""三个高于"。"三个同步"，即城乡居民收入与地区生产总值同步增长、生态环境质量与经济质量效益同步改善、社会事业进步与经济发展水平同步提高；"三个高于"，即生产总值、财政收入、居民收入的增速均高于全国平均水平。包括 2018 年、2019 年两会上陈润儿省长作的《政府工作报告》，都继续坚持和明确了这个目标要求，从而表现出政府务实发展经济、匡扶民生的一面，我非常赞成。

河南，有着深厚的、源远流长的、悠久的历史，但这是以农业为主体、小农生产为标志的农耕史，凸显的是一种小农意识、小生产关系的、带有封建羁绊的地域文化，正是这一文化底蕴，形成了河南人千百年来难以超脱的故步自封、墨守成规，即使是有着"一五"时期的新中国"大工业"布局，却并没有发酵出一个后来的跨国性现代企业。仅这一点，便可以说明所谓的中原文化，既有灿烂辉煌、闪烁文明的一面，也有落后保守、囿于现状的一面。这就告诫我们，不要总是津津乐道我们几千年的颇具封建色彩的"优秀"文化，而是要把着眼点放在这一文化对当今时代的正相关影响，及其传承中赋予的新的内涵所焕发出来的正能量、新动能上，也就是说，要挖掘和赋予我们中原文化新的内核、新的意境、新的评判标准、新的文化经济力，真正以文化大省带动人口大省走向经济大省、经济强省。我记得2017年河南两会的《政府工作报告》陈述存在问题的表述是，"改革相对迟缓，创新能力不强，高端人才短缺，政策环境不优，旧动能持续减弱，新动能增长乏力，新技术、新产业、新业态、新模式发展相对滞后，影响经济发展后劲和支撑能力"；2018年河南两会的《政府工作报告》陈述存在问题的表述是，"发展方式落后，投资边际效益递减，能耗水平仍然较高，环境问题依然严重；……增长动力不足，企业特别是行业龙头企业数量偏少，创新能力不足，新兴产业增长难以弥补传统产业下拉影响"；2019年河南两会的《政府工作报告》陈述存在问题的表述是，"增长方式粗放、结构矛盾突出、创新能力不强的状况尚未根本改变，新产业、新业态、新模式依然较少，发展新动能仍然不足"。相应地，2017~2019年三年的《政府工作报告》在揭示这些问题成因时，分别表述为"改革和政策措施落实不到位，一些干部观念落后、作风浮漂、能力不够，存在推脱慷懒、不作为、慢作为现象。一些领域不正之风和腐败问题依然时有发生"。"政府职能转变还不到位，一些政府工作人员能力素质不适应新时代要求，一些领域不正之风和腐败问题不容忽视"。"治理能力不强。政府职能转变不到位，依法履职水平不高，一些政府工作人员能力素质不适应，存在能力不足不会为、动力不足不想为、担当不足不敢为的现象，一些领域的不正之风和腐败问题依然存在"。这些表述言简意赅，直击要害，既有与全国其他地区一样的普遍性，也披露了具有河南地域特点的个性，而这些问题的背后则应该是一个观念及其沉醉于传统文化不能自拔的问题——对传统文化是停留在原有传承，还是推陈出新的问题。

如果说，以人民为主体的人本主义思想的核心讲的是人们在经济社会中的地位作用，强调的是科学调处好人们在经济社会事务中的相应关系，包括劳动力所有者关系、劳动就业关系、劳动分配关系、劳动社会保障关系等，那么，这里的人必然指的是有思想、有追求、有担当、有作为的人，即有文化的人——有文化修养、文化品位、文化层次、文化传承、文化追求，以文化（机制）对自己的言谈举止、交差共事形成激励与约束的人，而不是只讲有传统文化，不讲怎么对传统文化赋予新的内涵、新的评价标准，让文化在新时代发挥新的动能作用的人。

前不久，我们和一位省委领导座谈，他谈到了南北地区文化与经济差异问题。他说南方的政府官员很愿意"放管服"，一说机构改革，职能权利重心下移，不讲条件，没有怨言，说下到哪儿，就能很快下到哪儿，改革很快能够到位。河南则很艰难，一说机构改革，先讲对等条件，有钱有权的职能不能划走，无钱无权的职能谁也不想要，说的还都是头头是道，理由似乎都很充分，这就是一种地域文化，但这恰恰说明我们应该如何看待这种文化，我们有文化，但这是先进文化还是落后文化？这种文化是在促进各项事业的进步，促进社会生产力的发展，还是相反？这位领导还说，南方的官员都在想着怎么干事创业，怎么挣钱，我们的一些干部则在做什么？想着怎么当官，怎么当大官，炫耀"我在任时提拔了多少干部"。我们官本位的思想应该说很强烈，根深蒂固，这就是这种地域文化造就的文化产物，这种文化还是少点好，正是这种文化阻碍窒息了我们的改革、我们的开放、我们的生机与活力。这位领导太有思想，认识太深刻、太到位了，把文化与人的观念、社会经济、发展进步紧紧联系起来了，把这几年倡导的打造文化高地注入了质的内核。我们的各级领导和政府公务人员如果都能有这个意识、这个观念，该有多好啊！何愁我们不能实现富民强省，中原出彩呢！

这两年，我到一些地方讲学，总是会有人问我，到底什么是中国特色社会主义？我的回答是明确的，第一，首要的是坚持社会主义方向，不断探索把马克思主义同中国的建设与发展相结合的理论和实践，而这一探索及其路径抉择就是改革开放，改革开放是中国共产党人找到的、推进社会主义中国的历史锁匙，从而构成中国特色社会主义的最本质内核与鲜明特征，也就是所谓的最大的特色。抑或说，中国特色社会主义的最大特色就是改革开放，以改革开放不断寻求建设和发展现代社会主义中国。第二，中国特色社会主义的提出和建设，反映了共产党人的历史观和阶段论，即科学地研判出我国尚处于社会主义初级阶段，社会主义初级阶段只能按照社会主义初级阶段的国情特点来完善生产关系，来谋略规划生产力发展。这就是毫不动摇地发展公有制经济和非公有制经济，坚持多种产权所有的混合型经济，既要发挥好市场对资源配置的基础性、决定性作用，也要提高政府治理能力现代化水平，规避市场的某些局限性、滞后性、盲目性，保持宏观经济运行速度、就业、价格、国际收支之间的协调性、稳发展，增强社会主义市场经济的生机与活力。对我国社会主义发展阶段的研判定位，从而实施市场经济体制机制，是中国特色社会主义的又一基本特色所在。第三，中国特色社会主义的重要特色之一是承认我国为世界上最大的发展中国家，我们既要努力分步实施不同阶段的战略构想，摆脱贫困，进入全面小康，也要加快国家工业化与信息化融合，应用新理念、新业态、新模式，迈入新经济；我们既要认真做好自己的事情，也要借力"经济全球化"，不断寻求新的、更高层次的平台发展壮大，并围绕于此全面深化改革，全面对外开放；我们既要坚持永远不称霸，走与世界各国和平共处的道路，也要积极参与、主动融入世界一体化发展进程，放大中国市场经济能量，吸纳世界最新经济动能。第四，解放思想、实事求是，不忘初心、砥砺前行，勇于担当、与时进取，在传承社会主义经典和进入习近平中国特色社会主义新时代过程中，进一步明确和坚持以人民为主体，一切为了不断满足人民对美好生活的需求，以"五大发展理念""四个自信""五个全面"总体布局，"四个全面"战略布局，奋力实现民族复兴和伟大的中国梦，以中国特色社会主义"自由人联合体"，促进和带动构建"人类命运共同体"，为世界贡献出中国人民的智慧和力量。

无疑，中国特色社会主义包含了中国特色社会主义道路、中国特色社会主义理论、中国特色社会主义制度、中国特色社会主义文化，以及中国特色社会主义的伟大斗争、伟大工程、伟大事业、伟大梦想等内容。所以我们要加强中国特色社会主义思想修养，融入到新时代中国特色社会主义的伟大实践中，凝结成激励全体中华儿女同心共筑中国梦的精神的、物质的动能与动力。也是这样，我作为一名普通党员，或是作为一名普通教师，面对经济新常态也好，经济形势严峻也罢，总是保持着一颗乐观的心，总是坚信我们的国家、我们的河南，明天一定会更加美好！

序言并无严格规定必须的范式内容，自序更是可以表白一些自我感言。这个自序，一是交流一些形势认知，二是给同仁说说这两年做了些什么。也许我就是这样的人，不愿停顿下来，愿意每天都有事儿干，更喜欢安排得满满当当的，方才觉得活得充实，活得有价值。我比较愿意与年轻人接触交流，他们有朝气、有生机，和年轻人在一起可以向他们学习很多新知识、新观念，当然也有私心，也想凭此使自己多一些年轻人的心态与活力，如果有可能，我当然会争取更多的机会与年轻人在一起，这本文集里的很大部分便是我与年轻人关于专业、人生的交流内容，其他的则是应邀的一些命题作文。文中难免有错误不当之处，诚请批评指正！

郭　军

2019 年 2 月 28 日于郑东新区龙子湖毓苑

目　录

第二章 客观看待经济形势 勇于追求管理效应／115

第三章 科学规划市县经济 实现扶贫脱贫与乡村振兴／215

第四章　引领教师砥砺前行　忠诚党的高教事业/283

第五章　发挥高校优质资源　积极推进智库建设/357

第一章 谱写时代新篇章 让中原更加出彩

满怀豪情迎接党的十九大召开

——参加河南省委宣传部迎接党的十九大召开宣讲稿

2017 年注定是载入当代中国发展史册的耀眼的一年，这不仅是因为在北京圆满召开了"一带一路"国际合作高峰会议，包括美利坚合众国、日本等也派高官与会点赞，使中国一跃成为世界经济社会发展的引领者，更在于中国共产党的第十九次代表大会的召开，成为国内外政治经济社会生活中的一件大事、要事。所以迎接党的十九大，宣传党的十九大，保证党的十九大的顺利召开，就是我们每一个党员，每一个老百姓自然的、自己的事情。换句话说，迎接党的十九大，我们不能只是一般的关注，而是要从政治素养、专业素养、人文素养的提升上，全面地、充分地认识党的十九大召开的现实意义、历史意义，满怀豪情地迎接党的十九大的召开。

利用今天这个机会，我想和大家交流以下三点认识。

三点认识其实也是一个主题，即在进一步提升个人的政治素养、专业素养、人文素养中，热烈地、深情地迎接党的十九大的召开。

一、在提高政治素养中迎接党的十九大的召开

一个人生活在万花筒般的社会里，要说没有党派意识，没有政治倾向，没有集体归属感，是不现实的。人与动物的区别就在于他有思

想，在于他作为一种高级生命体，有着极强烈的政治倾向性、政治参与性、政治目的性、政治影响性，即政治素养。人类社会发展到今天，无论是原始社会，奴隶社会，封建社会，资本主义社会，到社会主义社会，人们都不是孤立存在的，人们追求文明进步，民族追求尊重和谐，国家追求繁荣昌盛，无不是以一定的政治素养在政治作用力下实现的。

没有政治追求、政治倾向、政治素养的人几乎是不存在的，拥护谁，反对谁，总是会表现出来的。前些日子，我在郑东新区龙子湖散步，遇到两位正在干活的民工，闲聊中，他们说，"习近平真行啊，说弄谁就弄谁了，共产党有希望了，真好，就是啥时候把我们村的支书、村长给拾掇了，就好了"。这就是一种在大是大非面前的态度，这就是一种政治倾向，这就叫有政治素养，他知道党和国家的一些事情做法对不对，认可不认可，赞成不赞成，尽管话说得不是那么妥当文雅。

我们坚持马克思列宁主义作为指导思想的理论基础，强调中国共产党是领导我们事业的核心力量，从而形成了我们共产党人的政治信仰和国民的社会主义价值观，也就形成了我们的政治素养，使我们的言谈举止、交差共事都应该以这一政治素养为转移，尤其是我们的党员和党员领导干部。

实践是检验真理的唯一标准，没有共产党就没有新中国，没有共产党，就没有当代新中国。我们的党不仅百年不衰，而且把一个贫穷落后的旧中国带入令帝国列强们羡慕嫉妒恨，还可以与它们抗衡的大国、强国，这在中国的历史上又有哪一个党派能做到、哪一个朝代能做到呢？所以，习近平提出了"制度自信，道路自信，理论自信，文化自信"的豪迈的、坚定的、不容置疑的信念和每一个国人都应具备的政治素养，更是一个中国共产党党员的基本的政治自信和政治素养。

诚然，我们也存在不少问题，特别是日积月累出现的重大结构失衡、如中央列举的实体经济结构性失衡、金融和实体经济失衡、房地产和实体经济失衡等。这说明我们并没有避讳这些问题的存在，我们在努力地调整、改变着这些状况。特别是以习近平总书记为核心的新的中央领导集体，果断提出转变思维，把调结构、转方式、提质增效的主线、重心放到供给侧结构性改革上，"去库存，去产能，去杠杆，降成本，补短板"，不仅是对原有国民经济运行模式的再梳理、再提高，更是对未来中国经济发展的再定位、再优化。

这一方面说明结构问题由来已久，说明调结构的难度，另一方面也说明我们面对问题，更趋理性与智慧（中外经济学家都认为市场决定生产，需求决定供给，但供给并非就是被动的，生产对需求、对市场的作用力也是很现实、很重要的，不能只做需求文章，应供需两端发力），更有责任与担当，说明以习近平为核心的中央领导集体驾驭经济社会规律，重塑中国经济社会的能力、潜力、魄力。

从党的十八大召开到现在，短短五年，这些变化、这些发展，相信我们每一个人，都会感同身受，激情满怀的，这就是我们应该拥有的政治情怀，应该持有的基本的政治素养，这也是我之所以提出要满怀豪情地迎接党的十九大的召开的依据。

我们现在讲"砥砺奋进的五年"，是说这五年发展了。你承认不承认？谁不承认发展了，谁就不是辩证唯物主义者，也不是历史唯物主义者。

拿河南来说，2016 年我们河南地区生产总值达到 4 万亿元，稳居全国经济总量第五位；我们的粮食综合生产能力跨越 1200 亿斤；我们的城镇居民人均可支配收入达到 27233 元，农民人均可支配收入达到 11697 元；我们新增城镇就业人口 145 万人……我这里还没有列出 2016 年与 2012 年、2013 年的纵向比较，还没有列举生产领域的发展成果。

有政治素养，就总能看到经济社会发展的正面的、积极的、主流的、好的一面，看到党和国家领导着我们不断取得一个又一个成绩的进步的一面，看到我们国际经济政治地位在提高、国内经济社会稳定发展的一面。

前段时间，一部《人民的名义》电视剧的热播，引起了轰动。有人见了我说，这个片子不能看，我们的党从上到下腐败透顶，烂完了，心里非常难受。我说，是啊，96岁了，问题肯定会有的。但我们在整顿，在调整，贪污腐化堕落正在得到遏制，老虎也好、苍蝇也好，正在被清理出去。

我们一定要看到中央正在下决心整治、惩治和改变着这一状况，"八项规定""三严三实""全面依法治国""全面从严治党"等，就是在处理和解决着这些问题。

政治素养就是要在客观和主观上，意识到我们是共产党领导的社会主义国家，我们有自己的价值观，自己的理想抱负追求。我们现在一些人，包括学者专家、公务人员、一般老百姓，缺乏自己的主见，过于相信别人，认为什么都是国外的好。我们应当借鉴人类发展中一切有益的理论和实践经验，但不是照搬照套照抄，我们所思、所想、所做的一切都应该有自己的判断和主见，都应该反映自己的国情特点，都应该体现历史的、文化的延续传承。

一些人总是说我们这不行、那不行，总是希望用西方经济学、西方的一套来替代现在，实际上是不切合实际的。历史的经验告诉我们，照搬照套别人的从来都没有成功的，而且又往往会受制于别人（陈奎元说）。一些人推捧西化、私有化、自由市场化，根本是要推翻共产党的领导、推翻社会主义道路，因为经济基础决定上层建筑，以私有化为基础的市场经济不需要共产党的领导。

我们今天每一个共产党员一定要有这个政治素养，即改革开放是要完善共产党的领导和社会主义制度，而不是要否定共产党的领导和社会主义制度。

在人类进入新千年的时候，英国、印度的网络做了千年伟人投票

— 6 —

评选，结果排在第一位的是马克思，全世界都认可千年伟人马克思。前不久在俄罗斯，媒体投票评选一个世纪以来俄罗斯的英雄人物，结果排在第一位的竟然是斯大林，评选理由是说斯大林不仅拯救了苏联，还使苏联成为了与美国、英国平起平坐的世界强国，实现了"马克思主义苏联化"，建设了"苏联社会主义国家"。这说明今日之俄罗斯西化后，不如从前，人们怀念社会主义。这是值得我们思考的。

历史是一面镜子，历史总是在记忆着过去、诉说着现在、昭示着未来，让人们在历史中找到人类发展的钥匙。

巴黎公社存活了71天，苏联社会主义存活了71年，中国共产党及其领导的社会主义即将100年，这就是历史，这就是事实，我们不应该赞誉和坚定中国共产党和社会主义发展，不应该自信并坚守共产党领导和社会主义道路吗？

记住，西方经济学冠以"西方"这两个字眼，并不只是一个地域概念，它本身也是一个政治概念，它的贸易往来、经济互动，无不贯穿着政治，决定于政治考量（吉炳轩有一个说法，他说，政治经济学，政治是个定语，政治是第一位的，经济学研究，首先要有的是政治意识、政治立场、政治概念）。我们可以汲取有益的、科学的成分，但绝不可以盲目地跟着跑，跟着起哄。所以做人做事、看人看事一定要有度，要做纵的、横的比较，要有是非观念，要有政治素养。

2017年初网上传出原来曾经给邓小平做过翻译的张维为教授做的一场叫"中国人要有自信"的主题演讲（2014年）。他说他到英国，媒体采访的第一个问题就是，你感觉中共十九大还能召开吗？那个时候是即将召开党的十八大（2011年），"中国崩溃论"四起。张维为回答说，西方对中国的预测从来就没有准确过。所以要有自信。西方的制度体制实际上是工业革命前的，其现在出现的种种问题就是一个证明。西方为什么要打压我们，就是我们进步了，我们发展了，我们在许多领域或将要在许多领域超过它们。英国人鄙视中国人，实际上英国一直在走下坡路，中国现在每三年就再造一个英国。

张维为说他最看好的衡量经济社会发展的指标只有两个，一个是家庭净资产，一个是人均寿命。美国家庭净资产是七万多美元，我们是超越它们的。人均寿命我们是75岁（河南是75.6岁）。他们是78岁。但从具体地区看，我们有一些地区是高于80岁的，这就是进步，这就是发展，有自信。

张维为说，没有出过国的都说西方好，出了国的，都说中国好，请品味品味。

应该指出，中华人民共和国的前三十年，改革开放的这几十年，"十二五"的这五年，我们每一个党员，我们每一个老百姓都应该审视审视，作作比较。"十二五"这五年的改革、这五年的经济、这五年的反腐、这五年的发展，说明以习近平同志为核心的党中央的顶层设计与战略部署，基本方略与举措运作，是科学的、是实在的、是值得支持和拥护的。

"十二五"的五年我们受益了，未来的五年我们必将会有更大的收益。显然，我们应该期待着党的十九大的召开，期待着党的十九大会给我们带来更多、更新、更有实际意义和价值的内容信息。

我们一定要做一名拥护中国共产党，紧密地团结和自觉地接受以习近平为核心的党中央领导，与全国、全省人民一道，不忘初心、砥砺前行，为中国特色社会主义市场经济发展、为决胜全面小康，让中原更加出彩，做出自己积极贡献的、高尚政治素养的人。

为什么要使"两学一做"学习教育常态化，绝不仅仅是提升我们的思想政治觉悟，更重要的是提升我们的专业素养，提高我们认识问题、研判问题、解决问题的专业能力和水平。未来的经济社会是新知识经济社会，是智慧经济社会，是网络经济社会，没有专业素养，不是一般不适应的问题了，而有可能面临的是出局、淘汰，还靠经验主义、靠拍脑袋，肯定是不行了。

我是从事经济学教学研究的，我不是搞政治学的，但我觉得习近平的这两个理论思维充满着经济哲学，凸显出的是一种了不起的专业素养。我们不能只是一般地认识和理解为治国理政方略，它还有着深厚的经济学理论和实践价值，对于处理社会主义经济运行的速度、比例、结构、效益及其相互关系，有着现实的、长远的指导意义，我们一定要以专业素养来深层认识与贯彻。党的十九大也一定会对此做出更深刻的阐述，让我们期待着吧。

二、在提高专业素养中迎接党的十九大的召开

一提到专业，就想到大学生，想到科研人员，其实，每一个人，无论在什么岗位上，都应该具备一定的专业素养，没有这种专业素养，就不能很好地胜任岗位工作，更不能认识和研判一定时期的形势、态势、气势、大势，从而顺应环境，顺势而为，不断超越。

也就是说，我们每一个人，认识事物，分析形势，一定要以专业素养和专业水平来研判审视。老百姓说，会看看门道，不会看看热闹，说的也是一个专业素养问题。比如，我们迎接党的十九大，有的说跟自己没关系，怎么会没有关系呢？每一次党代会都要总结和坚持对的，纠正和调整不对的，提出和应用新路数的，从而看出新时期新的部署任务，新的政策指向，新的目标预期，从而影响着我们的经济生活、经济利益。

一些人似乎很纯真，说，我管不了那么多，我关心的是能不能每个月按时领到工资。那么能不能按时领到工资呢？深化改革是深化利益调整，经济新常态是说经济形势及其变数，面对现实，党和国家将要采取哪些措施？这些措施对你的行业、企业，包括公务人员、产业

劳动者会产生哪些影响？我们的国体、政体决定了这些都是需要通过党代会研究决定的，你不关心行吗？所以每一个人对党的十九大的召开都应该给予高度关注与重视。

所谓专业素养，首先就是要以专业的眼光看形势，包括：第一，如何审视党代会召开前后的形势动态变化；第二，如何理性地认识、研判、融入主流形势。

（一）如何审视

例如，党的十九大召开的国内外经济社会背景环境，党的十八大至党的十九大这几年取得的基本成就、基本做法，哪些是符合经济社会一般运行规律的，是高层们在不同场合肯定、有可能会保留持续的，哪些是有可能会进行调整变革的，而这些变革会对地方经济发展、对我们的社会生活产生什么影响等。

又如，河南省十次党代会的精神是什么？新时期河南经济会有什么样的变化，怎么走，怎么干？新机遇新挑战是什么？如何发挥比较优势，形成后发优势，如何执行中央大政策，营造本地小环境，等等。一个普通老百姓，一个企业领袖，一个地方或是部门官员，都应该去研究、判断，从而贯彻好党代会的精神，使自己的目标契合于全省发展的大目标。

就说省十次党代会，这是一次承前启后的大会，也是进一步落实省"十三五"规划的大会，更是新一届省委一班人向全省人民宣示未来五年甚至更长时间内河南经济发展的思路指向的大会，每一个河南人，特别是各级党政部门公务人员、领导干部，都应该认真地去学习、深化，以使自己的言谈举止、实践作为，契合会议精神要求。

我们的各级公务人员不关心、不知道这些内容，工作就没有方向感，也没有动力，以其昏昏使人昭昭，是谈不上会有什么工作绩效的。

什么叫与中央保持一致，什么叫看齐意识，就是要向党的领导核心看齐，就是要把自己的岗位工作与中央、省委、市委、区委的部署、中心工作连接为一体，否则，就不是，也不能达成一致，也看不了齐。

如何看待当前河南经济形势，从实践角度看，我赞成省委的一个基本判断，就是河南经济大省地位更加巩固，家底更加厚实。

谢伏瞻指出，省第九次党代会以来的五年，我们走过了不平凡的历程。面对复杂的外部形势、艰巨的改革发展稳定任务，我们较好地完成了省第九次党代会确定的主要目标任务，干成了一批强基础利长远的大事，办妥了一批多年想办办不了的要事，实现了一系列具有标志性意义的突破。

这些成就和这一良好发展态势，是怎么得来的？我认为是得益于这几年省委省政府决策层领导科学谋划，以及先后运作了几项大的工程，这也是河南相比全国、相比一些省市区的形势（高出 1.3 个百分点）稍好一些的因素所在。包括：

产业集聚区建设：产业集聚是产业经济运动的一般规律，产业集聚区建设在理论上是站得住的。从实践看，产业集聚区的最大功能是变分散为集聚，变单一为集群，变传统为新兴，有利于保证一个时期市县的财政、工资收益。

产业集聚区建设定位在构筑战略性支撑产业和战略性新兴产业。支撑产业是传统产业的转型升级，是一个地方的优势产业、特色产业、财政产业、工资产业、民生产业；新兴产业是先进制造业、节能环保、生物医药等（国家"十三五"时期重点培育形成的五大新兴产业是：以集成电路为核心的新一代信息技术产业；以基因技术为核心的生物产业；绿色低碳产业；高端装备与材料产业；数字创意产业）。相关数据显示，河南省产业集聚区规模以上工业增加值增长 9.7%，对工业增长的贡献率为 74.8%。

当然也存在一些问题，土地滥占、大个头企业少、入驻企业层次低，等等。

特色商业区、商务中心区建设：这是几乎与产业集聚区同时推进的又一项战略性施策，这是围绕产业结构调整、大力发展服务业、推进新型城镇化的重要工程。实践证明176个特色商业区、商务中心区的建设，不仅极大地改善了市县城区的面貌品位，同时还创新了产业业态，创立了经济范式，创造了社会效益。

四个大省建设：2014年3月，也就是谢伏瞻同志就任河南省长将近一年的时候，接受新华社等媒体采访时说道，我们在深入调研论证的基础上，提出要"做强工业、做大服务业、做优农业""建设先进制造业大省、高成长服务业大省、现代农业大省"即"三个大省"的工作思路，以此来推进结构优化升级，全面提升产业竞争力。之后，中共河南省委九届十一次全会提出，要"加快构建现代产业体系，建设先进制造业大省、高成长服务业大省、现代农业大省和网络经济大省"，由三个大省建设延伸发展为四个大省建设，并成为河南"十三五"规划的一根主线。

还有扶贫、国企、大气防治污染、传统产业转型升级等，称之为"四大攻坚任务"，省委省政府都做出了具体的部署安排，都取得了积极的成效。

习近平总书记最近在山西考察期间召开了一个座谈会，他说，党的十八大以来，中央把贫困人口脱贫作为全面建成小康社会的底线任务和标志性指标，在全国范围全面打响了脱贫攻坚战。力度之大，规模之广，影响之深，前所未有。贫困群众生活水平明显提高，贫困地区面貌明显改善。最近四年全国减贫5000万人（到2020年还有4000万人）。联合国秘书长古特雷斯高度评价说，过去十年，"中国是为全球减贫做出最大贡献的国家"。联合国《2015年千年发展目标报告》显示，中国对全球减贫的贡献率超过70%。改革开放以来，我国有7亿多农村人口脱贫。

河南是一个农业大省、人口大省、发展中的大省，因此，贫困问题及其解决，无疑是一个制约河南与全国人民一道在 2020 年全面建成小康社会的抹不过的坎儿。河南省委省政府在这一点上也是抓得很紧，尽管出了一些问题，但整体上中央还是给予肯定的，在全国也是走在前面的。如落实精准扶贫、精准脱贫基本方略，努力使贫困地区农村居民收入增速高于全省平均水平，2125 个贫困村达到脱贫标准、退出贫困序列，兰考、滑县摘帽脱贫，全省 677 万农村贫困人口稳定脱贫。

亦如谢伏瞻讲的，我们取得的成绩还得益于三大国家战略的推进实施：

粮食核心区战略。中原粮仓，2016 年产 1200 亿斤，外调 300 多亿斤。

中原经济区战略。如果说粮食核心区战略是中央的作为（中原粮仓），那么，中原经济区战略则是地方、河南自己的作为，批复非常艰辛，得来非常不易。

有的人一直认为这一战略有点虚，其实不然。一是把喊了多年的中原城市群作为内容主体凸显了出来，上升到国家看好的层面；二是把李克强当年提出却没有真正实施的"三化协调发展"的思想顶了天、立了地，使河南有可能摆脱农业大省、财政穷省、职工收入低省的被动境地；三是在国家层面上第一次明确了新型城镇化的概念，第一次明确了新型城镇化的内涵与外延，揭示了中国要走城镇化，而非单一城市化发展的路子——从过去的单讲城市化，到今后要注重把村镇的都市化建设也包括进来，坚持城镇化发展的方向（既要进城，也要出城，不可能都入城，在美丽的小镇也同样过上城里人的生活）；四是给了河南及其相应周边省区先行先试的政策，并且要求中央部委与河南对接，落实政策，务实助推（那两年郭庚茂频频与部位签约，落实支持项目等，应该说我们从政策到资金、项目都受益了）；五是孕育、孵化、助生了郑州航空港经济综合实验区，可以说，没有中原经济区国家大战略这一大背景，也许就没有郑州航空港经济综合实验区，它们之间不是孪生兄弟，但应该是骨肉相连的一家亲兄弟，是时间与空间紧密衔接的命运共同体。所以，我还是认为要客观看待中原经济区战略。

郑州航空港经济综合实验区战略。这是国家唯一一个内陆国际港，这是把河南的地理区位、交通优势放大到了极致，以此奠定和建设大枢纽、大物流、大产业、大都市，并被列为河南省委省政府的一号工程。415平方公里（不包括尉氏两个乡镇）的大地，不仅有力地推进了郑州国际商都和国家中心城市的建设，一个更加重大的意义是借助航空港经济综合实验区，对整个河南经济的引领带动，也成为国家看好建设河南自贸区的一个重要影响因素与动能。

在郭庚茂看来，河南经济的命门是区位与交通，因此其除了抓产业集聚区，基本上把精力都用到了郑州航空港经济综合实验区。最近我看谢伏瞻书记，陈润儿省长在多个场合也都再次强调了这一点，特别是习近平赞成的以郑州—卢森堡合作为契机，发展空中丝绸之路的思想，更是突出了郑州航空港在未来河南经济、中国经济中的地位和作用。

随着郑洛新自主创新示范区、河南自贸区的批复，党的十八大以来，国家出台的关于河南或与河南密切相关的发展战略达十多个。诸多国家战略密集布局中原，呈现叠加之势，意味着河南在全国的战略优势更加彰显，在发挥腹地效应、辐射周边、活跃全局方面能够发挥更大作用，做出更大贡献。更意味着我们有更多直接的、间接的、交叉的政策可以应用，有政策，再注重发挥好市场作用，河南经济就有可能更快、更好、更稳地发展，这就是所谓的叠加效应的内容核心所在。

未来河南如何发展？谢伏瞻书记在十次党代会《报告》里给出了明确的答案，即今后五年，决胜全面小康、让中原更加出彩，确保与全国一道全面建成小康社会，进一步提升河南在全国发展大局中的地位和作用。概括起来，就是要奋力实现以下主要目标：就是我们现在都在讲和做的：一个建设，三个高地，三大提升——建设经济强省；打造"三个高地"（中西部地区科技创新高地、内陆开放高地、全国重要的文化高地）；实现"三大提升"（人民群众获得感幸福感显著提升、治理体系和治理能力现代化水平显著提升、管党治党水平显著提升）。

三个高地，其实都与经济相连。现代经济总是以科技为支撑的，科技是第一生产力，科技创新高地的建设对河南经济发展尤为重要；内陆开放高地，关乎国内国际两个市场、两个资源开发利用，以及人才、资本、技术等要素流动，配置空间，水平层次诸问题；文化高地，并不只是讲文化传承、跨文化交流融合，更多的是指文化产业发展问题，文化产业将成为河南重要的支柱性产业。

三大提升的前提是经济。经济上不去，收入上不去，物质决定精神（不否定精神反作用于物质），人类文明进步，国民素质提高，包括公务政务、治理能力、反腐倡廉等，都是受制于经济发展及其水平的。

建设经济强省，这是对河南省此前提出的建设经济大省的一个承续、一个转折、一个提升、一个跨越。从经济大省到经济强省的过渡，既是区域经济运动规律使然，也是河南省经济运行的新局面、新形势、新目标、新任务。

建设经济强省，一是怎么样来认识我们要建设的经济强省；二是认识到怎么样来建设经济强省；三是怎么样推进建设经济强省，思维理念很重要，决定着具体建设的实践展开。

怎么样认识经济强省。经济强省的建设，有其一定的时点内容和特征。按照谢伏瞻书记讲的：其一，要提高发展的平衡性、包容性、可持续性，实现河南经济总量大、结构优、质量效益好的有机统一；其二，经济总量保持全国前列，生产总值年均增速高于全国平均水平

— 15 —

1 个百分点以上；其三，经济结构不断优化，服务业比重较快提升，工业化信息化基本实现，农业现代化全国领先，户籍人口城镇化率较大提高，中原城市群竞争力和影响力进一步增强，城乡区域发展趋于协调；其四，发展质量效益明显提升，全要素生产率持续提升，财政收入占生产总值比重稳步上升。

怎样建设经济强省。亦如十次党代会《报告》提出的，就是要贯彻"创新、协调、绿色、开放、共享"新发展理念，持续落实习近平总书记对河南省提出的打好产业结构优化升级、创新驱动发展、基础能力建设、新型城镇化"四张牌"的要求，坚持四化同步发展，以供给侧结构性改革为主线，供需两端发力、兼顾远近目标，加快转变经济发展方式，推动经济较高速度、较高质量发展，形成结构合理、方式优化、区域协调、城乡一体的发展新格局。有思路，就有出路。指导思想明确，发展理念规导，这是建设经济强省的智力保障和实践前提。

怎样推进建设经济强省。省十次党代会给出的路径指向，就是要加快河南经济从四个大省建设向四个强省建设的转变跨越。我们应该饶有兴致地、充满信心地给予坚决支持和热情点赞。

第一，建设先进制造业强省。从美国的再工业化战略，到德国"工业4.0"，到《中国制造2025》，到《中国制造2025河南行动纲要》，全世界、全中国都意识到，即使历史进入21世纪，没有先进的制造业，就谈不上新型工业化，就谈不上实体经济的发展，就谈不上对国家或者区域经济的根本带动性，就谈不上国民创造和国民收入，就谈不上去突破"中等收入陷阱"，就谈不上有一个经济社会的稳增长、稳发展的基本态势。

中央经济工作会议指出，我国当前经济运行的矛盾和问题根源是重大结构失衡，其中实体经济结构性失衡问题比较突出。什么是实体经济结构性失衡？就是马克思再生产理论中讲到的两大部类之间、农轻重之间、积累与消费之间、价值与使用价值之间的基本比例关系紊乱了，不均衡了。

实体经济发展出了问题，也就是说，一个国家的国民收入创造出了问题，社会财富的生产源出了问题，工业化运动及其进程出了问题，所以我们现在强调发展实体经济，规避"脱实向虚"倾向蔓延，坚持创新驱动发展。

一个没有先进制造业、不能走好工业化的路子、不能发展工业化的国家或地区，是谈不上经济的实质性发展的。发达国家与发展中国家的差别，正是在于制造业及其工业化的发展阶段、发展技术、发展质量、发展水平、发展效能的不同。河南省从拉长工业短腿儿，到提出工业兴省，到要走工业化、城镇化、农业现代化"三化"协调发展的路子，到奋力建设先进制造业大省、强省，这是国内外实践，更是河南省省情之决定，因此，应当充分认识到建设先进制造业强省所具有的战略性的现实意义和历史意义。

第二，建设现代服务业强省。先进制造业的发展不仅有力地推动了国家或区域工业化的向前，更提升和优化着整个产业链及其结构日趋合理，特别是对于促进服务业，包括生产性服务业和生活性服务业发展有着实在的、根本性的作用。我们要建设现代服务业强省，就是要按照省十次党代会《报告》要求，积极推动生产性服务业向专业化转变、向价值链高端延伸，推动生活性服务业精细化、品质化发展。

包括在河南省要突出发展现代物流，健全多层次大物流体系，培育壮大区域性物流中心，做强冷链等优势专业物流，发展"互联网＋"高效物流；突出发展现代金融，大力实施"引金入豫"工程，做大做强"金融豫军"，积极发展普惠金融、绿色金融、科技金融等新兴业态，支持企业境内外上市、挂牌、发行债券，优化金融生态环境；突出发展旅游业，推进全域旅游，打造一批旅游名城和精品旅游带，建设国际知名旅游目的地和全国重要的旅游集散中心；突出服务业园区建设，围绕产业集聚区，建设好商务中心区，发挥好特色商业区，打造具有河南地域特色的，在省内外、国内外有规模、有影响、有形象、有品牌、有效益的现代服务业集群及其体系。

第三，建设现代农业强省。如何从农业大省迈向农业强省，稳定提高粮食综合生产能力，实现农业布局区域化、经营规模化、生产标准化、发展产业化，提高农业综合效益、农产品市场竞争力和农民收入，加快农业现代化进程，是一个既老又新的话题。河南现今面临的问题实际上就是三个：一是提升农业科技支撑力，走向科技农业、走向生态农业、走向规模高效农业问题；二是作为粮食生产核心区，保障国家粮食安全问题；三是精准扶贫、实在脱贫问题。

现代农业大省建设，在当前首先应是积极主动地、创造性地与全面实现小康的契合。小康不小康，关键看老乡，我们不一定要像贵州那样"一看房，二看粮，三看劳动力强不强，四看家中有没有读书郎"，但是，一定要按照省委省政府要求的推进粮食生产核心区建设，落实藏粮于地、藏粮于技战略，以农产品精深加工为牵引，提升壮大现代粮油产业、现代畜牧业、特色农业，打造出全链条、全循环、高质量、高效益的河南农业产业化集群，发展多种形式适度规模经营，加强农产品流通设施和市场建设，更好发挥"互联网＋"现代农业的辐射带动作用。

第四，建设网络经济强省。省委书记谢伏瞻在省十次党代会《报告》中指出，信息化对工业化、城镇化、农业现代化具有渗透和提升作用，网络经济是信息化催生的新经济形态，最具潜力、最具爆发力、最具成长性。要全面推进互联网与经济社会深度融合，打造特色显明、优势突出的网络经济区域。这既是河南省高层决策者审时度势、实现结构调整和经济转型做出的一项战略抉择，也是河南省实施"三化协调""四化同步"发展，谋求工业化与信息化"两化"融合，提升产业水平层次，以期建立真正的、新的、现代化产业体系的一个政策指向。

建设网络经济强省，从现实看，首先应厘清三个基本关系认识：第一，网络经济与传统经济的关系。第二，网络经济与知识经济的关系。第三，网络经济与企业经济的关系。

需要指出的是，我们的经济进入了新常态，但是我们似乎又进入了一个误区。我们现在一提起经济新常态，大家意识中讲得最普遍、最多的是经济下滑，经济下行压力大，经济形势不好，悲观消极。其实，经济新常态突出的是一个"新"字，也就是说，我们既要看到这是一次经济大调整，经济大变革，甚至也可以说是一次经济的重新洗牌，或者叫重组再造，更要看到扑面而来的现代信息技术、互联网、物联网、信息港、大数据、云平台，正在改变和孕育着新经济，即知识经济、网络经济，从而出现新的经济业态、新的经济方式、新的经济系统，有的叫新产业、新业态、新商业模式，这意味着人类经济社会将进入新的时代，我们必须直面应对，这才是真正的机遇和挑战，置身于经济新常态，一定要乐观向上，要充分认识并顺势而为。

诚然，经济运行中不稳定、不确定的因素依然较多，经济保持稳定增长的基础仍不牢固，下行压力依然较大，但整体经济是处于稳中向好的，这是李克强在 2017 年 7 月 6 日的经济形势座谈会上一再强调的。

2016 年 5 月 16 日《人民日报》发表的权威人士谈经济形势，称中国经济未来的走势既不是 U 形，也不是 V 形，而是 L 形。L 形是什么？就是经济处于低谷，或叫经济处在低谷中徘徊，也就是说，中国经济可能进入一个较长的低增长期，进入一个经济的新常态期。但从 2017 年上半年来看，第二季度保持了第一季度的增长势头，说明像有的专家讲的，我国经济正在从 L 形的一竖向一横过渡。

（二）理论思维

从理论思维上看，认识、研判、融入形势，一般可以切入三个基本点位：一是国际上通行的一般视角：速度、就业、价格、国际收支。二是克强指数。李克强看经济主要看贷款量、货运量、耗电量，即克强指数、就业量、收入量。三是美国人看形势。美国人看形势，看路是不是还在修着，车是不是还在造着，房是不是还在盖着，天就塌不下来。

林毅夫从世界银行任职期满回来后讲的最激动的一句话是毛主席的名言："风景这边独好！"只有站立世界台面，才能有这一深刻认知。

这叫专业人士以专业视角看形势、看发展。什么是专家型官员？什么是学者型官员？指的就是官员的专业理论素养，官员认识和处理事务的专业能力水平与理性状态。我们现在提出要提高公务人员的素质，也是强调提高其岗位工作的专业素养。推进国家治理体系和治理能力现代化，核心也是要解决公务人员的政治素养问题、专业素养问题，以及人文素养问题。

三、在提高人文素养中迎接党的十九大的召开

人的文化素质层次品位，决定了一个人看待事物的视角和观念。一个人的思想积极向上，有着正确的价值观，看事物总能是主流的、正面的、正能量的；反之则相反。

人文素养本质上是一个人的文化底蕴及其理性状态。所谓文化底蕴，指一个人的劳动态度、社会责任、道德水准、言行修养等；所谓理性状态，指一个人追求的经济的、社会的动能目标和价值观念的现实性、可行性。有的人为什么那么虚荣？为什么那么贪婪？为什么那么喜欢争名夺利？有的人为什么那么务实？那么遇事儿能把控好度和

线？那么知足？那么懂得感恩？其实就是一种对待人与事的理性与非理性状态，凸显的就是人文素养境界。老百姓常说"吃饭穿衣亮家当"，这是一种高境界的哲学，反映的是怎么样对待生活，怎么样理性地追求生活。

我们生活在具有五千年文明史的国家里，我们的国家现在发展成为了世界第二大经济体，我们的一些人却还是牢骚满腹，总认为美国好，西方好，似乎感觉什么都不如人家的。欠缺的就是家国情怀，就是人文素养。

"如果你爱他，就把他送到纽约，因为那里是天堂；如果你恨他，就把他送到纽约，因为那里是地狱。"这是1993年《北京人在纽约》的片头语，这部电视剧可谓风靡一时，很多中国人对美国的第一印象，就是从片头的这几句话开始的。

20多年后，《北京人在纽约》小说原作者曹桂林又出版了《纽约人在北京》，更新了他的"美国观"："纽约呀纽约，曾把你比作地狱，曾把你比作天堂。为你孤注一掷，为你得意狂妄。为你忘了自我，为你内外皆伤。如今两鬓斑白独自叹：不值不值，空忙一场。不懂不懂，真荒唐！"

曹桂林说，这30年来我在中美两国之间穿来穿去，我一直劝我们邻居，没事在中国偷着乐吧，不要想着移民了，不会比你现在的生活好。我们邻居的孩子都找我给办过去，办过去的没一个成样的，年纪小的去了就美国样了，就不是你儿子了，他的思维、习惯看不上你这个中国老爹了。晚点去的也没读书的，有钱，一天到晚晃来晃去，最后成了混混回来了。而且我说了，就算你学到顶了，成了教授了，也就那样。

在美国，有钱挣，但美国的税太可怕了。你在美国生活，你就进入了这套游戏规则。一个大学教授年薪10万美元，在美国也算中上层，但扣完税到手，你见到的只有6万多美元。这笔钱一半要还房贷，在美国买房子没有一次付清的，因为那样要交重税，人们故意要买大的、贵的房子，就是为了刨掉税，免得国家把你的钱收走养军舰去。然后孩子的教育、养车、电话，乃至除草、处理垃圾，每天早上开信箱就出现一大堆账单要填支票。我在美国和学者圈打交道，我们的一个共识，就是你作为新移民不管读到什么位置，做出什么成就，都是亏的，因为你赚的钱全部还给美国大地，就算你死了要把钱传给儿子，都要交50%的遗产税。在美国当教授一个月能去一两趟餐馆就餐是要咬着牙的，我还认识从没有去过美发店的系主任。

我觉得很多中国人已经过得很不赖了，有些地方可能还比美国人强，当然我说的不是摆摊炸油饼的那些人。当然炸油饼的人不抱怨，抱怨的反而是过得不赖的这群人。一会儿说中国有雾，夏威夷老有雾，洛杉矶到了冬天车都看不见。一会儿又说吃的有毒，但美国的茄子都长一样大，芹菜跟擀面杖似的，土豆跟足球似的，是不是转基因我不懂，但说是自然生长的，打死我都不信。他们理想的社会应该是一个比中国好得多的社会，但那也不是美国。

我的认识，理性，理性，一定要有自己的研判、主见和人文素养。

有的人还说，"实干兴邦，别总整那些没用的"，说的也对，但对任何事情都是冰冷无动，也不行，任何一个人，任何一个想成就一番事业的人，既要像农民一样勤劳朴实地干，也要向诗人那样具有火一般的激情，激情燃烧才能有动力，才能有冲动，才能有干劲儿。

在我们这个坚守、坚持、坚定地要走马克思主义憧憬的"自由人联合体"的社会主义道路的国度里，在我们这个拥有千万平方公里国土空间、56个民族集聚，但社会生产力还很不发达、不平衡的大家庭里，我们一定要有家国情怀，要有积极的人文素养。

在建党96周年纪念日前后，我看了一位年轻的在美国待了五六年的"海归"写的一篇文稿，题目是《今天，就是想大大方方地夸一下我的国家我的党》。这位"海归"说，我2008年秋季赴美留学，2013

年 9 月毕业回国，时至今日，已经过去了三年多。从 2008～2016 年这八年当中，我看到了一个快速发展和高速进步的中国，令我这个"海归"更从侧面感受到这个国家和民族值得人们钦佩和"细思极恐"的细节。

不容置疑，人文素养是一种爱，是一种责任，是一种家国情怀，是一种赤子之心。我想到了中国台湾"忠信高级工商学校"的校长高震东，他在 30 多年的办学过程中，始终强调老师必须爱国，老师不爱国，怎么能教出爱国者？他要求他的学生必须吃中国饭，说中国话，过中国节，穿中国服；他教育的学生必须具有国家观念，学英语不是为了当翻译，而是为了将来获取英语系国家的先进经验和先进科技；等等。

我由此还想到了一位美国总统的名句，不要总是抱怨你的国家对不住你，首先应该是我们自己要先想想你对国家、对民族做了些什么？也就是说，你有没有一个积极向上的，维护祖国、维护我们大家庭利益的基本的人文素养——去努力做一个政治热情高，集体荣誉和责任感强，爱党、爱国、爱人民、爱岗敬业，拥有社会主义核心价值观的具有高尚人文素养、活力迸发的人。

拥有了马克思主义的、共产党的、社会主义的人文素养、专业素养、政治素养，就能够客观地看待当前的形势与发展，就能够更深层地理解和拥护以习近平为核心的党中央的决策与部署，就能够与中央保持高度的一致性，就能够自觉地把自己和我们的党、我们的国家、我们的人民、我们的事业融为一体，实现伟大的中国梦。

能不能满腔热情地看待、包容、理解我们党的主张、路线方针政策，既是一个人的人文素养、专业素养的体现，更是一个人的政治素养的体现。这就是要爱党、爱国家、爱人民，坚持"四个自信"（道路自信、制度自信、理论自信、文化自信），坚持中国特色社会主义政治经济学的重大原则，坚持马克思主义理论指导地位，坚持五大发展理念，坚持四个全面战略部署，坚持马克思主义中国化。

我们党走过了 96 年的风雨历程，毋庸置疑，还存在着这样那样的问题，但是，实践证明，依然是一个伟大的、光荣的、正确的党，无论是毛泽东时代，还是今天的习近平时代；无论是前三十年，还是改革开放近四十年，是党领导着我们走过来的。

党的十八大以来的这五年，我们虽然仍处于全球经济变数大、不确定因素大的低迷，国内经济发展新常态大环境之中，我们砥砺奋进了、发展了，而且发展得不错，赢得了包括发达国家和发展中国家的赞誉和信赖，真正出现了中国在世界"意气风发斗志昂扬""我们的朋友遍天下"的动人景象。"一带一路"在提振中国国内经济的同时，更带动了世界经济的复苏与发展。

那么，今天我们有什么理由，不放眼党的十九大，不满怀信心地憧憬党的十九大，不张开双臂迎接党的十九大呢？这应该是令人期待的，更是充满希望的，注定要在当代中国的历史上成为新转折、新起点、新希望的一次盛会，让我们在进一步提升自己的政治素养、专业素养、人文素养中，满怀深情地喜迎党的十九大的召开吧。

一家之言，不吝赐教，谢谢！

（此系笔者于 2017 年 6 月 16 日～8 月 16 日先后在河南饭店"全省迎接党的十九大召开宣讲培训会议"，周口市、漯河市、许昌市、鹿邑县以及部分高校的宣讲稿）

融入新时代　贯彻新理念　注重新变革

——学习党的十九大报告关于经济质量、
效率、动力的浅识

党的十九大报告指出，我国经济已由高速增长阶段转向高质量、建设现代化经济体系发展阶段，从而揭示了习近平新时代中国特色社会主义的一个基本内容特征，即我国经济将从过去的追求量的增长，转向追求质的提高。无疑，这是和我国进入经济新常态、社会主要矛盾已经转化的科学判断和"在21世纪中叶建成富强民主文明和谐美丽的社会主义现代化强国"新目标一致的，这一战略抉择也是符合我国现阶段国情特点与经济运行的客观规律的。

速度问题是国家宏观调节的主要目标之一，任何一个国家都不会不追求一定的增长速度，但根本的是要追求一个合理的增长速度，一个速度、结构、质量、效益相衔接的速度，一个有着不懈动力的速度，一个能够不断提升国家综合实力、国际竞争力的速度。党的十八大以来，我们转方式、调结构、提质增效，实际上也是一直在转变着对速度认识的观念、追求着能够形成一种合理的，有质量、有效率、有动力的增长速度，或者说变革尝试进入一个新的经济运行目标模式。现在党的十九大进一步明确了经济增长速度的快慢以质量高低为转移，这不仅标志着习近平新时代中国特色社会主义思想的一个新站位、新标杆、新内容、新要求，而且也使我们理论工作者和政界、业界进一步明晰了经济研究与实践运作的坐标与主线。

怎么样既能保持一个合理的增长速度，又能实现整个经济运行的高质量发展，按照党的十九大报告习近平的论述，在新阶段、新特点、新形势下，重要的是要贯彻新发展理念，解决好经济效率和经济动力的问题，即"推动经济发展质量变革、效率变革、动力变革，提高全要素生产力""不断增强我国经济创新力和竞争力"。

经济效率的高低，一方面取决于经济方式和经济结构的变革完善，另一方面取决于劳动与资本构成及其投入产出的效果效率。党的十八大以来，我们坚定不移地贯彻新发展理念，坚持端正发展观念，转变发展方式，优化经济结构，发展质量和效率不断提升，使经济保持了中高速增长。也由于我们更加务实地注重了从原来的传统制造业转型升级进入先进制造业，从原来的传统服务业转型升级进入高成长服务业，从原来的传统经济进入数字经济，不仅大大地改变了长期高消耗、高污染、低效率、低收益状况，而且大大地推进了工业化与信息化的融合，推进了新技术、新工艺、新装备、新业态、新模式的新经济——现代化经济体系运行，从而大大提升了经济效率。正是突出了经济效率，我国成为世界经济复苏中最为活跃、最受瞩目、最具潜能的国家，中国智慧、中国方案、中国道路正影响着全世界经济社会的发展。当然，我们若要从过去的跟着跑、一起跑，到真正成为领跑者，则仍然要在经济效率上做好文章、做足文章，继续深层次转方式、调结构，提质增效，也就是要按照党的十九大路线方针指引，锐意进取，埋头苦干。

经济学家往往把经济效率也称为帕累托效率，认为经济效率反映的是效率与生产、分配、流通，即经济资源、要素配置的效率问题，任何一个层面的经济体追求效率最大化的过程，也必然是实现帕累托最优的过程。换句话说，经济效率的高低，重要的是取决于能不能使各种经济要素和资源都可以得到均衡、充分的配置、组合、发挥、放大，包括宏观经济决策、微观经济决策及其相应制度、体制、机制的科学与完善程度；自然人个体、法人主体自由、平等、全面发展的国民待遇的公平与公正程度；各种经济体在市场竞争、合作关系中的利益均衡与充分程度；等等。马云的阿里巴巴、李彦宏的百度等，之所以能驰骋纵横业内，除了他们自身一直注重站立新经济潮头这个内源性因素外，根本的还是得益于这几年党和国家、地方政府高层决策者，给予了他们有可能实现帕累托最优的软环境条件。

河南省许昌市之所以被陈润儿省长亲率全省党政部门领导、业界精英前往参观取经，也在于这些年许昌的决策者们不断深化改革、加大开放，营造了让各种经济体得以追求帕累托最优的一个经济大气场、社会大气场、文化大气场、政治大气场，调动了各方面的积极性、主动性和创造性，特别是给予了各种成分的经济体发展的宽松和谐大环境，不仅使许昌成为了"河南民营经济最活跃的地方"，而且国企、民企，国企内部、民企内部，国企民企之间、企业政府之间按客观经济规律和市场法则运行，竞争合作，互利共赢，极大地带动了全市各业的发展，极大地增强了许昌经济社会发展的活力和竞争力。2016年，许昌市地区生产总值完成2353.1亿元，增长8.8%，增速居全省第一位；固定资产投资完成2263.8亿元，增长17.2%，增速居全省第一位；一般公共预算收入实现131.9亿元，增长13.8%，增速居全省第二位。数据是最有说服力的，这一组数据反映出了许昌人以党的十八大、十九大精神为指引，应用新理念，推动着质量变革、效率变革、动力变革，追求着经济的帕累托最优。

劳动与资本构成，反映着经济要素投入的规模质量及其配置状况，劳动与资本构成合不合理，充不充分，直接决定着经济要素投入产出的效果效益，即经济效率。党的十九大报告进一步重申了要坚持社会主义市场改革方向，发挥市场对资源配置的决定性作用，这就在体制机制上稳固了我们继续加大市场化发展指向的政策和方略，这也是党的十八大以来，我们围绕着经济效率、追求提质增效的实践所证明了的一条积极进取、富有效率的可持续发展的路子。

新经济时代，尤其在互联网、物联网新的经济方式、业态模式条件下，蓝领劳动者、白领劳动者、金领劳动者，抑或说体力劳动者、管理劳动者、科技劳动者，劳动能力、劳动工具、劳动资料，包括劳动岗位性质、劳动职业操守、劳动效率评价等，都已经发生和正在发生着从量到质的深刻变化；人力资本、技术资本、金融资本、土地资本等，也都已经发生和正在发生着从量到质的深刻变化。这些变化表明，劳动与资本不仅在构成上有着新的格局，而且劳动与资本的新的内容构成，也标志着经济运行的高质量、高效率，将成为习近平新时代中国特色社会主义的社会生产力的基本特征。

时代是思想之母，实践是理论之源。如果说，改革开放四十年，我国经济快速增长的一个重大因素是因为随着市场化发展，劳动与资本利益关系实现了再造重构，劳动和资本两大经济要素得到了自由运动；那么，进入习近平新时代中国特色社会主义，还应该继续加大这一改革力度，继续探索新时代、新经济背景下的劳动与资本利益关系构成，并使之成为新的经济关系、生产关系的重要的内容支点。亦如习近平在十九大报告中指出的，中国特色社会主义进入新时代，我国社会主要矛盾已经转化为人民日益增长的美好生活需要和不平衡不充分的发展之间的矛盾。我国社会主要矛盾的历史性变化，决定了我们只有大力提升经济发展的质量和效率，才能更好地满足人民在经济、政治、文化、社会、生态等方面日益增长的需要，更好地推动人的全面发展、社会全面进步，而提升经济发展的质量和效率，就要着力解决好发展不平衡不充分问题。

习近平的新的社会矛盾论，不仅表明了新时代中国特色社会主义的主要任务，同时也揭示了新时代中国特色社会主义的基本经济规律。显然之前矛盾阶段的体制机制下的劳动与资本关系维度，是不能满足新时代、新任务和新的基本经济规律要求下的新的劳动与资本关系维度的，必须探寻新的具有新阶段特征的劳动与资本关系构成及其运行秩序和效应。就新时代的劳动与资本关系维度，习近平在党的十九大报告中给出了明确的答案——"坚持就业优先战略和积极就业政策，实现更高质量和更充分就业。""坚持按劳分配原则，完善按要素分配的体制机制，促进收入分配更合理、更有序。""坚持在经济增长的同时实现居民收入同步增长，在劳动生产率提高的同时实现劳动报酬同步提高。""扩大中等收入群体"，使"中等收入群体比例明显提高""拓宽居民劳动收入和财产性收入渠道""城乡居民生活水平明显缩小"等。习近平的这些论述，既传递出党和国家高层关于新时代中国特色社会主义劳动、劳动就业、劳动分配的相应劳动关系的理论维度和政策方针，也彰显出习近平以人为本、坚持人民主体论，"依靠人民创造历史伟业"，实现中华民族伟大复兴的中国梦的决策底蕴和领袖风骨；同时，也必然成为调动亿万人民坚忍不拔、锲而不舍、奋力谱写社会主义现代化新征程的壮丽篇章的精神的、物质的动力源泉。

从资本要素角度看，习近平在党的十九大报告中也明确地指出，"坚持新发展理念""毫不动摇巩固和发展公有制经济，毫不动摇鼓励、支持、引导非公有制经济发展，使市场在资源配置中起决定性作用，更好地发挥政府作用，推动新型工业化、信息化、城镇化、农业现代化同步发展，主动参与和推动经济全球化进程，发展更高层次的开放型经济""以完善产权制度和要素市场化配置为重点，实现产权有效激励、要素自由流动、价格反应灵敏、竞争公平有序、企业优胜劣汰。""深化国有企业改革，发展混合所有制经济，培育具有全球竞争力的世界一流企业。""全面实施市场准入负面清单制度，清理废除妨碍统一市场和公平竞争的各种规定和做法，支持民营企业发展，激发个人市场主体活力。"一定意义上说，在新时代中国特色社会主义市场经济条件下，高质量的、高效率的、高持续性能的资本要素配置及其运动，是实现贯彻新发展理念、全面深化改革、"形成陆海内外联动、东西双向互济的开放格局""发展混合所有制经济、培育具有全球竞争力的世界一流企业""着力加快建设实体经济、科技创新、现代金融、人力资源协同发展的产业体系""建设现代化经济体系"等战略部署和基本方略的基轴连线，没有科学的资本要素配置及其运动的理论维度和政策策略，则既不能产生什么经济活力，也谈不上资本与劳动的最佳契合，更不能奢求赢取劳动与资本利益关系的边际效应。

无疑，新的劳动与资本关系维度，必将一方面使劳动力流动、劳动工资和收入分配制度体制更具有可操作性，更有利于提高劳动力资源配置效率和劳动效率；另一方面也会进一步变革和完善我国社会主义生产关系，释放包括本土资本和引入资本要素的活力，以资本要素杠杆引领先进制造业等实体经济的发展，创造更好的、更适宜的，有利于新时代我国资本再积累、再更新、再扩张、再集中及其利益实现的条件环境。

经济动力是刺激和推动经济增长的力量源泉。习近平提出创新、协调、绿色、开放、共享的新发展理念，强调深化供给侧结构性改革，适应经济新常态，以及开展大众创业、万众创新，融入新经济，等等，预期的、基本的，也可以说内核的都是在于探求新阶段、新时代的新的经济动力。不断创造创新经济动力，是经济社会改革与发展的内容要义，是一条铁的规律。党的十九大报告文献所提出的新的理论、新的方略、新的目标、新的举措、新的部署，本身就是一个鼓舞和激励人们忘我投入社会主义现代化强国建设，憧憬着人民将享有更加幸福安康的生活，中华民族将以更加昂扬的姿态屹立于世界民族之林的、强大的动力源泉。如果说，当下防范化解重大风险、精准扶贫、污染防治"三大攻坚战"，在引导人们把握全面建成小康社会的基本要求、难点重点、主攻方向的同时，也为寻求创造未来经济新动力提供了一个良好的软硬件条件环境；那么，以党的十九大为标志，我国经济迈向高质量发展阶段，实现质量、效率、动力的协调统一，必将从实践上把贯彻党的十九大精神同把握党的十八大以来我们进行伟大斗争、建设伟大工程、推进伟大事业、实现伟大梦想贯通起来，必将圆满完成党的十九大做出的各项战略部署。

（原载《应用经济与管理》2017 年第 3 期）

谱写时代新篇章，让中原更加出彩

——学习省委十届六次全会暨省委工作会议精神思想交流

2018 年 6 月末，河南省省委召开了十届六次全会暨省委工作会议，会议的主题和中心思想是高举习近平新时代中国特色社会主义思想伟大旗帜，深入学习贯彻党的十九大精神和习近平总书记调研指导河南时的重要讲话，动员全省上下牢固树立"四个意识"，坚决维护习近平总书记党中央的核心、全党的核心地位，坚决维护以习近平同志为核心的党中央权威和集中统一领导，以新担当展现新作为，以党的建设高质量推动经济发展高质量，一步一个脚印实现中原更加出彩的奋斗目标。

舆论普遍认为，这次会议尽管媒体报道不多、决议内容文字不多，而传递出来的信息能量却是满满的、影响深远的。一是我们注意一下这次会议召开的时间节点：这次全会暨省委工作会议是在贯彻党的十九大精神开局之年、改革开放 40 周年、习近平总书记调研指导河南工作 4 周年，也是在中国共产党成立 97 周年前夕，省委召开的一次十分重要的会议，也是王国生同志担任河南省委书记以来，省委召开的第一次全会，按照新闻稿说的，具有举旗、定向、领航的重要意义；二是省委认真贯彻党的十九大精神和习近平新时代中国特色社会主义思想，对高质量推进河南经济社会发展进行的再动员，开启了新时代中原更加出彩的新征程，吹响了中原更加出彩的集结号，制定了河南以党的建设高质量推动经济发展高质量的路线图，是一次高举旗帜、对标看齐，牢记嘱托、共谋出彩，统一思想、增强信心，求真务实、催人奋进的会议（举什么旗、走什么路）；三是这次会议并没有就一些具体的事务，如对于经济社会发展中的一些问题给出一个什么模式、什么理念、什么口号、什么做法等（没有提什么立省，没有提什么战略叠加，没有提谁的中心、谁的副中心，没有提几个大省建设……），而是只在宏观统筹上提了一些总的指导性的、引领性的思路指向，这是符合中央，特别是习近平新时代中国特色社会主义思想的，凸显了放开不出圈，指导不干预，充分发挥人民干事创业的智慧和力量，充分发挥社会主义市场经济调节作用的新的做派与风范。所以大家一致认为，这次全会是一次高举旗帜、对标看齐的会议，是一次牢记嘱托、共谋出彩的会议，是一次统一思想、振奋精神的会议，是一次明确目标、部署任务的会议，是一次转变作风、强化落实的会议。为此，省委专门部署、要求包括学校在内的各界各业都要深入学习领会全会文献，把握和落实全会精神。

学习贯彻会议精神，我个人觉得主要应该把握以下几个方面的内容：

一、坚定不移贯彻落实党的十九大精神和习近平总书记调研指导河南时的重要讲话

这次会议明确指出，河南要高举习近平新时代中国特色社会主义思想伟大旗帜，深入学习贯彻党的十九大精神和习近平总书记调研指导河南时的重要讲话，以新担当展现新作为，以党的建设高质量推动经济发展高质量，一步一个脚印实现中原更加出彩的奋斗目标。如上

所述，这一主题，是省委在贯彻党的十九大精神开局之年、改革开放40周年、习近平总书记调研指导河南四周年的重要时间节点，把党的十九大精神和习近平总书记调研指导河南时的重要讲话贯通起来学习理解，把新时代的坐标系和中原更加出彩的目标对照起来谋划工作，把回看走过的路和远眺前行的路连在一起深入思考，密集调研、科学谋划的基础上确定的，具有鲜明的政治性、时代性、导向性。

会议强调，深刻理解这一主题，必须紧盯新时代中原更加出彩这一奋斗目标（此前我们的奋斗目标一直表述为"河南振兴中原崛起富民强省"，这一次把这一内容全包括到了"中原更加出彩"），深刻认识"为什么需要中原更加出彩""什么是中原更加出彩""新时代怎样让中原更加出彩"，以强烈的使命感、负重感、责任感，对各自工作再审视、再定位、再谋划，以更高的标准、更实的举措、更严的作风创造新业绩。坚持推动发展是第一要务、抓好党建是最大政绩，以党的建设高质量推动河南经济发展的高质量。

（一）再审视、再深化、再谋略习近平的让"中原更加出彩"思想内涵与实践作为

让"中原更加出彩"是 2014 年 5 月习近平总书记调研指导河南时的殷殷嘱托。习近平说，实现"两个一百年"奋斗目标、实现中华民族伟大复兴的中国梦，需要中原更加出彩。王国生书记认为，总书记把中原出彩与中国梦联系在一起所讲的"需要"两个字，分量很重，讲出了河南的地位、责任和担当，因此，我们一定要把总书记重要讲话和党的十九大精神贯通起来理解，把新时代的坐标系和中原更加出彩的目标对照起来谋划工作，把回看走过的路和远眺前行的路连在一起深入思考，体现了强烈的"四个意识"，特别是核心意识、看齐意识，以强烈的使命感、负重感、责任感，激发全省人民的前进动力。

会议要求，一定要牢牢把握中原更加出彩的丰富内涵。王国生书记说，习近平总书记用"更加出彩"为我们指明了远大目标、树起了新的标杆，体现的是更高的标准和追求，需要的是更大的担当和作为。王国生书记认为，今天理解的更加出彩，至少有三个内容：第一，更加出彩，就是要紧跟时代步伐。只有自觉把握规律、顺应趋势，与时代的脉搏一起跳动，用新时代的眼光和标尺作牵引，把应该做的事情做早、做实、做优，才是真正的出彩。回看河南的发展，凡是我们出彩的时候，都是和时代同频共振、走在前列的时候。比如郑东新区的规划建设，带动了区域性中心城市竞相发展；中原城市群成为我国经济发展的新增长极。第二，更加出彩，就是要不断探索新路。实践证明，亦步亦趋跟着别人走是没有出路的，只有走别人没有走过的路，创造出更多的模式和经验，才能有新作为。第三，更加出彩，就是要彰显自身特色。我们深深体会到，只有立足省情实际，找准加快自身发展和服务全国大局的结合点，也就是要提高站位，跳出河南看河南，要把河南摆到全国大局中来策划发展，从而发挥优势，扬长补短，形成核心竞争力，抢占发展制高点，才能实现真正的突破。

王国生书记对习近平总书记在河南调研指导时的重要讲话，不仅认真学了，而且在理论与实践的贯彻上进行了深入的挖掘、细化、深化。这一次全会上给我们传递出来的许多新的提法、新的阐释、新的表述，都是他的思想见地，原意原话。

（二）再审视、再深化、再明晰我们的工作方向

王国生书记指出，总书记对河南提出的"四个着力"重大要求，是"五位一体"（全面推进经济建设、政治建设、文化建设、社会建设、生态文明建设）总体布局和"四个全面"（协调推进全面建成小康社会、全面深化改革、全面依法治国、全面从严治党）战略布局在河南的具体化，也是新时代让中原更加出彩的根本遵循。

王国生书记强调，习近平总书记提出的"四个着力"，其中：着

力推动经济持续健康发展，是发展的第一要务；着力做好农业农村农民工作，是发展的坚实基础；着力保障和改善民生，是发展的根本目的；着力建设德才兼备的高素质执政骨干队伍，是发展的根本保证。"四个着力"既体现了新时代进行伟大社会革命的要求，也体现了我们党自我革命的要求，和党的十九大精神是完全契合的。

这"四个着力"我们过去并没有给予过多的认识和宣传，是由王国生书记发掘出来并形成我们今后工作的努力方向的。

王国生书记指出，进入新时代，河南肩负着与全国同步全面建成小康社会，加快建设富强民主文明和谐美丽新河南的历史重任，必须奋力实现由大到强的历史性转变，开辟河南省高质量发展新境界，全面建设社会主义现代化强省；必须奋力实现人民生活水平从小康到共同富裕的历史性转变，让全省人民过上高品质生活；必须奋力实现把各级党组织建设好建设强的目标，为中原更加出彩提供有力保证。归结起来，新时代让中原更加出彩，就是要坚持推动发展是第一要务、抓好党建是最大政绩，以党的建设高质量推动经济发展高质量，这是我们今天无论是党政机关还是业界发展，都必须牢牢把握的工作方向。

（三）再审视、再深化、再把握打好"四张牌"的实践要领

王国生书记说，习总书记要求河南围绕加快转变经济发展方式和提高经济整体素质及竞争力，着力打好产业结构优化升级、创新驱动发展、基础能力建设和新型城镇化"四张牌"，这是落实新发展理念（面对全面建成小康社会决胜阶段复杂的国内外形势，面对当前经济社会发展新趋势新机遇和新矛盾新挑战，党的十八届五中全会坚持以人民为中心的发展思想，鲜明提出了创新、协调、绿色、开放、共享的发展理念。新发展理念符合我国国情，顺应时代要求，在理论和实践上有新的突破，对破解发展难题、增强发展动力、厚植发展优势具有重大指导意义。习近平同志指出，"创新发展注重的是解决发展动力问

题"，必须把创新作为引领发展的第一动力，不断推进理论、制度、科技、文化等各方面创新；"协调发展注重的是解决发展不平衡问题"，必须牢牢把握中国特色社会主义事业总体布局，不断增强发展整体性；"绿色发展注重的是解决人与自然和谐问题"，必须坚持节约资源和保护环境的基本国策，推进美丽中国建设；"开放发展注重的是解决发展内外联动问题"，必须坚持对外开放的基本国策，奉行互利共赢的开放战略，发展更高层次的开放型经济；"共享发展注重的是解决社会公平正义问题"，必须坚持发展为了人民、发展依靠人民、发展成果由人民共享，使全体人民朝着共同富裕的方向稳步前进）和深化供给侧结构性改革的重要抓手，是加快转变发展方式、优化经济结构、转换增长动力的关键举措，我们不仅要深刻认知，更要全面贯穿于河南经济社会发展的全过程，尤其是要把打好"四张牌"（一些市厅级领导对"四张牌"记不住、记不全）贯穿于高质量发展各个方面、各个环节，务求不断取得实效。

（四）再审视、再深化、再强调争做出彩河南人

王国生书记主政河南以来，进行了大量的调查研究，接触了各界各类人群，他深有感触地说，古老厚重的中原大地形成了以焦裕禄精神、红旗渠精神、愚公移山精神为代表的宝贵精神财富；古老厚重的中原大地塑造了河南人包容宽厚、大气纯朴的内在品格，艰苦奋斗、负重前行的实干精神，敢闯新路、奋勇争先的进取意识。王国生书记说，河南有影响和引领全国的三大精神财富，有如此品格、精神、意识的人们，每一个在这里生活和工作的人，都应该把实现中华民族伟大复兴的中国梦与中原更加出彩紧密联系起来，树立起强烈的争先进位的出彩意识，争做出彩河南人，葆有热爱河南的家乡情怀，增强建设河南的责任意识，涵养献身河南的精神境界，汇聚起奋进新时代的磅礴力量。

（五）再审视、再深化、再激发"三起来""三股劲"

王国生书记来河南调研的第一站便是兰考，他认真听取了四年前习近平总书记到兰考调研指导工作时的一系列讲话，认真拜访了焦裕禄事迹展览，实地察看了兰考的发展变化，召开了不同形式不同群体的座谈会，也是在这次访谈中进一步挖掘梳理出习近平对焦裕禄精神的提炼上升，包括"三个起来"，即把富民和强县统一起来、把改革和发展结合起来、把城镇和乡村贯通起来，"三股劲"即关键是学习弘扬焦裕禄同志对群众的那股亲劲、抓工作的那股韧劲、干事业的那股拼劲（"三股劲"在2015年全省干部大会上时任省委书记郭庚茂曾经也被提出来过，但几乎没有引起人们过多的关注。王国生书记此次再一次强调了"三股劲"，还提出了要学习习近平总书记提出的"三个起来"，使总书记的思想以及焦裕禄精神有了新的时代内涵）。

二、深入践行新发展理念，推动经济发展高质量

省委全会指出，要不断提高各级干部认知的视角站位，深刻理解和把握高质量发展的战略意义与时代价值。王国生书记认为，从基本遵循看，高质量发展是体现新发展理念的发展；从战略目标看，高质量发展是建设现代化经济体系的发展；从基本路径看，高质量发展是质量变革、效率变革、动力变革的发展；从根本目的看，高质量发展是坚持以人民为中心的发展。围绕推进高质量发展，全会指出，一是要推进经济结构战略性调整，深化供给侧结构性改革，优化产业结构、城乡结构、区域结构，把准高质量发展的主攻方向。二是要把创新摆在发展全局的核心位置，抓好创新载体，壮大创新主体，完善创新机

制，建设人才强省，激活高质量发展的第一动力。三是要深化改革开放，扎实推进机构改革，深化"放管服"改革，推进国企改革攻坚，促进民营经济健康发展；提升开放通道优势，提升开放平台优势，优化营商环境，走好高质量发展必由之路。四是要提高政治站位，用更大的决心、尽更大的努力，拿出更有效的办法，以更加扎实的作风打好打赢三大攻坚战，补齐高质量发展的突出短板。

会议强调，要突出抓好政治建设，推动党的建设高质量，以党的建设高质量推动经济发展高质量。党的建设高质量，体现在牢牢把握政治统领这一重大原则上，体现在掌握马克思主义这一看家本领上，体现在形成风清气正的政治生态上（这一点很重要，许昌现在经济社会都走在全省的前列，为什么？政治生态好，一任接着一任干，真是一张蓝图绘到底，这是根本的，并非社会传说的风水好，出干部，从许昌上来的确实很多啊），体现在凝心聚力推动经济社会发展上、体现在巩固党的执政基础上、体现在党的工作机制务实管用上。

所谓党的建设高质量，就是要牢固树立"四个意识"，坚决维护习近平总书记党中央的核心、全党的核心地位，坚决维护以习近平同志为核心的党中央权威和集中统一领导，始终对党绝对忠诚，紧跟习近平总书记的步伐，对党中央决策部署听令而行、闻令而动，带领群众坚定不移听党话、跟党走。

推动党的建设高质量，以党的建设高质量推动经济发展高质量，领导干部要发挥表率示范作用，带头树牢"四个意识"、带头解放思想、带头真抓实干、带头服务群众、带头严格自律，坚定理想信念，投身中原更加出彩的生动实践，共同描绘出浓墨重彩的美好画卷。要厚植党内政治文化，倡导和弘扬忠诚老实、公道正派、实事求是、清正廉洁等价值观，建设良好的政治生态。

三、坚持稳中求进，促进经济社会平稳健康发展

　　会议分析了当前经济运行形势，对下半年重点经济工作做出部署。会议指出，总体看，2018 年前 5 个月经济发展主要指标好于预期，全省经济社会保持平稳健康持续向好态势，高质量发展取得良好开端。但也要清醒地认识到，当前全省经济运行中仍然存在着结构矛盾突出、转型发展滞后、增长动能不强、资金约束加大等问题。同时，对全球贸易增长缓慢、宏观金融政策调整、传统产品价格波动、部分领域风险隐患等不确定因素带来的影响，要始终高度重视、密切关注、未雨绸缪、积极应对。下半年全省经济工作，要继续坚持稳中求进总基调，以提高质量效益为中心，以供给侧结构性改革为主线，围绕年初确定的"三个同步""三个高于"发展目标坚定不移、统筹推进。

　　会议提出，当前和今后要重点抓好四个方面工作：一是要着力抓住关键环节，保持经济平稳增长。突出抓好稳定工业增长、扩大有效投资、强化资金保障。二是要推进经济结构调整，加快经济转型发展。坚定不移去产能、科学施策去库存、积极稳妥去杠杆、多措并举降成本、精准加力补短板。三是要深入推进开放创新，着力增强发展动能。持续推进国企改革攻坚，突出抓好河南自贸试验区的改革试验和郑州航空港经济综合实验区建设，为全省扩大对外开放搭建高地，擦亮窗口，提供示范。四是要增加城乡居民收入，切实保障改善民生。要将居民收入的提高作为检验经济发展质量的客观标准、保障改善民生的重要基础，同时注意扩大社会就业、防范社会风险、健全社会保障，统筹推进经济社会和谐稳定发展。

　　做好下半年工作要坚持稳中求进，促进经济社会平稳健康发展。

一是始终把目标盯住，确保年初确定的"三个同步、三个高于"目标（城乡居民收入与生产总值同步增长、生态环境质量与经济质量效益同步改善、社会事业进步与经济发展水平同步提高；生产总值、财政收入、居民收入的增速均高于全国平均水平）实现；二是坚决把风险管住，确保不发生区域性系统性经济风险；三是牢牢把发展扭住，抓结构调整挖潜力，抓转型发展增动力，抓深化改革添活力；四是注意把重点抓住，将实体经济发展作为重点，优环境、降成本、破难题。

随着我国社会基本矛盾的转换，我国经济已经开始从高速度发展阶段转向了高质量发展阶段，河南怎样走出一条高质量发展路子，全会提出了三个加快，就是要加快经济结构转型，抓好产能、产业、产品三大结构调整；加快发展方式转变，着力摆脱依赖投资拉动的发展模式、依赖工业支撑的发展格局、依赖物质消耗的发展路径；加快发展动能转换，实现更高水平地扩大开放、更大力度地深化改革、更加全面地推进创新。

会议强调要紧盯重点任务，集中精力打好三大攻坚战。坚决打好防范化解重大风险攻坚战，突出防范区域金融风险、政府债务风险、自然灾害风险、安全生产风险；坚决打好精准脱贫攻坚战，进一步在落实精准方略、组织重点攻坚、全面提高质量、坚持统筹推进上下功夫；坚决打好污染防治攻坚战，走出一条生态文明发展之路。

会议认为，经济的运行，一定要按照客观规律办事，就是要注重科学统筹，以产业兴旺为重点、生态宜居为关键、生活富裕为根本，扎扎实实的施乡村振兴战略，以科学思想为引领、品质提升为重点、文明创建为载体、人民满意为目标，加快推进城市转型发展，大力推动社会事业发展，确保重点民生实事办实办妥，持续增进人民群众福祉。

会议强调，切实抓好各项工作落实。历史是人民创造的，幸福是奋斗出来的，出彩是干出来的。一分部署，九分落实。

会议要求，要从感悟会议导向中抓落实，转变方式、解放思想、拉高标杆、集中精力，突出重点、统筹兼顾，把每项任务落到实处；要从增强责任担当作为入手抓落实，提升政治站位，勇于担责担难担险，争做出彩河南人；要从前看标兵回看追兵中抓落实，激发内在动力，不断奋勇争先。

王国生书记强调，要以好的作风抓落实，各地各部门要比一比谁对会议精神吃得更透、把握得更准，比一比谁的增长点多，比一比谁的综合抓手多，比一比领导班子的整体合力和水平，比一比攻坚克难的战斗力，形成狠抓落实的浓厚氛围。

（最近有关媒体报道了省政府实施省长联系重大项目分工负责制的消息，这就是在贯彻省委十届六次全会和省委工作会议精神的具体体现，严格的要求从省长们做起抓落实。过去省长们只是按照分工职责，各管一摊儿，现在是要落到具体项目内容上，预期完不成要给出说法的，这样公之于众还是头一回）

（历届河南高层最为关注的是如何超脱出土地财政窘境，向河南的支柱产业要收益，关注烟、酒、石油收益，一直抓的 12 个行业为能源、高效种养、健康养老、旅游、现代物流、建筑装配、电力信息、新型材料、绿色食品、装备制造、豫酒、卷烟）

四、主动转变领导方式，习惯在监督下开展工作

全会指出，以党的建设高质量推动经济发展高质量，让中原更加出彩，领导干部要发挥表率示范作用，带头树牢"四个意识"、带头解放思想、带头真抓实干、带头服务群众、带头严格自律，进一步激发出对群众那股亲劲、抓工作那股韧劲、干事业那股拼劲。要树立起

更高的工作标准，主动转变领导方式，习惯在监督下开展工作。

不容置疑，领导干部要习惯在监督下开展工作，将成为一种常态。多少年来，我们的一些领导干部干了事儿，却又出了事儿，为什么？就是缺乏监督机制和环境氛围，或者是监督流于形式化、表面化、虚泛化，使得一些人没有把持住自己，过那个"度"了、过那条"线"了，不仅给党和国家、给我们的事业造成了甚至是无可挽回的损失，也毁了我们自己和家庭。也是这样，全会提出和强调了我们的各级各岗位干部都要习惯在监督下开展工作，一要持续转变作风，锲而不舍落实中央八项规定及实施细则精神，一刻不停歇地纠正"四风"，特别是大力整治变异的形式主义、官僚主义问题，赢得人民群众真心拥护；二要全面提升本领，增强各级党组织的政治领导力、思想引领力、群众组织力和社会号召力，提高领导干部"八种本领"，涵养干事创业底气；三要树好用人导向，激励干部担当作为，真正让想干事、能干事、干成事的干部有机会、有舞台，让政治强、作风实、不张扬的干部挑重担。

五、学习贯彻全会精神，为中原
更加出彩贡献高校力量

这次会议破先例地要求在全省包括高校进行宣传、学习、贯彻，把学习贯彻全会精神作为当前和今后一个时期的重要政治任务。我的理解，一是要提高政治站位。就是说要深刻认识到这次会议对于河南来说，具有里程碑、转折点、加油站、集结号的意义和价值，关乎到整个河南在未来时期，或者说在进入新时代举什么旗、走什么路、定什么调的大是大非问题，而所有这一切，都只能通过这次全会来认识、

来把握。所以，省委要求扎实抓好全会精神的学习宣传，推动全会精神入心入脑、成为共识，对于高校来说，就是要切实把全校师生的思想和行动统一到全会的决策部署上来，统一到王国生书记的重要讲话精神上来。二是要提醒我们，河南的高校一定要关注、关心、关爱河南的大事儿、重事儿、要事儿，充分认识到河南的每一步发展都关乎着每一所高校的发展，每一所高校都要为河南的发展贡献自己的青春和力量，服务社会，首先是服务河南经济社会的发展，一定要把自己摆放到河南发展的大格局中去。三是要贯彻全会精神，拉近我们高校实际查思想观念上的不足，查建设发展上的短板，查与国家评价考核上的距离，分析问题成因，理出思路对策，特别是要研讨持续推进党的政治建设，牢牢把握立德树人根本任务，鲜明树立担当作为用人导向，不断夯实基层基础，持之以恒正风肃纪，切实使我们在推动党的建设高质量的同时推动高校沿着党和国家的大政方针向前，等等。

像我们学校——河南财经政法大学，目前中心工作就是迎接和顺利通过国家教育部合格评估，评估是高校建设发展的常规性例行工作，没有这一个环节及其成效，就没有接下来的一切——没有高水平人才引进和高素质师资队伍基础、没有高水平应用型大学及其社会地位影响、没有从学士学位进入到硕士学位授权的条件。尤其是我们校、院两级干部，还有各处室干部，一定要带头保持良好精神状态、带头解放思想、带头真抓实干、带头服务师生、带头严格自律，进一步激发抓工作的韧劲、干事业的拼劲，圆满完成各项目标任务。

王国生书记在讲话中谈到河南近年来的发展指出，河南已不仅是农业大省，也是重要的新兴工业大省、有影响的文化大省，更是正在加速崛起的经济强省、内陆开放大省。5000 年中华文明史，前 3000 年河南是中国政治经济文化中心，历史在河南留下了大量的文化遗产，被称为立体的生态的"中国历史博物馆"。历史的接力棒交到我们手中，接下来我们如何接好这一棒？如何把我们深厚的文化底蕴，转化为文化发展优势、壮大河南文化实力？高校应发挥主力军的作用，高校应走在前边，责无旁贷。

最后，我想用省委书记王国生以三句诗来看待和形容河南的过去、今天、未来发展，来结束我的发言交流。"若问古今兴废事，请君只看洛阳城"，说的是昨天的河南历经沧桑；"忽如一夜春风来，千树万树梨花开"，说的是今天的河南生机盎然；"长风破浪会有时，直挂云帆济沧海"，预示着明天的河南会更加美好。我们也相信，我们河南、我们高校，在省委十届六次全会精神指引下，一定会生机勃勃、蒸蒸日上，不断创取新的辉煌。

（2018 年 7 月 31 日应邀为部分高校教师作的学习贯彻省委十届六次全会暨省委工作会议精神专题报告讲稿）

致新任省委书记的一封信

——以河南省委决策信息专家组成员名义

尊敬的王国生书记：

您好！

欢迎您到河南来任省委书记，也说明您与河南人、与河南这个地方有情缘。历届省委书记都想努力一把，为振兴河南、中原崛起书写华章，然而，也许是囿于河南华夏文明发祥地、中华民族摇篮，从而封建思想、行为陋习愈加深重，又可能因此在各个方面压抑了省委书记们的潜能与潜力发挥，尽管一任一任的书记们使河南已经有了长足发展。值此阁下接手担当河南省第一责任人之际，谨斗胆谏言几句，不妥之，则批评。

（1）换一种思维和工作方式。多少年了，来一位新的领导，包括党政部门、学界、媒体总习惯于看、听，甚至到新任领导原工作地打探其工作生活的特点、风格，以便研判新领导的心绪与偏好，与前任领导的行事差异、目标倾向。这也不能说就是错的，但却由于一味地"贴新"，又往往客观上存在着新任领导的思路意向和原有具体实际上的一定偏颇与隔阂，有意无意地影响了正在进行中的规划部署、重点项目、中心任务、政策方略的实施，结果是原领导的一套没做完，新领导的设想也不能圆满实现，使地方生产力蒙受损失。所以建议是否可以从您这一任起，换一种思维和工作方式，就像您现在这样的，先广泛调研接触了解，多召开一些不同层次、不同群体的座谈会，和党政部门、工商业界、学界等各级各类人员意见征询与交流，而后提出"施政纲要"——做到对前任符合省情、符合规律、符合大势的事情继续推进，需要调整的、完善的、提升的，调整完善提升；接任者顺应新形势、新机遇、新发展的新决策，襟怀坦荡，果断担当，这样既有利于新领导的思想贯穿，也有可能避免老百姓担忧的因领导更替带来的对经济的"折腾"。

（2）大兴调查研究风尚，实施各级领导干部调研报告交流会议制度。即学习习近平总书记深入实地，在调研交流中发现问题、解析成因、明确思路、提出对策。河南这些年一是 GDP 增速一般都高于国家 1 个左右的百分点，二是经济总量持续位居全国第五位，但财政收入、居民收入却在全国处于一般水平（人口多是一个因素，但恐怕不能总拿着这一点儿说事）。而且有数据显示，"十二五"以来，河南累计接受国家净补助达 9909.51 亿元，总数排名全国第二，净补助金额从 2011 年的 1268.09 亿元逐年增加到 2016 年的 1973.98 亿元，增幅达 56%（不否认"中原粮仓"中央正常补助因素）。要说这些年，在几任省委书记的领导下，我们争取到了十几个国家战略叠加带来的政策红利，几十个中央部委的对口支持，多个新生的经济增长极，却一直还是处于高规模低效益的不理想境地，值得冷静思考。思向哪儿？考之何处？显然，也只有引导各级干部"走出去、沉下去"，通过调研找出规模与效益反差的症结、短板，方能提出继续扩大规模、大力提升效益，探索出全省以及各市县有质量发展、高质量发展的思路良策。

大兴调研之风，既是干部工作的一种常态，更是中央，特别是习近平总书记反复强调和提倡的。建议以习近平新时代中国特色社会主义经济思想为指导，以探寻怎么样缩小河南省经济规模与效益剪刀差这个总括性问题为主线，认真调研、深化习近平在河南提出的"经济新常态"的科学论断及其"打好四张牌"的新时代、新征程论述与实践问题；认真调研、深化李克强主政河南时就提出的"三化协调"及其后来在《政府工作报告》中提出的"四化同步"发展方略中的"不协调""不同步"究竟在哪里的问题；认真调研、深化国家多个战略实施的叠加效应政策红利与放大地方政策当量问题；认真调研、深化河南怎么样按照中央部署，打好"三大攻坚战"和务实推进供给侧结构性改革的问题；认真调研、深化新时代河南经济、市县经济、乡村经济的个性化区域发展问题；认真调研、深化河南国有经济、民营经济竞合互动、发展壮大问题；等等。以此为契机，从制度、机制上形成一切通过调研报告、凭借数据说话决策的，党和政府地方治理能力水平不断提升的，加快缩小和改变河南经济大规模、小效益尴尬局面的良好氛围、态势、气势。

（3）对市县经济、企业经济运行尽量少发文、少"指导"。市县经济、企业经济发展，由于地理区位、人文素质、资源条件、技术水平、历史起点、经营管理、所处环境等因素的不同，各自发展的个性差异亦不同，当应在国家、省的大战略、大规划、大分工、大目标前提下，由各自市情、县情、业情决定，按照经济规律、按照市场机制、按照政地关系或政企关系，发挥优势、扬长避短，寻求自主发展。市县经济、企业经济总是仰靠党委政府发文、领导视察指导，实践证明不仅容易带来水土不服，且很容易造成去一个领导讲一个看法，提一个要求，弄得地方被动且无所适从，手脚束缚起来。少发文、少"指导"，不等于不发文、不调研、不指导、不负责，重要的是使党政主要领导和决策部门腾出精力思考酝酿相对于国家、省的各自区域发展的宏观的、战略性的问题；使管理重心下移，职能责任到位，治理能力提升，发挥市县与企业的积极性、主动性和创造性；使上一级对下一级的指导、领导、调处，确实通过加强考核评价来实现。比如中央提出的"三大攻坚战"相应指标的市县纵横变化比较，李克强总理提出的一个时期的贷款状况、就业状况、收入状况等方面指标的市县纵横变化比较，甚至亦可以借鉴国外衡量经济社会发展的"人均寿命""家庭净资产"两个指标变化比较，来评价考察市县，提升市县政府治理能力的现代化水平和实际工作绩效。党政领导带着一个时期、一个地方或企业的比较数据下去调研、指导，显然更具针对性、更具时效性、更具指导性。

（4）强调规划的指导性、政策性、严肃性。这些年，规划的意识增强了，但是"规划、规划，墙上挂挂"的状况依然没有得到根本改变，使得规划作为实现高层决策部署的具体化大打折扣。为此，从理论与实践的角度建议：一是进一步强化规划的前瞻性、指导性、政策性、严肃性，规划先行、规划统筹，按照规划编制的一般路数和要求，凸显规划内容顶层设计、讲时局大势、接地气边际、促创新发展。二是进一步强化规划的专家论证、编制环节、程序要求。无论是综合性经济社会发展规划，还是专门性部门行业发展规划，都需经过反复研讨、专家论证、会议审议等规定程序，方能出台颁布。研讨应有原始记录，论证应有意见署名，颁布应有权威渠道，落实应有监督检查，实施严格的规划编制、规划执行、规划效应责任追究制。三是进一步强化规划执行效应的第三方机构评价机制。现在对政府工作的评价，主要是规划执行效果评价，多由第三方专资机构进行。目前河南省尚处于"有意识、待培育"由第三方专资机构评价政府工作阶段，这是一个趋势，应从相关环境条件方面引导、加速这个进程。

当前，河南人正在学习贯彻党的十九大和"两会"精神，又恰逢新的省委书记到任，怎样按照习近平总书记提出的"打好四张牌""让中原更出彩"，依然是新时代、新目标、新发展的主题与主线，是我们进行理论研究和工作实践的坐标与抓手。如果说，"厉害了，我的国"，表征着中华人民共和国从"站起来"到"富起来"，再到"强起来"，一步一步地实现着民族的复兴和伟大的中国梦；那么，在以您为班长的新一届省委、省政府领导下，爬坡过坎，实现"中原崛起、河南振兴、富民强省"，融入大中华民族复兴、实现中国梦，河南一定要有，也一定会有新的作为、新的贡献，我们信心满满。

顺颂春祺！

（河南财经政法大学河南经济研究中心，河南经济与社会发展研究院首席专家；郑州财经学院科研处处长　郭军　2018年3月26日）

"三区一群"视角下河南经济发展形势概述

一、现时认识河南经济形势应该关注的几点动态

一是谢伏瞻返京任中国社科院院长，王国生从青海转任河南省委书记。省委书记的更替，对经济运行不会引起大的波动，但影响性肯定是存在的。徐光春的文化立省，扩大开放，改变河南人的外部形象；卢展工的四个重在理念，国家中原经济区战略，新型城镇化及其新型农村社区建设（中原城市群、三化协调、粮食核心区，郑州航空港经济综合试验区）；郭庚茂的产业集聚区、特色商业区、商务中心区及其河南经济的命门在区位交通，从而把郑州航空港经济综合试验区建设列为省委一号工程，建设大枢纽、大物流、大产业、大都市；谢伏瞻先提出了四个大省建设，后改为四个强省建设，强调围绕三区一群协同带动发展的路子；等等。河南经济这些年就是在这几位先后任职的省委书记交替中走过来的，可以看出，在大局稳定前提下，他们各自有着各自的思想、作为，从而领导并形成一个时期河南经济的个性与重心。

二是王国生在 2018 年 6 月 29~30 日主持召开的省委十届六次全

会，这次全会暨省委工作会议是在贯彻党的十九大精神开局之年、改革开放 40 周年、习近平总书记调研指导河南工作 4 周年，是在中国共产党成立 97 周年前夕，省委召开的一次十分重要的会议，也是王国生同志担任河南省委书记以来，省委召开的第一次全会，对河南来说，又是一个里程碑、转折点，具有举旗、定向、领航的重要意义。

省委十届六次全会暨省委工作会议，王国生不仅强调了要坚决维护以习近平同志为核心的党中央权威和集中统一领导，而且号召各级领导和全省人民以新担当展现新作为，以党的建设高质量推动经济发展高质量，一步一个脚印实现中原更加出彩的奋斗目标，而且发出了要争做出彩河南人的号召。

王国生对习近平的让中原更加出彩进行了认真的学习和深化，他说，要深刻领会和把握为什么需要中原更加出彩；深刻领会和把握什么是中原更加出彩；深刻领会和把握新时代怎样让中原更加出彩。王国生认为：

（1）河南有了不起的三大精神财富。即古老厚重的中原大地形成了以焦裕禄精神、红旗渠精神、愚公移山精神为代表的宝贵精神财富。

（2）河南人的品格、精神、意识。古老厚重的中原大地塑造了河南人包容宽厚、大气纯朴的内在品格，艰苦奋斗、负重前行的实干精神，敢闯新路、奋勇争先的进取意识。

（3）如何争做出彩河南人。每一个河南人，每一个在这里生活和工作的人，都要把实现中华民族伟大复兴的中国梦与中原更加出彩紧密联系起来，树立起强烈的争先进位的出彩意识，争做出彩河南人，葆有热爱河南的家乡情怀，增强建设河南的责任意识，涵养献身河南的精神境界，汇聚起奋进新时代的磅礴力量。

三是王国生面对经济新常态、面对新时代、面对河南经济要高质量发展进一步强化了把新时代的坐标和中原更加出彩的目标对照起来谋划工作，把回看走过的路和远眺前行的路连在一起深入思考，把总书记重要讲话和党的十九大精神贯通起来理解，以强烈的使命感、负重感、责任感激发全省人民的前进动力。

王国生这里强调的就是要再认识、再深化 2014 年 5 月习近平总书记调研指导河南时的殷殷嘱托：实现"两个一百年"奋斗目标、实现中华民族伟大复兴的中国梦，需要中原更加出彩。王国生认为，总书记把中原出彩与中国梦联系在一起所讲的"需要"两个字，分量很重，讲出了河南的地位、责任和担当。

四是王国生似乎还并没有具体的提出什么战略、什么模式等，但强调了要学习贯彻习近平"四个着力"（着力推动经济持续健康发展，是发展的第一要务；着力做好农业农村农民"三农"工作，是发展的坚实基础；着力保障和改善民生，是发展的根本目的；着力建设德才兼备的高素质执政骨干队伍，是发展的根本保证）的论述，明确了工作方向——新时代让中原更加出彩就是要坚持推动发展是第一要务、抓好党建是最大政绩，以党的建设高质量推动经济发展高质量。

推动经济高质量发展，要坚持稳中求进工作总基调，始终把握好稳增长和调结构的基本关系，具体提出的基本思路包括：

（1）推进经济结构战略性调整，把准高质量发展的主攻方向。包括优化产业结构、优化城乡结构、优化区域结构。

（2）把创新摆在发展全局的核心位置，激活高质量发展的第一动力。抓好创新载体；壮大创新主体；完善创新机制；建设人才强省。

（3）深化改革开放，走好高质量发展必由之路。深化改革要突出抓好以下几个方面：扎实推进河南省机构改革；深化"放管服"改革；推进国企改革攻坚；促进民营经济健康发展。

（4）扩大开放要突出做好以下几个方面：提升开放通道优势；提升开放平台优势；优化营商环境。

（5）打好打赢三大攻坚战，补齐高质量发展的突出短板。从政治高度来认识三大攻坚战；把打好打赢三大攻坚战作为重大机遇。

五是会议强调，一分部署，九分落实（省长分工责任制、落实到重大项目省长负责制、在媒体公开列示）。

二、当前河南经济发展的基本运作点

　　河南省省委十届六次全会暨省委工作会议分析了当前经济运行形势，对2018年下半年重点经济工作做出部署。会议指出，总体看，全省经济发展主要指标好于预期目标，经济社会保持平稳健康持续向好态势，高质量发展取得良好开端。做好下半年工作要坚持稳中求进，促进经济社会平稳健康发展。始终把目标盯住，确保年初确定的"三个同步""三个高于"目标实现；坚决把风险管住，确保不发生区域性系统性经济风险；牢牢把发展扭住，抓结构调整挖潜力，抓转型发展增动力，抓深化改革添活力；注意把重点抓住，将实体经济发展作为重点，优环境、降成本、破难题。

　　最近省政府接连召开了几次常务工作会议，认为在肯定成绩的同时也要清醒地看到，当前全省经济运行中仍然存在着结构矛盾突出、转型发展滞后、增长动能不强、资金约束加大等问题。同时，对全球贸易增长缓慢、宏观金融政策调整、传统产品价格波动、部分领域风险隐患等不确定因素带来的影响，要始终高度重视、密切关注、未雨绸缪、积极应对。下半年全省经济工作，要继续坚持稳中求进总基调，以提高质量效益为中心，以供给侧结构性改革为主线，围绕年初确定的"三个同步""三个高于"发展目标坚定不移、统筹推进。

　　一是始终把目标盯住，扎实推进各项工作落实，确保2018年初提出的"三个同步""三个高于"的目标实现。"三个同步""三个高于"，即"城乡居民收入与生产总值同步增长、生态环境质量与经济质量效益同步改善、社会事业进步与经济发展水平同步提高；生产总值、财政收入、居民收入的增速均高于全国平均水平"，字里行间，体现着稳中求进工作总基调，贯穿着新发展理念，"三个同步""三个高于"，既是河南实现高质量发展的基本保障，也是高质量发展的必然结果。

二是坚决把风险管住，深刻认识"管住了风险就有了发展基础，出现了风险就会失去发展条件"，守住风险底线，绝不能发生区域性系统性风险。

三是牢牢把发展扭住，统筹推进稳增长、促改革、调结构、惠民生、防风险工作，着重抓结构调整挖潜力，抓转型发展增动力，抓深化改革添活力。

四是注意把重点抓住，围绕实体经济优化发展环境，降低企业成本，加大融资支持，补短板、强弱项、解难题，推动经济社会平稳健康发展。

两个运作点：

（1）三大攻坚战——防风险（财政货币、银行、政府借贷）、防污染，扶贫攻坚。其实河南还提出了以下两点：一是企业转型、产业优化升级；二是国企改革（2018 年 7 月 30 日，国务院印发《关于推进国有资本投资、运营公司改革试点的实施意见》（以下简称《意见》）。《意见》指出，要坚持社会主义市场经济改革方向，通过改组组建国有资本投资、运营公司，改革国有资本授权经营体制，实行国有资本市场化运作。要发挥国有资本投资、运营公司平台作用，推动国有经济布局优化和结构调整，提高国有资本配置和运营效率）。

（2）非公有制经济发展。前不久刚刚召开的全省民营经济研讨会，感到投资不足，活力不足，资金压力大（许昌市是非公有制经济最活跃的地方，是最有良好政治生态的地方，被省长率队学习，被省委书记亲临观看）。

三、从几个维度上看河南经济形势

（一）2018 年上半年全省经济运行总体平稳

15 省份 2017 年上半年、2018 年上半年 GDP 数据对照如表 1 所示。

表 1　15 省份 2017 年上半年、2018 年上半年 GDP 数据对照

省份	2018 年上半年 GDP 增速（%）	2018 年上半年 GDP 总量（亿元）	2017 年上半年 GDP 增速（%）	2017 年上半年 GDP 总量（亿元）
贵州	10.00	6632.86	10.40	5732.32
江西	9.00	10124.50	9.00	8961.19
陕西	8.60	10702.55	8.20	9581.10
安徽	8.30	14264	8.50	12645.10
四川	8.20	18327.01	8.50	16080.33
福建	8.20	14840.93	8.30	13289.77
湖北	7.80	17958.17	7.80	15871.39
湖南	7.80	16405	7.60	15275.51
河南	7.80	22244.51	8.20	20307.72
宁夏	7.70	1603.58	8.60	1397.61
上海	6.90	15558.15	6.90	13908.57
北京	6.80	14051.20	6.80	12406.79
青海	5.90	1196.99	7.60	1204.30
海南	5.80	2434.88	7.50	2198.23
天津	3.40	9927.60	6.90	9386.87

资料来源：国家统计局、各省市区统计局、地方政府官网。

2018 年上半年河南省 GDP 增速为 7.8%，全国为 6.8%，应该说均在一个合理区间。与 2017 年上半年相比 GDP 增速下降了 0.4 个百

分点，但 GDP 总量还是增加的，其中 2018 年上半年是 22244.51 亿元，2017 年是 20307.72 亿元，位居全国前列。

2018 年 7 月，全省规模以上工业增加值增长 6.9%，比上月回落 0.9 个百分点，但还是高于全国平均水平 0.9 个百分点。2018 年 1~7 月，全省规模以上工业企业增加值增长 7.6%，比上半年回落 0.1 个百分点，高于全国平均水平 1.0 个百分点。2018 年 1~7 月，符合转型升级方向的装备制造、食品制造、新型材料制造、电子制造、汽车制造等五大主导产业增加值增长 9.8%，高于全省规模以上工业企业 2.2 个百分点。附加值高的产品生产形势良好，新能源汽车产量增长 242.7%，服务机器人增长 168.5%，锂离子电池增长 152.2%。

2018 年 1~7 月，全省固定资产投资（不含农户）增长 9.0%，比上半年回落 0.3 个百分点，高于全国平均水平 3.5 个百分点。其中，民间投资增长 5.4%，基础设施投资增长 19.1%。分产业看，第一产业投资增长 37.7%，第二产业投资增长 1.3%，第三产业投资增长 11.5%。从到位资金看，实际到位资金增长 2.1%，其中国家预算资金增长 15.2%，国内贷款下降 21.1%，利用外资增长 2.9%，自筹资金增长 4.5%。

2018 年 1~7 月，全省房地产开发投资 3664.12 亿元，增长 2.9%，增速比上半年回落 2.7 个百分点。其中，住宅投资增长 5.4%。房屋新开工面积 8027.59 万平方米，增长 7.8%，其中住宅增长 11.8%。商品房销售面积 6238.59 万平方米，增长 12.8%，其中住宅增长 12.8%。商品房销售额 3579.95 亿元，增长 21.1%，其中住宅增长 22.2%。2018 年 7 月末，商品房待售面积 2624.17 万平方米，比 2018 年 6 月末减少 83.47 万平方米。

（二）着力新增城镇就业人数

2017 年完成新增城镇就业 144 万人，占全国的 10.6%。2018 年在

《政府工作报告》中提出要新增城镇就业 100 万人，调查失业率和登记失业率控制在 5.5%、4.5% 以下。"着力实施就业优先战略。把促进就业作为经济社会发展的优先目标，实现经济增长与扩大就业良性互动。支持发展资本、技术、知识和先进制造业、战略性新兴产业，支持劳动密集型产业、现代服务业，创造更多就业机会。"刘世伟说，着力抓好重点人群就业，组织好 53 万大学生就业的"经线"；织牢农村劳动力转移就业"纬线"；托住 35 万困难人群就业"底线"；守住贫困劳动力就业"保障线"。同时，做好退役士兵、化解过剩产能、处置"僵尸企业"职工安置工作。

（三）居民消费价格温和上涨，工业生产者价格涨幅收窄

2018 年 7 月，全省居民消费价格同比上涨 2.4%。河南消费价格同比增长最高，为 2.40%；湖北省消费价格同比增长 1.80%，居第二位；四川省消费价格同比增长 1.50%，排在最后一位。分城乡看，城市上涨 2.6%，农村上涨 2.1%。分类别看，食品烟酒上涨 1.6%，衣着上涨 1.2%，居住上涨 2.3%，生活用品和服务上涨 1.6%，交通和通信上涨 1.8%，教育文化和娱乐上涨 2.9%，医疗保健上涨 7.5%。2018 年 7 月，全省居民消费价格环比下降 0.1%。2018 年 1~7 月，全省居民消费价格上涨 2.4%。

2018 年 7 月，全省工业生产者出厂价格同比上涨 4.1%，涨幅比上月收窄 0.6 个百分点，环比下降 0.1%；工业生产者购进价格同比上涨 4.7%，涨幅比上月收窄 0.5 个百分点，环比下降 0.2%。2018 年 1~7 月，全省工业生产者出厂价格同比上涨 4.5%，工业生产者购进价格同比上涨 4.6%。

四、把河南经济摆到国家大形势背景下来看

每年 7 月末的政治局会议，总是受人关注，它是中国经济的年中大考，总结上半年的走势，拟定下半年的方略，许多重大调整往往在此刻出台。

2018 年异于往常之处在于，中国经济遭遇一系列意外，比如贸易战冲击、P2P 连环爆雷、实体经济供血不足、就业隐患也若隐若现。

2018 年 7 月 31 日的政治局会议一方面指出"当前经济运行稳中有变，面临一些新问题新挑战，外部环境发生明显变化"，另一方面提出"六个稳"——"稳就业、稳金融、稳外贸、稳外资、稳投资、稳预期"，其传递出的信息表明，在外部环境的变化面前，既要保持经济平稳健康发展，也要坚定去杠杆与深化供给侧改革。

大家注意一下，今天的会议新闻通稿，罕见出现了"稳中有变"一词。

经济遇如此挑战，决策层怎会坐视不管，怎会不放水刺激？这是历史惯例，以及历史惯例所形成的中国逻辑。因此，市场早有声音、早有猜测，因去杠杆而收缩的经济政策会发生调整，大胆者更喊出又一轮放水、又一轮宽松将至，宏观政策确实将变得更为宽松。

最为关键的当然是货币政策，关系着印钞的多少，由 2018 年 3 月两会提出的流动性合理稳定，改为流动性合理充裕。"稳定"到"充裕"，钱会变多还是少，一目了然。

宏观政策的另一个轮子——财政政策，会议通稿写道："财政政策要在扩大内需和结构调整上发挥更大作用。"这是我们应该引以关注的。

货币、财政都是国家用以调节经济的基本杠杆，政治局会议的信息指向及其接连发酵，将对我国、河南省的整体经济运行影响是不言而喻的，对各行各业的影响也必然会是直接的。但是我们相信，只要我们与党和国家的决策部署保持一致，只要我们按照客观经济规律办事，只要我们与时俱进、顺势而为，这些影响都必将是正能量、正效应的，我们的经济也必将会从"稳中有变"走向稳中有好、稳中有进。

　　王国生 2018 年 4 月 14 日在外交部河南开放日致辞中有这样一段话，"若问古今兴废事，请君只看洛阳城"，说的是昨天的河南历经沧桑；"忽如一夜春风来，千树万树梨花开"，说的是今天的河南生机盎然；"长风破浪会有时，直挂云帆济沧海"，预示着明天的河南会更加美好。新时代的河南诚邀天下英才、共享出彩机遇。

　　（2018 年 9 月 1 日于洛阳市维纳斯酒店某银行系统经营管理培训班）

重视人才资源开发利用，
支撑河南基础能力建设

——学习习近平关于河南要打好"四张牌"的认识

河南省十次党代会报告指出，要持续落实习近平总书记对河南省提出的打好产业结构优化升级、创新驱动发展、基础能力建设、新型城镇化"四张牌"的要求，坚持以新理念引领发展。其中基础能力建设，既是指科技发展基础、交通发展基础、能源发展基础、产业发展基础等能力水平的建设，也包括人力资源、劳动力技能素质基础、体制机制运营组织基础、政府治理体系作为基础、社会文化政治发展基础等能力水平建设。一定意义上说，后者是基础的基础，也是被发达国家称之为基础能力建设的重心——人力资源的拥有、开发、利用能力，决定着科技、交通、能源、产业的能力，决定着人们生产劳动创造与创新的能力，决定着一个国家和地区的综合实力与竞争力。

河南省正在努力地爬坡过坎儿，以期从人口大省跨越进入人力资源强省，以期从农业大省跨越进入工业大省、经济强省。然而，突出矛盾依然是发展不足，例如，发展方式转变滞后、经济结构调整不到位、城乡区域发展不平衡、科技创新能力不强大、社会事业发展存在短板、公共服务供给能力不足等，而这矛盾，那矛盾，最主要的矛盾是高层次人才不济，人才资源条件约束。从交通能源基础能力看，河南省已经具备和达到了一定的条件水平，从人力资源、劳动力素质能力看，则还需要下大力气进一步提升。所以，要打好"四张牌"，强化基础能力建设，未来我们的功夫当应多下在人才资源的开发和利用上面。

谢伏瞻书记在省十次党代会的报告中讲到"强化基础能力建设"这一部分内容时，特别强调指出，要"实施人才强省战略。把人才作为第一资源，树立大人才观，推进人才发展体制改革和政策创新，完善全链条育才、全视角引才、全方位用才的发展体系，最大限度解放和增强人才活力"。谢伏瞻书记的这一段话，实际上传递出省委省政府高层决策者围绕基础能力建设的战略思路和基本着眼点，即在大力推进高精尖大项目建设的同时，把基础能力建设的支撑点和重心放到人才资源的开发利用上面，寻求河南经济稳发展的可持续路径。谢伏瞻书记的这一段话也提出了我们在推进基础能力建设过程中，实施人才资源开发利用的三大基本方略措施：第一，树立人才第一资源观念；第二，建立完善河南全链条人才发展体系；第三，推进人才发展体制改革和政策创新。换句话说，就是要切实解决当前存在的较低的人才资源能力基础与较高的经济发展大势之间的矛盾，解决河南经济发展的人才瓶颈问题，开拓河南经济社会发展中，人才资源开发利用的新局面。按照谢伏瞻书记的讲话要求，当前应该研讨和深化、落实的主要问题有以下三个：

一是全链条育才，从应试型教育转向应用型教育，突出受教育者的技能操作和实践能力培养。"十年树木，百年树人"说的是人才资源的战略性开发问题。所谓全链条育才，就是教育要契合经济社会发展需求，面向现代化发展，面向新经济时代，从娃娃入托入学，到小学、中学、大学，注重专业与产业衔接，注重文科与理科兼修，注重学历与能力互动。一个值得关注的问题是，这些年所有学历教育，包括政府办学和社会办学，都在追求"高大尚"——中专运作着升大专，专科运作着升本科，本科运作着拥有研究生学位授予权，这不仅造成师资规模、师资素质、教学质量与办学规格层次要求的差异背反，学生所学的基础知识与实际需求的专业能力差异背反，更导致整个学历学识教育偏向理论虚泛，也成为一些用人单位看好专科生，忽略本科生、研究生的一个教育悖论现象的症结。

值得研讨的是，国家教育发展改革一方面在趋向应用技能型，而另一方面却又不断地通过学历升级，减少专科层次，造成教育改革的边际效益递减、大打折扣，这是谈不上全链条育才要求和逻辑的。这些年持续出现的大学毕业生就业难，很重要的一个因素，正是全链条育才中的学校人才资源培养链条和社会人才资源需求链条脱节、断裂造成的。要不要继续实施学历升级的体制和机制，还是建议拉近"全链条育才"理念进行再斟酌与再思考。

二是全视角引才，立基省内外、国内外两个人才资源，两个人才市场，以高素质人才资源，促经济强省建设。所谓全视角引才，就是要解放思想，转变观念，围绕经济强省建设，拓宽人才资源开发的思路、视野，调整人才资源开发的形式、模式。人才资源的开发总是把培养本土人才和引进外来人才结合在一起的。省委书记的一个"全视角"，既指出了引进人才的观念范围，也给出了引进人才的基本政策指向，措施路径。而目前"全视角引才"的焦点与难点，则正是政府人力资源管理部门、财政审计部门能不能真正地、务实地简政放权，赋予用人单位引才的自主权、包括人才引进和交流自主权、薪酬决定分配自主权，研发经费自主使用权等。所以，我们一方面要转变观念，大力推进引才工作，另一方面也是最重要的，是政府要给政策，要放权，不实在放权、不明确政策，还是死死地要求在规定的时间、规定的网线、规定的程序报批，"全视角引才"终将还是一句空话。

我们一直说河南经济发展的短板是工业，即先进制造业，而制约河南先进制造业和整个工业发展的是工业技术基础，制约工业技术基础提升的又是工业技术研发人才的短缺，所以建设经济强省，补上工业短板，关键是在加快培养本土工业技术人才的同时，积极引进外部先进的、强有力的工业技术人才和工业研发团队，这就必须要给予工业行业和企业，给予工业技术研发机构，给予大学相应研发机构灵活的，能够得以"全视角引才"的自主权。

三是全方位用才，调动各领域、各学科、各专业、各类人才的积极性、主动性和创造性，调动一切人才资源优势力量，人尽其才，才尽其用。全方位用才，就是要协调本土人才与引进人才的关系，各得其所，凸显张力。这里边一个重要的问题是如何客观地对待本土与引入人才的政治待遇、经济待遇、社会待遇等。实践中时有出现"引入女婿气走儿子"，或是待遇棚架、人才撤离，或是逼迫人才"跃进式研发"、不讲研发规律等事件。河南省和市、县的国家级、省级、市级工程中心，工程实验室，研发基地也不少，然而，真正原创性成果并不多，除了一些环境条件因素外，恐怕最主要的还是政策待遇没有完全落地，或者说政策待遇不能持续，因此建议高层决策者应考虑建立省、市人才应用监督检查专门机构，定期不定期考察、考核，处理人才应用中的问题，特别是对那些大中型项目，重点企事业单位，国家或省市工程试验中心、实验室、研发基地人才应用情况跟踪检查、评价，发现问题及时处理，保证"全方位用才"，最大限度解放和增强人才活力。

树立人才第一资源的理念，强力开发和利用人才资源，在当前，就是要按照谢伏瞻书记指出的，突出"高、精、尖、缺"导向，深入实施重大人才工程，加强院士工作站、博士后流动站（工作站）、海外高层次人才创新园和郑州航空港引智试验区等平台建设，大力培养和引进科技领军人才、现代金融人才等高层次专业技术人才和优秀企业家、职业经理人等高层次经营管理人才。深入推进全民技能振兴工程、职教攻坚工程和职工素质建设工程，建设知识型、技术型、创新型劳动者大军。完善人才评价激励机制和多元化投入机制，健全人才服务保障体系，优化人才发展环境，让各类人才各得其所，各路高贤，大展其长。

（原载《学者之见》2017 年第 3 期）

以发展优势产业为主导推进
产业结构优化升级

——学习习近平"河南要打好四张牌"论述之一

"以发展优势产业为主导推进产业结构优化升级",是 2014 年的春天,习近平总书记到河南考察指导工作时提出来的。习近平总书记指出,河南围绕加快转变经济发展方式和提高经济整体素质及竞争力,应该着力打好以发展优势产业为主导推进产业结构优化升级,以构建自主创新体系为主导推进创新驱动发展,以强化基础能力建设为主导推进培育发展新优势,以人为核心推进新型城镇化"四张牌"。[①] 四年来,河南的实践无可辩驳地证明了习近平"四张牌"的论述,是完全符合河南省情特点及河南经济现实的。几年来,也正是基于这一思路举措,我们的 GDP 增速保持了高于全国水平的一个多百分点,保持了整个区域经济发展的稳中向好。"四张牌"的论述与实践,也更让我们深深感到,只要我们坚持认真学习贯彻习近平总书记打好"四张牌"的指导论述,就能够使我们在新时代贯彻新发展理念、深化供给侧结构性改革,加快转变发展方式、优化经济结构、转换增长动力,推进河南经济高质量发展,不断取得实效。

---

① 《人民日报》,2014 年 5 月 11 日 01 版。

一、学习习近平"以发展优势产业为主导推进产业结构优化升级"论述的理论认知

习近平关于河南打好"四张牌"的论述,第一张牌就是"以发展优势产业为主导推进产业结构优化升级",这不仅反映着习近平对产业发展、产业结构调整与整个河南经济不断跃上新台阶、让中原更加出彩之关系的深层把握、热切希望,而且,还为我们从理论和实践上指明了未来河南产业发展及其结构调整的基础与着力重心,目标方向。"以发展优势产业为主导推进产业结构优化升级"论述的贯彻,无疑,"优势产业"是一个关键词,我们应该首先从学习和深化有关"优势产业"的概念、内容等认知切入。

(一)从产业及产业经济学理论看"以发展优势产业为主导推进产业结构优化升级"论述的科学内涵

产业,既是一个经济概念,也是一个社会概念。说它是经济概念,是说人们凭借占有的资产,如土地、房屋、设备等进行的一定的生产事业活动;说它是社会概念,是说产业是社会化大生产分工合作的产物。如果说,企业是国民经济的细胞,那么,产业则是由众多企业、行业、部门连接起来的,从事不同产品制造、服务不同领域需求、追求不同群体利益的集合体。一般意义上说,企业往往是以核心产品的直接研发与生产经营为内容特征来划分,行业往往是以核心原材料应用及工具装备使用为内容特征来划分,产业往往是以核心技术及其不断的、整体的突破为内容特征来划分,当然这也不是绝对的。马克思主义理论认为,产业体现的是一定的社会生产方式,是一个人们与生

产资料结合劳动、进行生产产品或提供劳务服务的经济系统，从而形成不同的部门。因此，产业也称部门，比如按照第一、第二、第三次产业划分形成的农业、工业、建筑业、交通运输业以及部分商贸商务服务业等生产劳动部门，生产劳动部门也就是我们今天所称的实体经济。马克思强调，只有生产劳动部门，抑或说，只有实体经济，才是社会财富的创造者，国民收入的创造者。所以，产业运动的重心是通过产业技术革命和产业组织变革，从而产业结构不断细化与优化，不断创新与发展，不断集聚与集群，创造出更多的社会财富，带来更多的积累与消费。

产业经济学把产业运动过程及其内容分为以下四个层面来认识：

第一，产业结构。这是就产业的不同属性、类别、阶段，以及形成的生产或服务内容，即供给侧结构等因素而言的。产业结构是经济结构中的主体性、基础性内容，产业结构合理与否，产业结构能否随着产业革命与时俱进、优化升级，直接影响着经济增长的速度、质量、效益。也就是这样，经济学家普遍认为，一个国家、一个地区经济运行的过程，也就是不断调整完善产业结构的过程，不断推进产业结构优化升级的过程，调整完善、优化升级产业结构是一个国家或地区市场调节、政府作为的永恒课题。

第二，产业关系。这是指三次产业及其各自产业内部之间得以充分、均衡发展的相应比例关系，如三次产业之间的比例关系，两大部类之间的比例关系，农轻重之间的比例关系，劳动密集型、技术密集型、资本密集型之间的比例关系，传统产业、优势产业、现代产业、新兴产业之间的比例关系，科技劳动者、管理劳动者、体力劳动者之间的比例关系，以及各类产品生产或服务之间的比例关系，等等。从马克思的生产关系，即生产、流通、分配、消费关系学说，以及再生产理论视角看，产业关系本质上反映和决定着供给侧结构与消费侧结构之间的关系。因此，所谓国民经济比例关系失衡，也可以说主要的、根本的就是产业关系的失衡；所谓国民经济发展的不充分、不平衡，也主要就是指产业关系运动的不合理、不均衡。显然，任何国家或地区政府要想实现经济的良性运行，都必须一方面坚持以消费需求为动能，另一方面坚持以不断适应、不断满足人民日益增长的对美好生活需要为目标，跟进、加强产业关系的调整，即深化供给侧结构性改革，理顺供给侧与需求侧之间的相应关系。

第三，产业组织。这是实现产业高级化发展和提升产业竞争力的内在要求和必然的产业行为。产业经济运行，既要追求规模化、高端化、利润最大化，更要追求它的全产业链的每一个节点的边际效应——产业运行应坚持低消耗、低污染、低成本，高质量、高效益、高标准，这就要求，产业运动要应用现代管理手段、组织措施，积极推进产业演进、产业升级，以最小的投入获取最大的收益。产业组织的内核既是一个产业的市场结构及其垄断竞争问题，也是一个产业内部经营目标、决策设计、组织架构、机制保证问题。西方发达国家，以及产业组织理论把产业组织定位为微观、纯企业的事情，鉴于我国仍处于社会主义的初级阶段和工业化发展的中期阶段，所以产业组织在客观上包含了两个层面的内容：一是微观企业运营趋向现代企业制度的产业组织理论及其实践活动；二是宏观上国家和地区政府部门对产业经济运行的协同协调，以追求产业经济运行的规范化、序效性、合比例，规避资源浪费与生产力副效应问题。中国特色社会主义产业组织是借助于市场机制和政府作用来实现的。

第四，产业政策。即政府以不同方式渠道、在不同时点上对产业经济运行发布的直接的、间接的信号或信息，体现着政府从其战略需求、国民经济规划以及规避市场失灵，提出的对某些产业的提倡、鼓励或是压缩、限制的产业发展指向。作为发展中国家，我国的产业政策反映着一个时期国家和地区高层决策及政府职能部门对产业结构、产业关系、产业组织的引导、调整、影响，尽管不同时期的产业政策只是具有预测性、前瞻性、指导性、引领性。从理论上说，产业运动是以市场化为主要调节机制的，也是由于这一特性，有人讲西方政府没有什么产业政策之说，但是它的总统演说和部门阁僚作为，它的国家或地区中长期规划，它的一个时期的金融投向、贸易动态、市场准入，它的产业、行业协会运营等，却客观地传递出它的没有产业政策的政策影响，更不要说奥巴马时期直截了当地提出"再工业化战略"及其相应政策了——如果仅是提出一个"再工业化战略"，没有相应的政策支持，它的一些企业和资本回归本土发展肯定是不可能的。而发展中国家与发达国家的最大区别是，政府必须要承担起国家推进工业化的责任，也就是说，政府还要通过产业政策来引导产业的发展，即便是这种引导应该是建立在更多地依靠市场机制来实现的。我国的产业政策除了直接发布产业发展指导意见外，其实更多的也是通过各级政府编制的具有指导性、预测性、前瞻性功能的经济社会发展规划或产业、行业规划来体现的。

（二）树立"以发展优势产业为主导推进产业结构优化升级"理念的结构调整观

优势产业，就是具有资源优势、区位优势、市场优势、竞争优势、比较优势、后发优势等，能够形成可持续发展的产业。优势产业一般都具有地域性特色，不同区域，由于自然资源和环境条件、地理区位，也包括历史文化人脉传承等方面的影响，都有着自己的优势产业，也可以说就是本土的传统产业。优势产业，承载和担当着一个地方的劳动就业、财政税收、工资福利，以及社会安定等经济大任，所以，人们把优势产业，也称作一个地区的财政产业、饭碗产业、民生产业。从现代产业视角看，优势产业既相对于传统产业有所超脱，但又还没有融汇于现代产业体系，却又构成了现代产业的主体内容。所谓有所超脱，是指相比其他产业，一般具有更低的生产成本和机会成本，比如原材料、劳动力、资本等产业要素的价格低、质量高；相比其他产业，一般具有较高的生产经营组织化程度，对现有资源的开发利用，产品销售、市场占有、行业竞争等具有较大的比较优势；相比其他产业，优势产业的产业体系一般都相对比较完整，产业链的延伸性和价值链的边际效益性比较明显，产业集聚、产业集群、产业高级化发展潜力大，趋向高新技术产业、新兴产业的转型升级与创新发展动力强；等等。

优势产业，亦即传统产业或传统优势产业，之所以称之为优势产业，还在于它既是国家或区域经济的支柱产业，也是因为具有的优势潜力条件，最易于转化、转型趋向现代产业和新兴产业。传统优势产业与现代产业、新兴产业两者之间的转换转型，其实就是一个技术、工艺、装备、管理、经营的优化升级——进入以新技术、新工艺、新装备、新业态、新模式的新的产业发展理念为内容的现代产业体系。从战略高度看，优势产业也好，支柱产业也罢，甚至把这些统统称为传统产业也好，对于国家或是地方来说，也就是我们平常讲的战略性支撑产业，而战略性新兴产业无外乎也就是新理念引领下的新技术经济、新知识经济成就的产业而已。比如河南省的优势产业有农业、食品业、石油业、煤炭业、制造业、服务业等，这些被称为河南的支柱产业，同时也是构成河南省的优势产业。而战略性新兴产业一般是指先进制造业、IT产业、新能源产业、节能环保产业、生物工程等。显然，以发展优势产业为主导推进产业结构优化升级，实际上是两个基本命题：一是对传统优势产业的技术升级、更新改造；二是立基传统优势产业，调整优化产业结构，由战略性支撑产业趋向战略性新兴产业，进入现代产业体系发展。可见，以发展优势产业为主导推进产业结构优化升级，是产业结构优化升级的基础。

回顾从"十五""十一五"时期就提出要调整产业结构，一直到今天，产业结构应该说有了一定的优化，可我们总是感觉不理想、不到位，其中症结恐怕就是我们的思维路径线、定位着力点存在的模糊性——一是长期围着第一、第二、第三次产业打转；二是想走捷径，总是把眼睛盯在战略性新兴产业发展上做文章，结果，看似第一、第二、第三次产业结构改善了，但对经济的拉动性并不显著，而原有的传统产业优势又没有扬长发挥，加之技术、资本、人才等基础条件的束缚制约，又不可能直接跨越到战略性新兴产业层面，使得河南经济上不去、下不来，看着经济总量居于全国第五位很高，而投入产出的产业经济效益又一直在低谷徘徊。这几年，我们虽然有了一定的感悟，但无论在产业经济理论，还是在河南经济实践中，我们都还需要学习贯彻习近平"以发展优势产业为主导推进产业结构优化升级"的论述，需要按照省委十届六次全会要求，再认知、再深化，再贯彻。

二、为什么要"以发展优势产业为主导推进产业结构优化升级"

河南要从农业大省走向农业经济大省、工业经济强省，重在转变经济方式，转变经济方式又是以优化产业结构为主线实现的，但是怎样优化产业结构？从哪儿切入来优化产业结构？在什么基础上来优化产业结构、形成怎样的产业结构优化的主体与主导？这些理论的、政策的、操作层面的问题，此前我们似乎并没有很认真地思考和研讨，以至于出现"头痛医头，脚痛医脚"的就事论事的无序调整"优化"局面，尽管优化结构喊得震天响，却就是不见多少绩效收益。如此这般，习近平给出了他的题解，这就是"以发展优势产业为主导推进产业结构优化升级"，这一论述既有注重产业演进、按照客观经济规律办事的理论性，又有契合于河南省情实际的实践性，为我们指明了调整优化产业结构和产业结构升级的思维逻辑、内容坐标、对策路径，接地气，有实效。

（一）"以发展优势产业为主导推进产业结构优化升级"反映了产业经济运动的一般规律

习近平总书记"以发展优势产业为主导推进产业结构优化升级"的论述，不仅现实地提出了河南省产业结构调整和优化升级的主导、抓手，而且揭示了优势产业发展与产业结构调整、区域经济进步之间的关系、规律，我们学习贯彻习近平的论述，就应该从理论思维以及实践运作上深刻领会，努力践行，积极作为。

第一，把优势产业作为区域产业经济发展的主体、主导，形成地方政府财政收入、城镇居民收入、社会民生保障的基本的、可靠的物质来源和支撑。区域经济是以城镇经济为主体和主导的，城镇经济又是以产业经济为主体和主导的，所谓以产为基，以产兴城，主体的、主导的就是指具有区域特色的优势产业，显然发展产业、产业结构优化升级，首先一定要落实发展好优势产业，推进优势产业优化升级。

第二，把优势产业的发展作为产业结构优化升级、转变经济发展方式、增强创新驱动力的基础。我们过去讲优化产业结构，主要心思和落点是放在拉长工业短腿、补齐工业短板，引进和建设新兴产业上，这也无可厚非，但是，却自觉不自觉地忽略了原有产业的优势发展和对地方经济的支撑性作用，导致对旧的、传统的产业冷落无视，对新的、现代的产业望洋兴叹，使得产业结构调整优化，事实上被棚架到空中楼阁，不着边际，不接地气。学习贯彻习近平"以发展优势产业为主导推进产业结构优化升级"论述，就是要转变观念，不能舍弃原有传统优势产业这个基础空谈优化调整产业结构，也不能不顾主客观条件环境，奢想着引进一个先进的新兴的现代产业体系，而是要注重把产业结构优化升级的内容实体、主要对象，回归到原有传统产业，回归到传统优势产业的优化升级上来。

第三，注重在优势产业不断实现新技术嫁接、新工艺变革、新装备应用、新理念管理、新目标追求中，优化升级产业结构，提高全产业价值链效应，融入现代产业经济体系。一定意义上说，传统的也是具有优势的，即使是从世界范围看，现代产业80%～90%皆为传统产业。建立现代产业体系，实现国家工业化发展，绝不是要决裂或摈弃传统产业。多年来，我们一直强调加快传统产业转型升级，就是要对那些具有地域特色和传统优势的产业进行重组再造。转型讲的是产业经济方式的变化，升级讲的是产业经济手段的更新，前者指产业业态及其组织模式，后者指产业技术及其水平层次。不能形成对原有传统优势产业的优化升级，就谈不上什么调结构、转方式、增动力，就谈不上提高产业竞争力和区域经济竞争力。

第四，尊重产业经济运动规律，发挥市场机制和政府作用，统筹兼顾，综合平衡，保持产业结构的合理性、均衡性，促进生产的产业供给侧与消费需求侧之间良性相宜，使国民经济和区域经济始终保持在一个合理的、稳增长的区间。这是自党的十八大以来，习近平始终关注和多次强调的建设中国特色社会主义经济的一个大原则，凸显了习近平中国特色社会主义经济思想及其新理念发展观。国民经济和区域经济的发展，重要的是速度、结构、比例、效益的协调统一，其中，结构优化、比例关系得当，是实现合理速度与积极效益的关键，而产业结构优化升级是基础前提，这是由产业结构居于整个国民经济结构的基础的、首要的地位所决定的。同时，如果产业结构的优化升级不能够建立在一定优势产业，或是不能够"以发展优势产业为主导推进产业结构优化升级"，则整个产业结构的调整、优化升级，都必将是建立在沙滩上的，或者只能是喊喊口号而已，徒劳无益。这也是我们今天产业结构调整、难以取得优化升级效应的问题所在。

第五，强调优势产业发展升级，超脱传统比较优势理论局限。产业经济理论有一个概念叫"比较优势产业刚性",即一个国家或是一个地区长期一成不变地依赖传统的比较优势产业来发展经济。"比较优势产业刚性",最主要的是忽视产业本身的优化升级,其结果往往导致该国或地区在国内外贸易中虽然能够获得一时的、一定的利益,但却因为生产结构及其量本利状况不合理,总是处于不利地位,从而有可能会落入"比较利益陷阱",所以习近平不仅提出要发展优势产业,更提醒要以发展优势产业为主导推进包括优势产业在内的产业结构的全面的、全体系的优化升级,这是我们需要深刻认知领会的。

第六,"以发展优势产业为主导推进产业结构优化升级",既要注重传统优势产业结构优化,更要推进产业体系层次升级跨越,既要注重某一优势产业相对独立发展,更要顺应、顺势推进产业集聚和集群发展,既要注重国内产业发展动态,更要注重把国内产业的发展与国外现代产业发展、战略性新兴产业发展融合在一起,寻求新起点、新高度的产业发展路径。也就是说,要以优势产业转化、链接新兴产业,构筑以传统优势产业、高新技术产业、战略性新兴产业互动发展的、具有中国社会主义特色的现代产业体系,以产业结构的优化升级,推动经济发展质量变革、效率变革、动力变革,不断增强我们的经济创新力和竞争力。

(二)"以发展优势产业为主导推进产业结构优化升级"是现阶段河南省推进供给侧结构性改革的内容要义和逻辑依据

亦如省委经济工作会议强调的,目前河南省 GDP 总量位居全国第五位,人均 GDP 已突破 6000 美元,正站在建设经济强省的新起点上。但产业结构不合理仍是河南省面临的突出问题,这是导致河南省经济发展质量效益不高、综合竞争力不强的重要原因,也是经济下行压力大的重要因素。放眼观察,全国乃至全球经济走势出现明显分化的根本原因就是产业结构问题,结构越优的地方,发展动能就越强,而结构越"重"的地方，发展难度就越大，因此必须加快产业结构调整和优化升级步伐。

客观地说，河南省和我国经济下行压力都在持续加大。从产生这一新常态的内因看，主要是供给结构与市场需求脱节造成的，即供给不适应需求变化，有效供给不足。推进供给侧结构性改革，就是从生产端入手，推动经济结构调整、产业结构升级，以新供给创造新需求和新经济增长点。在供给侧结构性改革的框架下，经济发展主要依赖于社会总供给结构优化，而社会总供给结构优化又是以产业结构优化升级为基础的。这也是习近平提出"以发展优势产业为主导推进产业结构优化升级"的逻辑依据。很显然，现阶段推进供给侧结构性改革，解决有效供给不足，基本的、依托的基础，第一位的就是优势产业，谈供给侧结构性改革，一定意义上讲，主要也应该是指的传统优势产业及其结构的优化调整，从而适应和满足于社会需求的变化。正如习近平指出的，"供给侧结构性改革，重点是解放和发展社会生产力，用改革的办法推进结构调整，减少无效和低端供给，扩大有效和中高端供给，增强供给结构对需求变化的适应性和灵活性，提高全要素生产率"。

三、怎样实现"以发展优势产业为主导推进产业结构优化升级"

近年来，全省上下认真贯彻落实省委、省政府战略部署，统筹稳增长与调结构、扩投资与促转型、抓改革与防风险、谋发展与惠民生，着力发挥优势打好"四张牌"，推进"三去一降一补"，组织经济与社会目标"攻坚"，全省经济巩固了稳的基础、延续了好的态势。而肯定成绩的同时也要清醒地看到，当前全省经济运行中仍然存在着结构矛盾突出、转型发展滞后、增长动能不强、资金约束加大等问题。河南作为传统产业大省，不论从支撑经济增长，还是提升整体经济效率的角度看，都应该更深入地学习践行习近平"以发展优势产业为主导推进产业结构优化升级"的论述，把加快推进传统产业转型升级放在产业结构调整中的重要位置。

（一）着力推进农村第一、第二、第三产业融合发展，加快河南省传统农业向现代农业的转变

习近平总书记在河南调研指导时深情地说，悠悠万事吃饭为大，农业是安天下稳民生的战略产业。习近平强调，河南农业农村人口比重大，"三农"工作任务繁重，要重点抓好粮食生产、现代农业建设、城乡一体化发展。粮食生产这个优势、这张王牌任何时候都不能丢。要立足打造全国粮食生产核心区这一目标和任务，在提高粮食生产能力上开辟新途径、挖掘新空间、培育新优势、取得新突破。粮食生产根本在耕地，命脉在水利，出路在科技，动力在政策，这些关键点要一个一个抓落实、抓到位，努力在高基点上实现粮食生产新突破。这就为我们加快农业产业结构调整，推进农业这一优势产业发展指明了方向和动力。[①]

发展优势农业，重在巩固和加强农业基础地位，加快传统农业向现代农业转变。几年来，河南省委省政府认真学习贯彻习近平新时代中国特色社会主义经济思想，"以发展优势产业为主导推进产业结构优化升级"，加快农业科技进步，加强农业设施建设，调整农业生产结构，转变农业增长方式，提高农业综合生产能力。稳定发展粮食生产，加快实施优质粮食产业工程，建设大型商品粮生产基地，确保粮食安全。优化农业生产布局，推进农业产业化经营，加快农业标准化，促

---

① 《河南日报》，2014 年 5 月 12 日。

进农产品加工转化增值，发展高产、优质、高效、生态、安全农业。大力发展畜牧业，提高规模化、集约化、标准化水平，保护天然草场，建设饲料草场基地。积极发展水产业，保护和合理利用渔业资源，推广绿色渔业养殖方式，发展高效生态养殖业。因地制宜发展原料林、用材林基地，提高木材综合利用率。加强农田水利建设，改造中低产田，搞好土地整理。提高农业机械化水平，健全农业技术推广、农产品市场、农产品质量安全和动植物病虫害防控体系。积极推行节水灌溉，科学使用肥料、农药，促进农业可持续发展。

根据省委省政府部署和河南省"十三五"规划安排，河南省把农业产业结构的优化升级的坐标主线，放在了着力推进农村第一、第二、第三产业融合发展。围绕这一坐标主线，积极推进农业产业链和价值链建设，建立多形式利益联结机制，建设融合平台，培育融合主体，创新融合方式。强化体验活动创意、农事景观设计、乡土文化开发，大力拓展农业的生态美化、旅游休闲、文化传承、健康养老、科普教育等功能，提高农业综合效益。实施农村精品旅游线路和休闲观光农业品牌培育计划，建设一批特色旅游村镇。积极发展规模种养业、农产品加工业和农村服务业，推进生产、加工、物流、营销等一体化发展。到 2020 年，主要农产品加工转化率达到60％以上，建设一批农村第一、第二、第三产业融合发展示范县（市、区）。①

随着农业产业结构的优化升级，实施现代农业产业化集群培育工程。以现代畜牧业、高效特色农业、现代粮油产业为重点，大力培育新型农业产业化经营主体和龙头企业，推动产品加工增值链、资源循环利用链、质量全程控制链有机融合，强化科技支撑，扩大品牌影响，打造一批"全链条、全循环、高质量、高效益"的现代农业产业化集群。积极引导工商资本投入优势产区，建设肉牛、畜禽、花卉、苗木、林果等特色高效农产品生产基地，完善产业链配套体系。发展粮改饲

---

① 《河南省国民经济和社会发展第十三个五年规划纲要》，《河南日报》，2016 年 5 月 18 日。

和种养加结合型循环农业。培育大型仓储、物流、加工等综合型粮油企业，完善粮油仓储、物流基础设施。①

（二）始终把制造业作为河南省产业结构优化升级的重点内容和重要抓手

习近平在河南中铁工程装备集团有限公司调研期间指出，"装备制造业是一个国家制造业的脊梁"。习近平强调，"要加大投入、加强研发、加快发展，努力占领世界制高点、掌控技术话语权，使我国成为现代装备制造业大国。要加快构建以企业为主体、市场为导向、产学研相结合的技术创新体系，加强创新人才队伍建设，搭建创新服务平台，推动科技和经济紧密结合，努力实现优势领域、共性技术、关键技术的重大突破，推动中国制造向中国创造转变、中国速度向中国质量转变、中国产品向中国品牌转变"。②

纵观产业革命以来的历史，制造业已然成为立国之本、兴国之器、强国之基，谁的制造业强大就意味着谁能占领产业发展的制高点。制造业是实体经济的骨架和支撑，也是河南省的传统优势产业，贯彻习近平的讲话精神，河南省坚持把制造业始终作为产业优化升级的重点来抓。2016 年 11 月 30 日，河南省发布《推进制造业供给侧结构性改革专项行动方案（2016～2018）》，提出壮大装备制造、食品制造、新型材料制造、电子制造、汽车制造五个主导产业，在此之前，河南省已经出台《中国制造 2025 河南行动纲要》，确定了未来 10 年河南省要聚焦的 12 个重点行业。这既是对现有产业现状、产业结构优化升级、培育发展新的接续产业的综合考虑，也是提高河南制造业能力、构建现代产业体系的客观要求。

当前，新一代信息技术与制造技术加速融合，以智能制造为代表、

---

① 《河南省国民经济和社会发展第十三个五年规划纲要》，《河南日报》，2016 年 5 月 18 日。
② 《河南日报》，2014 年 5 月 12 日。

工业互联网为支撑的新一轮产业变革蓬勃兴起，正在引发一场"制造革命"。近年来，河南省认真贯彻落实《中国制造 2025 河南行动纲要》，把智能制造作为主攻方向，随着全省转型发展攻坚全面展开，"三大改造"（智能化改造、绿色化改造和技术改造）深入推进，智能制造发展步伐明显加快，呈现出巨大发展潜力。应当看到，河南省智能制造总体上处于探索起步阶段，对转型发展攻坚的整体带动效应还不突出，在认识水平、支撑能力、推进力度、发展成效上与先进地区相比还有差距。加快发展智能制造和工业互联网，是深入贯彻落实党的十九大精神，促进互联网、大数据、人工智能和实体经济深度融合的核心内容；是深入实施"三大改造"，推动制造业高质量发展的关键举措；是打造产业竞争新优势，加快建设先进制造业强省的必由之路。也只有紧紧抓住智能制造这个转型发展攻坚的"牛鼻子"，才能推进制造业质量变革、效率变革、动力变革，实现"河南制造"向"河南智造"转变。①

习近平总书记指出："产业结构优化升级是提高我国经济综合竞争力的关键举措。要加快改造提升传统产业，深入推进信息化与工业化深度融合，着力培育战略性新兴产业，大力发展服务业特别是现代服务业，积极培育新业态和新商业模式，构建现代产业发展新体系。"②传统产业不仅是经济发展的主体力量，而且是新兴产业培育和发展的基础。传统产业并非落后产业，通过引入新技术、新模式、新业态对技术流程、品牌形象和商业模式进行优化再造能够推动传统产业"老树发新芽"。

（三）积极利用信息技术和先进适用技术改造河南省传统优势产业

习近平总书记指出："随着互联网信息时代的来临，传统产业的格

---

① 《河南省"十三五"信息化发展规划》（豫政办〔2017〕15 号），河南省人民政府办公厅，2017 年 1 月 9 日。

② 周跃辉：《深化产业结构调整　构建现代产业发展新体系》，《成都日报》，2017 年 7 月 6 日。

局也在发生改变。"① 加快改造提升传统产业，必须增强推进传统产业转型升级的自觉性，特别是加快推进工业转型升级，努力使产业发展更好地适应市场变化。其中最关键的一点就是要坚持利用信息技术和先进适用技术改造传统产业，深化信息技术在各行各业的集成应用，提高研发设计、生产过程、生产装备、经营管理信息化水平，提高传统产业创新发展的能力。

河南省委、省政府高度重视信息化发展，几年来，河南省信息化建设取得重要成就，信息化发展指数在全国的位次逐年上升，信息基础设施建设水平全面跃升，信息化与工业化融合成效显著，信息化助推产业转型升级步伐加快，信息化惠及民生稳步推进，网络经济加速发展，有利于释放信息化能量的发展环境正在快速形成，信息化已经成为引领全省经济社会迈向新一轮发展的重要力量。值得一提的是，河南省中铁装备打造的"中铁云"，作为世界最大的掘进机大数据库和云计算中心，逐步将无人值守、智能掘进变为现实；中国依拖的"互联网＋农机＋农业"大平台，能为用户提供农业装备成套解决方案；中信重工搭建的云平台，已经具备矿山装备全生命周期的服务能力，从而成为享誉世界的信息化与工业化融合发展的"河南制造"。

几年来，河南省紧紧抓住工业化和信息化融合发展的时代机遇，围绕电子信息、装备制造、汽车及零部件、食品、生物医药、节能环保等重点行业，以省级两化融合示范企业、智能制造试点为引领，带动信息技术在传统工业企业的应用。《河南省"十三五"信息化发展规划》提出，到2020年，全省经济社会各领域信息化融合创新生态环境基本形成，网络经济新业态和新模式实现跨越式发展，网络经济强省建设取得重大成就。该规划还提出了实施新型制造模式推进工程、电子商务推广普及工程、智能终端发展工程、国家大数据综合试验区建设工程等18项主攻任务。经过"十三五"时期发展，河南省将建成

---

① 周跃辉：《深化产业结构调整　构建现代产业发展新体系》，《成都日报》，2017年7月6日。

高速、移动、安全、泛在的新一代信息基础设施，建成 3～5 个全国大型云计算中心，形成支撑全省网络经济发展的云服务基地；传统产业加速转型升级，先进制造业、现代服务业、现代农业等领域信息化应用水平大幅提升，"两化"融合达到全国中上游水平，信息化发展环境进一步优化，行业监管、数据开放、知识产权保护等领域改革加快推进，制约信息化发展的制度障碍和政策瓶颈得到有效化解。①

事实证明，先进制造业、"两化融合"快速发展的同时，也必然会在很大程度上促进现代服务业和现代农业的发展，进而推动经济发展方式的转变。

（四）以服务业供给侧结构性改革为主线，全力提升现代服务业对河南经济的带动作用

习近平在郑州航空港经济综合实验区调研时，希望河南建成连通境内外、辐射东中西的物流通道枢纽，为丝绸之路经济带建设多做贡献。在河南保税物流中心，习近平来到 E 贸易服务大厅，兴致勃勃地察看了中心报关、仓储、货物配货、分拨、过关查验等业务流程，了解郑州市跨境贸易电子商务服务试点项目开展情况。"在我国首批 5 个全国跨境贸易电子商务试点城市中，郑州由于起步早、发展快，已经成为引领国内跨境电子商务的'风向标'。项目运营不到 1 年，就取得直通世界 13 个城市、贸易进出口货值 130 多亿元的好成绩，京东商城、阿里巴巴、菜鸟物流、天猫国际、德国 DHL 等 132 家国内外知名电商、网商、物流商纷纷前来扎堆'设柜'"。听了中心负责人的介绍，看着电子显示屏上实时传递和更新着 E 贸易全球运营监控中心传出的商品物流进出口数据以及世界各地"物汇中原，畅通其流"的情况，习近平十分高兴，勉励他们朝着"买全球卖全球"的战略目标不

---

① 《河南省"十三五"信息化发展规划》（豫政办〔2017〕15 号），河南省人民政府办公厅，2017 年 1 月 9 日。

断迈进。①

据公开资料报道，2018 年第一季度，在国际国内宏观环境错综复杂的情况下，河南经济总量保持 7.9% 的较高增长速度，第三产业同比增长 9.1%，这表明河南的服务业一路领跑 GDP，引领河南经济持续稳增长。同时，服务业的高质量发展，说明第三产业对于河南经济增长的拉动性和贡献率呈显著增加态势，预示着随着产业分工的深化，特别是互联网与传统产业的融合加深，河南省服务业还将迎来快速发展、深度发展的时期。②

《河南省"十三五"现代服务业发展规划》提出，未来河南服务业发展要以服务业供给侧结构性改革为主线，坚持生产性服务业与生活性服务业相结合，加快发展生产性服务业；坚持现代服务业与传统服务业相结合，加快发展现代服务业；坚持专业化与融合化相结合，加快提升专业化服务水平，着力壮大主导产业、培育新兴产业、提升传统产业，全力推动现代服务业强省建设，努力实现全省产业结构由"二三一"向"三二一"的历史性跨越，为决胜全面小康、让中原更加出彩提供强力支撑。到 2020 年，初步建立现代服务业体系，实现服务业总量大、结构优、质量效益好的有机统一，形成"三二一"产业发展格局，并从服务业的规模效益、产业结构、开放创新、区域服务能力多方面显著提升服务业对经济社会发展的支撑作用。现代物流、现代金融、信息服务、文化旅游、健康养老等主导产业增速高于服务业增速 2 个百分点以上，科技服务、商务服务、会展服务、服务外包、居民家庭服务等新兴产业规模快速壮大，商贸流通、房地产等传统产业新业态、新模式蓬勃发展。利用外资和服务贸易规模不断扩大，在全国开放格局中的地位进一步提升。新技术、新产业、新业态、新模式不断涌现，成为区域性服务创新高地。

---

① 《河南省"十三五"现代服务业发展规划》(豫政办〔2016〕228 号)，河南省人民政府办公厅，2016 年 12 月 28 日。

② 《河南 7 月经济运行总体平稳　新动能成亮点》新华网河南频道，2018 年 8 月 17 日。

以建设国家中心城市为目标，加快郑州航空港经济综合实验区、郑洛新国家自主创新示范区、中国（河南）自由贸易试验区、中国（郑州）跨境电子商务综合试验区和河南省国家大数据综合试验区建设，积极融入全球产业链、价值链和供应链，加强资源要素集聚，完善区域服务功能，提高服务经济外向度，增强辐射带动能力，打造国际物流中心、丝绸之路经济带商贸中心、中西部地区金融中心、科技创新中心、区域文化中心和医疗中心，在全省率先建立以服务经济为主导的现代产业体系。打造郑州国家级服务中心、中心城市区域服务中心，发展中小城市专业服务中心，培育服务业特色小（城）镇，构筑多层级服务业发展的空间格局。深度融入"一带一路"倡议，依托现代综合交通枢纽和网络优势，健全国际物流、区域物流、城市配送多层次大物流体系，推动重点领域提质增效，提升物流服务能级水平。

强化郑州国际物流中心功能，大力发展空、铁、公、海多式联运，加快郑州航空港、国际陆港物流枢纽建设，构建贯通全球的航空物流网络和东联西进的铁路物流网络，扩大国内集疏范围，打造国际航空物流中心和亚欧大宗商品商贸物流中心。完善物流节点网络，加强物流节点城市区域分拨和城市配送网络建设，改善农村物流基础设施，完善快递物流二级节点，推动与国内主要经济区物流通道和物流基础设施互联互通，形成内捷外畅的物流快速集散体系。大力发展特色物流，重点发展冷链、快递、保税等特色物流，建设一批与生产制造和商贸流通相配套的物流园区，积极发展供应链物流，支持物流企业向多式联运经营人、物流集成服务商转变，鼓励建立供应链管理信息化平台和供应链配送中心，开展一体化供应链服务。推动物流企业提供第三方、第四方物流解决方案及物流金融等供应链管理服务。推动智慧物流发展，加快互联网、大数据、云计算等信息技术与物流深度融合，搭建物流资源交易平台，鼓励企业发展云仓、智能分拣和智慧物流配送，推动物流园区智能化改造提升。加强物流标准化和信用体系建设，降低社会物流成本。

壮大金融市场主体，发展多层次资本市场，增强金融创新和服务能力，构建具有较强融资和国际结算能力的区域金融体系，打造郑州区域性金融中心。加快"金融豫军"崛起的同时，大力引进国内外各类金融机构，培育服务小微企业的中小金融机构。建设基于大数据的金融信用和风险防控体系，实施"互联网＋"普惠金融行动，加快建设金融云服务平台，大力发展离岸金融，加强绿色金融、消费金融、跨境金融、科技金融、供应链金融等产品和服务方式创新。

以创新、跨界、融合为引领，放大信息服务业能量，推进河南省国家大数据综合试验区建设，加强数据资源统筹，加快大数据产业集聚，开展重点领域大数据示范应用。深入实施"互联网＋"行动，加快国家物联网应用重大示范工程试点省建设，打造重点领域行业云服务平台，推动互联网金融、互联网医疗、互联网教育等新兴业态快速发展。大力发展服务于制造业智能化、柔性化和服务化的软件、系统和解决方案，促进工业生产流程再造和模式创新。

推动文化产业传承创新，加快旅游产业转型升级，促进文化与旅游深度融合，提升文化旅游产业综合实力和竞争力。大力发展文化创意，激发文化产业发展活力，推动文化产业加快发展成为国民经济支柱性产业。延续历史文脉，深挖文化资源，将地域特征、文化特质和时代特色有机融合，建设一批特色文化产业集群。大力发展智慧旅游，开发线上线下有机结合的新型旅游体验产品，利用大数据技术开展精准营销，加快旅游服务设施智能化改造，打造集服务、营销、管理为一体的智慧旅游体系。积极拓展海内外市场，实施入境游市场促进政策，推进"一带一路"城市旅游联盟等区域协作。

创新服务模式，引进优质资源，丰富服务供给，推动健康养老服务专业化、规范化发展。大力发展医疗卫生保健、健康管理、健康养生、健康保险、体育健身等多样化健康服务，逐步建立覆盖全生命周期、业态丰富、结构合理的健康服务体系。探索建设全省养老服务信息云平台，打造智慧养老高效载体。推动养老、健康、旅游、文化、农业等产业融合发展，加快养老健康产业基地和园区建设，吸引国内外养老服务企业入驻，集聚上下游企业，打造养老健康产业链和服务品牌。

发挥比较优势，实施创新突破，加快发展科技服务、商务服务、会展服务、服务外包、居民和家庭服务等新兴产业，培育千亿级产业集群，形成服务业发展新增长点。积极发展与制造业联系紧密的研发设计、知识产权、检验检测、节能环保服务等服务业，引导生产企业加快服务环节专业化分离和外包。加快发展研发设计服务，创新众包设计、云设计等新型设计模式，提升新材料、新产品、新工艺研发设计能力，推动工业设计向高端综合设计服务转变，建设一批具有较强竞争力研发设计基地和中心。

围绕发展会展经济，完善会展配套基础设施，完善会展产业链，推动会展业专业化、品牌化、国际化发展。加快郑州国际会展名城建设，推进区域中心城市会展业发展，积极承接国际性、全国性展会，做精做强具有产业和地方特色的常设性会展，培育一批综合性龙头展会和专业品牌展会，争取更多品牌展会列入商务部支持展会目录，加快郑州航空港区绿地会展城等一批核心展馆设施建设，完善会展信息服务平台。推动会展业与文化、旅游等产业融合发展，拉长会展产业链条，培育会展产业集群，构建会展经济圈。

推动全省服务外包产业区域多点发展，离岸外包与在岸外包联动发展，积极拓展服务外包行业领域，大力发展软件和信息技术、设计、研发、互联网、医疗、工业、能源、金融保险等领域服务外包，加快发展文化创意、教育、交通物流、健康护理、科技服务、批发零售、休闲娱乐等领域服务外包。鼓励政府机构和企事业单位加大服务、知识、业务流程等领域的外包力度，支持企业购买专业化服务。加快郑州国家服务外包城市建设，推进省级服务外包示范城市和示范园区快速发展。应用先进理念、现代技术和新型商业模式，推动商贸流通、房地产等传统产业转型发展，培育服务业竞争新优势。①

此外，从河南省产业实际看，在优化升级过程中还要把提升产业素质作为重要内容，目前河南省经济总体效益偏低，基本的问题症结就是产业素质不高。有关数据表明，河南省制造业质量竞争力水平相对上海、北京的 90 分，江苏等十多个省份的 80～89 分，则刚过 80 分。② 说明要提升产业素质，首先就要迈过质量这个坎儿。而从企业竞争力看，全省有竞争力的大企业较少，有活力的中小企业也不足，企业综合素质亟待提升。因此，省委省政府提出，要坚持把质量作为建设经济强省的生命线，大力弘扬"工匠精神"，推进"精品"制造、品牌制造，引导企业围绕中高端产品需求加快新产品开发，提高产品层次和质量水平，要加大企业家培养引进力度，用企业家素质提高引领企业综合素质的全面提升。

综上所述，在今天，以供给侧结构性改革为主线，实现河南经济高质量发展，"以发展优势产业为主导推进产业结构优化升级"不仅是基础，还应该是关键，特别是对于河南来说，传统优势产业一直是我们"看家吃饭"的"家伙什儿"。因此，未来的河南经济发展，更要深入学习贯彻习近平新时代中国特色社会主义经济思想和在河南调研指导工作时的一系列论述，学习贯彻省委十届六次全会精神，坚持以市场为导向，依据技术、安全、环保、能耗等标准，加大传统产业内部整合，提高企业技术改造效率。鼓励推动有研发设计能力的企业优化产业链和价值链，引导企业从传统产业升级模式向全球价值链升级模式转变，鼓励企业打造供应链管理平台，提高自身的综合实力和核心竞争力。在企业层面，优化产业组织结构，推进行业兼并重组，

---

① 《河南省"十三五"现代服务业发展规划》（豫政办〔2016〕228 号），河南省人民政府办公厅，2016 年 12 月 28 日。

② 《河南着力打好"四张牌"产业结构优化升级是主攻方向》，新华网河南，2017 年 1 月 6 日。

支持优势企业通过合资合作、产权流转、股权置换等方式，实施产业链、价值链并购重组，及时淘汰"僵尸企业"，从而带动传统产业转型升级，构筑河南"以发展优势产业为主导推进产业结构优化升级"的新的产业格局和发展大势。

（应河南省社科联《牢记嘱托　共谋出彩》党员干部普及读本编写组邀约撰写的部分章节文稿 2018 年 9 月 10 日）

深化推进新型城镇化的理论与实践认知

——学习习近平"河南要打好'四张牌'"论述

2014 年 5 月，习近平总书记调研指导河南工作时提出，希望河南围绕加快转变经济发展方式和提高整体素质及竞争力，着力打好"四张牌"，即产业结构优化升级、创新驱动发展、基础能力建设、推进新型城镇化。亦如省委书记谢伏瞻说的，"这'四张牌'切中河南发展的突出矛盾和关键问题，为我们决胜全面建成小康社会，让中原更加出彩指明了前进的方向，提供了根本的遵循"。也就是说，习近平总书记认为河南经济社会发展要打好"四张牌"的思想，既是符合客观经济社会运动规律的，也是贴近河南省情特点的，无论是它的专业理论性、还是它的实践操作性，都有着极其强烈的学科意义和导视价值。如果说强调产业结构优化升级在于谋划区域经济的合比例发展与规律性运行、创新驱动发展在于寻求新的经济动能和新的经济增长体系、基础能力建设在于积淀形成可持续的比较经济优势和地域经济特色，那么，推进新型城镇化，则既是区域经济发展的必然逻辑，更是区域经济发展的内容标志。

党的十八大以来，新型城镇化已经成为经济社会实践和经济理论研究的一个热词。作为农业体量大省、人口体量大省、经济体量大省，河南党政高层决策者、河南经济理论界一直在围绕推进新型城镇化进行着多层面、多视角、多模式探索、尝试，特别是关于城市化与城镇化、城镇化与新型城镇化，以及新型城镇化的内涵和外延等，从理论到实践取得了积极的成果和实效。而习近平总书记把推进新型城镇化与产业结构优化升级、创新驱动、基础能力建设联系在一起，更加科学地揭示了新型城镇化什么是新，新在哪儿；怎么化，化之主体、化之条件、化之动能、化之标准等，从而使我们进一步开阔了视野，拥有了定力，进一步明晰了路子，弄清了方子，加快了步子。

城镇化是人类经济社会发展的自然过程，对于发展中国家和地区政府来说，既要担当起推进工业化进程的责任，也要注重与之相适应推进城镇化的发展。工业化与城镇化在时间空间上是相互继起的，工业化推进着城镇化的发展，城镇化又助跑着工业化的进步，这是一个规律。从理论上讲，所谓新型城镇化，就是根据工业化发展的阶段性特点，以新的思维认识、新的目标定位、新的模式机制、新的手段措施、新的内容评价，来建设和形成新型城镇，以满足工业化发展的需要（包括满足工业化进入工业信息化、工业化与信息化融合发展阶段的需要）。从实践上讲，所谓新型城镇化，就是要在城镇化进程中，更加突出和强调人的经济社会地位——确立以人为本的生产与生活的主导地位及其理念，从而造就人的自由全面发展的良好经济社会政治文化生态空间，使人们在感受现代工业文明的同时，激励人们干事创业、实现梦想，而不管是在城市还是在乡村，不管是市民还是农民，不管是智力劳动者还是体力劳动者，他们都能够得到公平、公正的待遇，得到一样的发展。习近平总书记提出河南要打好"四张牌"并落实到新型城镇化，则从理论和实践的结合上强调了一个以人为本思想的、推进新型城镇化的动能起点和终点，我们只有不断地加深对习近平"四张牌"论述的认识，才有可能真正理解和务实推进河南新型城镇化的建设与发展。

从全面学习习近平的系列重要讲话，到贯彻习近平河南打好"四张牌"的指导思想，加快推进新型城镇化的理论探讨与实践探索，当前我们首先要深层地、系统地从思维意识、运作路径上形成对推进新型城镇化的基本认知，这包括：

（1）充分认识新型城镇化对区域经济社会发展的引擎力量和引领作用。区域经济发展，抑或说城市经济的发展，总是以一定的工业及其各类实体产业为动能的，而一定的工业和实体产业的发展又总是以一定的城市空间为载体的。一个城市能够形成的工业及其各类产业的数量与质量，从而也就形成了一个城市经济社会发展的实力与竞争力。以产为基，产城融合，以产兴城，既是说产业对城市经济的物质支撑性，也是说城市对产业经济的发展带动性，即引擎力量，也就是城镇化对经济社会的引领作用。无疑，城镇化发展直接影响和带动整个城市经济、整个区域经济的发展状况。

（2）充分认识新型城镇化突出的是以人为核心，人的生产方式、生活方式的改变。如果说，城市是一个经济社会的综合体，那么，城市经济社会的主体就是人，新型城镇化的"新"也好，"化"也好，其实都是围绕人的生产方式、生活条件的改善提高而推进的。城市对人们的凝聚力、吸引力，关注度、融入度，特别是城市中的各类高端人才规模直接决定了一个城市经济社会发展的速度快慢和水平高低。所以以人为核心的城镇化，既是要求让改革与发展成果惠及每一个公民，更是强调精英人才的集聚、开发和利用。没有高端的创业创新人才的城镇，是谈不上经济社会的发展的。

（3）充分认识新型城镇化发展既是指大中城市的适度扩张，也是指村镇城市化，城乡一体化发展。人的流动、人们向城镇的集聚，是大工业的本性使然，所以城市的扩张是不以人的意志为转移的。在一个农业、农村、农民依然占据庞大比例，又是地处内陆腹地的河南省推进新型城镇化，我们面对的是一方面要拉长工业短腿，补上工业短板，另一方面又要积极推进新型城镇化。这就要求新型城镇化一定要坚持一个"新"字，就是说不能走老路，要在推进城镇化过程中，注意把乡村都市化、村镇城市化发展一并纳入，大中小微并举，城乡一体化推进，这是我国、河南省城镇化发展的一个特点，也是特色，也是所谓的"新型"之概念意境。按照这一思路，我们目前的城镇化从内容层级上，应该包括大中城市的扩张型城镇化、市县城区的集聚型城镇化、村镇一级的特色型城镇化，以及随着脱贫扶贫开发，贫困人口迁徙形成的小微型城镇化。

（原载《学者之见》2017 年第 2 期）

深层认识高质量发展的内核要义

——在"2018年河南经济蓝皮书发布会"上的发言

首先祝贺《河南经济发展报告（2018）》蓝皮书的出版。每当收到、看到、听到我们河南省社会科学院的蓝皮书，总是一种敬重、钦佩、感动的心绪油然升腾，敬重的是我们的编撰者把头一年河南经济发展的动态和静态梳理了出来，在理性总结中为新一年河南经济发展提供了可资借鉴的理论与实践，特别是在政策举措完善方面的吸纳和规避；钦佩的是"蓝皮书"不仅借助大数据应用概括出了河南经济发展的态势、趋势、气势，更立基改革开放，强调了客观看待河南经济运行中的问题，指明和阐释出发展中的问题还是要在发展中解决的思路观念；感动的是在当前整个经济社会显得较为浮躁、"蓝皮书"满天飞背景下，还能够这么认真、严谨、持续地开展研究，表现出了高度的责任与担当。

我还要称道的是，今天的这个发布会的主题既凸显出"蓝皮书"的一根红线，也符合"十三五"时期乃至整个到2035年以前，都是我们国家、河南省经济发展的基本坐标，这就是推动高质量发展问题。习近平同志在党的十九大报告中指出，"我国经济已由高速增长阶段转向高质量发展阶段"的指导思想，一方面揭示了未来我国经济运行的重心与目标追求，另一方面从最近中美贸易战的对垒来看，也证明了习近平强化质量问题、寻求高质量发展的前瞻性、科学性。

对于党的十九大"我国经济已由高速增长阶段转向高质量发展阶

段"的论述，理论界、工商业界包括地方党政部门各抒己见、众说纷纭，都有着自己的视域面及其内容。如最近江苏省推动经济高质量发展提出了"经济发展、改革开放、城乡建设、文化建设、生态环境、人民生活"六个标准和"科学技术化、技术工程化、工程产业化、产业价值化、价值规模化、规模资本化、资本科学化"七个转化，江苏省对高质量发展的认知、做法及其评价自然有它的理论和依据，但这样来概括和认识是不是有些过于简单泛化与口号化了？如果是这样，那么党的十九大似乎就没有必要强调"由高速增长阶段转向高质量发展阶段"了，因为这六个标准也好，七个转化也罢，本身都是一般的、常规的经济社会运动的内容逻辑，这说明我们很有必要深层认知高质量发展的内核要义。

毋庸置疑，党的十九大之所以提出"我国经济已由高速增长阶段转向高质量发展阶段"，是由我国经济进入发展的新常态，进入人民日益增长的美好生活需要和不平衡不充分的发展的社会矛盾期，进入经济全球化、作为世界最大的发展中国家与发达国家市场交流对接大定位等因素所决定的，不讲质量、没有质量，都是没有，也不会有实际发展前景的。我们一直提出要打造中国经济的升级版，打造河南经济的升级版，怎么理解升级？怎么实现升级？升级的内容标志是什么？本质上就是看经济的质量层次，就是看经济运行是否处于高质量发展，也就是说，由党的十九大提出"经济由高速增长阶段转向高质量发展阶段"，强调推动和落足于高质量发展，给出了经济升级的动能指向和现实的、清晰的内容回答。

从教科书的理论认识来讲，质量主要包括微观的实体经济生产的产品质量和宏观的国民经济运行及其调控质量两个层面，质量的主体、客体、评价三个方面的内容。质量主体——人，即形成和影响质量高低好坏的各业劳动者，既包括科技劳动者、管理劳动者、体力劳动者，也包括非生产劳动者，如党政机关公务人员。如果说，一定领域的非生产劳动也创造价值，领导也是生产力，那么，作为社会主义国民经济运行的调控者的党政机关公务人员，一定意义上说更是经济质量主体的主体。在当代中国管理体制下，党政机关公务人员的决策力、运作力，以及政府治理能力及其水平，直接影响着宏观经济、中观经济、微观经济、渺观（家庭）经济活动的正负效益，亦即各个内容层次的经济质量。质量的客体——生产力和生产关系运动的质量，生产、流通、分配、消费四个环节的质量，实体经济生产的产品质量，以及相应的劳务与服务质量，供给与需求综合平衡的质量，国民经济运行及其调控，抑或说政府治理能力水平质量。质量的评价——人的自由全面发展的硬环境、软环境评价；实体经济生产过程的科技含量、创新创业发展评价；经济资源要素，包括人力、技术、资本、土地等配置利用效应评价；各类消费品满足人们生产与生活需求程度评价；整个国民经济速度、结构、比例、效益的衔接与合理性，即国民经济运行是否处于一个合理的速度区间评价；等等。

推进高质量发展，首先要从质量与生产力关系的高度来认识。毫无疑问，社会生产力总是以一定的质量为前提条件和内容标志的，有什么样的生产质量，就有什么样的生产力。所谓发达国家，质的内核就是指社会生产力的发达，相比发展中国家以经济高质量发展支撑的社会生产力，亦即由质量为主导、为基本评价标准的高新科技、高新人才、高新理念、高新业态、高新模式的社会生产力运动体系，或者说拥有高素质的人才队伍，特别是高素质的科学家队伍和高素质的产业劳动者队伍，以及与他们创造、创新出来的高新质量的生产工具、生产对象结合形成的高新质量生产方式，引领带动着人类经济社会的发展前进。因此可以说，今天提出推进高质量发展，是社会生产力发展的要求，是经济全球化发展的要求，是实现社会主义初级阶段跨越的要求，没有高质量经济，就没有与世界经济尤其是与发达国家经济对接的条件、基础，"百年大计，质量为本"，无论从理论还是实践上看，它本身就是一个社会生产力的概念范畴。

党的十九大提出的"我国经济已由高速增长阶段转向高质量发展阶段"，全面推进高质量发展，最主要的应是指我国的社会生产力已经进入到高质量发展的新阶段。也就是说，要顺应新时代，树立新理念，围绕以人为本的价值观，建立现代经济体系。尤其是要坚决推进实体经济运行，规避"脱实向虚"倾向，坚持物质资料的生产是人类赖以生存的基础的理论指导，从数量经济型转向质量经济型，一切为着更好的满足人们日益增长的对美好生活的需求。

生产力是决定性的，但它又受生产关系的制约，一个国家，一个时期，生产关系质量高低对社会生产力的影响是直接的、现实的。我国是社会主义国家，社会主义生产关系必须应能够促进生产力的发展，这也是由社会主义的基本规律，亦即社会主义的生产目的决定的。我国尚处在社会主义的初级阶段，因此，社会主义生产关系的决定性内容只能是劳动力的个人所有与生产资料的多种产权者所有，劳动与资本的结合，应该更多地发挥市场机制的作用，即建构以中国特色社会主义市场经济体制为内容特征的生产关系。而作为世界上最大的发展中国家，这一生产关系及其体制机制运行，还要求政府必须承担起推进工业化、信息化，建立完整的国民经济体系的重任，即并不排斥政府发挥好对整个宏观经济运行的调节作用。党的十八大以来，尽管我国经济进入新常态，但整个经济还是保持了"稳发展"。"一带一路"建设的开启，"人类命运共同体"的构想，说明我们的生产关系在完善，在促进着我国社会生产力的发展，而这种促进又是以强化高质量为动能的，实践是检验真理的唯一标准，也是这样，党的十九大进一步提出了推进高质量发展的新动员和新要求。

生产关系的高质量发展体现着我国社会主义生产关系的完善与创新。究其内容至少可以概括为三个方面：一是进入习近平新时代，对于"道路自信、理论自信、制度自信、文化自信"的坚守与坚持；二是以新理念和经济发展的战略布局、总体布局，重构以高质量发展为主导的中国特色社会主义经济体制、机制、方针政策策略；三是以人为本，科技立国，教育兴国，调动各方面、各阶层的积极性、主动性和创造性，增强经济社会活力，全力推进实现民族复兴和中国梦的伟大工程。

推进高质量发展，基础是微观生产领域提供给流通、分配、消费领域产品的好坏。日本当年重振"大日本帝国"时，提出了两个理念引导，称之为科技和管理两个轮子，而无论是强调科技，还是强调管理，其促进经济发展的坐标重心都是在产品的质量提升上，这就是包括在现代管理学教学科研中被津津乐道的"全面质量管理"。全面质量管理不只是强调了要树立全员的、全面的、全过程的质量意识和高的产品质量标准要求，更要在管理组织措施上、工艺装备改造上、技术更新创新上、质量评价监督上下功夫，即不是像我们一直到现在还在实施的出了残次品检验人员把它剔出去，而是面对出现的残次品，实施倒检倒逼，寻找出产生残次品的工艺或技术节点，防止和杜绝不再出现残次品。也是重技术、重管理、重质量，日本的产品走俏全世界，包括牛气的美国人在内，都甚是喜爱日本的产品。我国出游者到日本抢购马桶盖，更不要说在国内选择日用消费品，大多青睐日货的现象了。也是由于重视质量，从而日本的经济虽然也在遭受着世界经济不景气的困扰，却始终保持了稳健的、积极的发展，这是我们今天推进高质量发展的同时，应该认真思考与借鉴的。

高质量发展，不仅应该提高全民的质量意识观念，更在于一定要从推进技术跨越、管理跨越的制度体制机制，也包括自然人、法人的道德、伦理、法律在内的经济社会质量约束规范上形成重视质量、提高质量的进取性、严格性、自觉性。这里重要的是既要发挥好政府对进入消费领域的商品质量的监督监管作用，发挥好人民代表大会及其公安、法院、检察等立法司法部门的作用，更要发挥优胜劣汰、企业破产倒闭的市场机制作用，并围绕着推进质量发展提出一整套行之有效的方略和措施，否则，推进质量发展将成为一句空话。最近一再出现的食品安全、产品召回事件，暴露出来的其实都是质量问题——质量没有保证的问题。

在我国，推进高质量发展，重要的是政府如何运用市场的力量提高治理能力，实现对宏观经济的有效调控。

（2018 年 7 月 4 日于河南省社会科学院）

在河南自贸区蓝皮书发布会上的发言

各位领导、各位专家：

大家上午好！

首先我要对《河南自贸区蓝皮书：中国（河南）自由贸易试验区发展报告（2016～2017）》的发布，表示热烈的祝贺！对河南自由贸易试验区研究院蓝皮书编写团队致以敬意和感谢！

自 2017 年 4 月河南自贸试验区正式挂牌建设以来，郑汴洛三个片区围绕各自功能定位，充分发挥政策优势，在五大服务体系建设、"两体系、一枢纽"建设、投资贸易便利化、以"三十五证合一"为标志的"放管服"营商环境建设、行政审批、综合监管等领域取得了积极的建设成就。截至 2018 年 4 月，河南自贸试验区新入驻企业已经超过 3 万家，注册资本已达 3828 亿元，其中外资企业 172 家，合同利用外资 10.8 亿元，实际利用外资 8.1 亿元；入驻的国内外 500 强企业 137 家，占全省的 48.1%。这些建设与发展不仅擦亮和刷新了河南经济的门户与窗口，也充分证明了中央批准和支持河南建设经济自贸区是正确英明的。

随着河南自贸试验区等第三批自贸试验区建设的持续推进，我国的自贸试验区建设逐步形成 "1 + 3 + 7" 的阶段性发展态势。在新的发展阶段，自贸试验区将被赋予更大的改革自主权，并探索建设自由贸易港。而相对后发的河南自贸试验区面临重大机遇，既有前两批自贸试验区可复制、可推广的经验和案例作为发展借鉴，又有第三批自贸试验区在稳步推进中的协同互动发展机制助力其发展，这些都为河南自贸试验区实现特色化、差异化发展奠定了基础。

我认为，这一蓝皮书有以下几个特点：一是编创人员充分借鉴了国内外研究者的最新研究成果，记叙了国内自贸区建设的最新运营动态；二是密切结合河南自贸区的发展实际，从河南自贸区建设概况、法律制度设计，包括对河南社会经济发展的影响等进行了理论性、总括性概述；三是深入分析了河南自贸区发展中的热点和难点问题，特别是对于自贸区建设背景下发展全域旅游以及 2016～2020 年区域"互联网＋"产业发展等进行了研讨阐释，提出区域"互联网＋"产业投资风险预警，并给出了自己的关于区域"互联网＋"产业发展战略及投资的思路建议等，我们应该给予充分肯定，点赞！

真心希望今后河南自贸试验区研究院更加紧密地围绕河南自贸区建设实践，以习近平新时代中国特色社会主义思想为指导，贯彻习近平总书记调研指导河南省工作时的重要讲话和指示精神，为省委、省政府持续提供高水平决策咨询建议，为提升河南省的对外开放水平，促进河南自贸区乃至河南全省的经济社会发展水平提供智力支持！

谢谢大家！

（2018 年 6 月 30 日于洛阳维纳斯酒店）

从许昌看河南推进新型城镇化发展

　　许昌市，位于河南省中部，总面积 4996 平方公里，总人口 480 万。许昌在历史上一直是一个严重缺水的城市，现在却成为了连省会郑州人都羡慕的、实实在在的"北国水城"；许昌两年前还是曾被房地产界大佬所不屑的三四线城市，现在它的商品房价格已过了万元；许昌是一个典型的地域空间约束、资源相对缺乏的城市，现在却是投资者频频驻足、消费者热恋青睐的最适宜人们居住的中原生态名城；许昌过去是城乡二元分割、经济的区域差异及其矛盾多多的城市，现在是城乡一体化、新型城镇化跃然眼际、一派生机……许昌变化了，许昌的城镇化发展走在了全省的前面，不仅大大提升了许昌城市的整体形象和素质品位，而且大大增强了许昌经济社会发展的活力和竞争力。2016 年，许昌市地区生产总值完成 2353.1 亿元，增长 8.8%，增速居全省第一位；固定资产投资完成 2263.8 亿元，增长 17.2%，增速居全省第一位；一般公共预算收入实现 131.9 亿元，增长 13.8%，增速居全省第二位。许昌新型城镇化的发展，使许昌进一步突出了其在"三区一群"发展中的核心地位与影响，也难怪专家学者们积极谋划和建议省委省政府高层实施郑许融城，以许昌的工业优势支撑和补上郑州在国家中心城市建设中的不足与短板。

　　许昌的新型城镇化发展，根据我们的调研观察，大致可以综述为以下几点：

　　（1）把支持民营经济发展、做强实体产业与推进新型城镇化建设结合起来。这几年，许昌人不仅坚持以产为基，产城互动发展的理念，更深化到产业经济体的结构调整上来，他们在盯着产业转型、产业升级的同时，把实现产业转型升级发展的重心放在影响产业结构的生产关系结构的调整上，大力发展民营经济，使民营经济对全市经济的贡献率超过了 80% 以上，被媒体称为"一个民营经济发展最活跃的地方"。无论是先进制造业，还是服务业，包括公共设施、基础能力建设，如一条 7.3 公里沿市中轴线水生态系统的建设，就是全靠民营经济体打造完成的，不仅调动了民营经济体的积极性、主动性和创造性，还形成了"政府一毛不拔，事业兴旺发达"的良好城市市政发展环境。

（2）把大众创业、万众创新活动与推进新型城镇化发展结合起来。许昌这几年坚持从体制机制政策环境上鼓励、支持企业和社会贤达开展大众创业、万众创新活动，尤其是强化以新经济为引领，一手抓传统产业的科技嫁接、更新改造，一手抓科技创新型企业和产品的引进。自 2015 年以来，先后出台了近 20 个科技创新方面的政策办法，动员全市上下从软硬件建设，到科技人员、创新人员薪酬待遇等，全力营造大众创业、万众创新，加快推进新型城镇化发展的良好氛围。正是在于看好许昌的宜业宜居环境，包括不少 500 强企业，甚至变"请进来"为"我要来"，多家先进制造业和许多科技领军人才及其团队踌躇满志地融入到了许昌经济社会发展大潮中，出现了许昌经济相较于全国、全省经济低迷背景下，却"低"而不"迷"，"稳"而不"慢"且呈提质增效的可喜局面。

（3）把人的城镇化、城乡一体化发展与推进新型城镇化发展结合起来。这几年许昌市委市政府一班人不断加深对人的城镇化、城乡一体化发展理念认知，人字当头，着眼城乡，立意新型，不断探索着体现自己特色的城镇化发展路子。他们对全市进行功能区划定位，科学布局，实施城乡联动、创新驱动、产业带动，使许昌市真正形成了一条城乡一体化发展的新型城镇化典例范式。仅一个城乡一体化示范区，2016年区域生产总值完成521亿元，同比增长9.2%；固定资产投资完成665亿元，同比增长23.6%；一般公共预算收入11.6亿元，同比增长18.5%。经济实力的增强，为改善人们的生产生活条件，为城乡一体化发展提供了坚实的物质基础。

（4）把创造良好的政治生态环境与推进新型城镇化发展结合起来。区域经济发展，新型城镇化建设，离不开良好的政治生态环境。金杯银杯，不如老百姓的口碑。调研中，老百姓用了三个"不"来评价许昌市委市政府。他们说，许昌这些年能够持续的、稳健的发展，得益于市委市政府主要领导不否认、不折腾、不出事儿。所谓不否认，即后任领导不否认前任领导，一任接着一任干，一张蓝图绘到底。许昌现在的许多工程项目，无论是完工的，还是在建的，基本上都是前任领导在任时定下来的，而后任者都是积极地延展接续，尽善尽美。所谓不折腾，就是所有的接任领导，都能够以责任和担当，不标新立异，不另铺摊子，不乱开口子，不浪费和破坏区域生产力。所谓不出事儿，是说许昌市历任领导，特别是主要领导都能够清政为民，洁身自好，无论是在任的，还是交流提拔的，表现出的都是想干事儿、能干事儿，干成事儿，不出事儿的良好经济、政治、社会、文化状态和风貌。许昌市的领导，调走或退下来的，人们怀念留恋；在任的，人们拥护支持，这在今天的花花世界里确实是少见少有的，但也正是领导的投入与影响，激励着地方经济社会的进步与跨越，推进着新型城镇化的发展。

许昌新型城镇化发展的实践，佐证了陈润儿省长憧憬的关于城镇化发展意境和标识的思想——以绿映城，以水润城，以文化城，以业兴城（据有关方面透露，近段时间，许昌市委市政府主要领导正在认真地谋划以文化城的工程，以期进一步提升许昌文化名城之盛名，带动文化产业发展，放大新型城镇化能量的工作）。许昌的实践给了我们很多启发和思考，只要我们坚持实践，勇于实践，实践不仅出真知，更出灿烂光明的愿景，我们的新型城镇化就一定能够走好，走实。

（原载《学者之见》2017 年第 2 期 2017 年 9 月 23 日）

加快郑许融合　奋力建设经济强省

　　河南省十次党代会围绕建设经济强省的战略谋划，提出了一系列相应的决策部署，实施郑许融合是一个重要的内容，它寄托了省委省政府和全省人民的无限希望与期待。郑许融合是天时地利人和的机缘巧合，是科学的抉择，是历史的必然。许昌因"三国"、因"陶瓷"、因"烟草"集经济之大成，厚文化之大蕴，现发展之大势；郑州因建设国家中心城市，因补足本土工业之短板，因提高省城之首位度而需要牵手许昌，所以，既要看到郑许融合的客观实在性，也要给出郑许融合的路径指向性。

　　河南省十次党代会提出，基于许昌的产业基础和配套条件较好，许昌未来经济运行的重心应放在突出提质发展上。提质发展的定位，既要上联全省建设经济强省任务要求，又要下接郑州与许昌发展目标定位，从而在郑许融合中获取新机遇，创造新动能，实现新发展。郑州将以建设国家中心城市为目标，建成国际型现代化综合交通枢纽、中西部对外开放门户、全国重要的先进制造业和现代服务业基地。郑州的这一目标定位，应该说也同时构成了许昌在郑许融合主战略实施过程的基本依据和主要遵循。也就是说，郑许融合的坐标基轴应以郑州的目标定位为基线。毫无疑问，省委提出郑许融合，正是一方面看好了郑许之间的人文地理联系，看好了许昌在整个中原城市群建设中的地位作用；另一方面更是看好了许昌与郑州融合所具有的良好的产业基础和配套条件。可以说，河南省委提出郑许融合决策部署，许昌市委提出郑许融合主战略,思路是一致的,内容是一体的,上下是一气的,有着积极的、科学的、可行的价值意义。

河南省十次党代会提出,要加快郑新、郑许、郑焦融合发展,建设组合型大都市地区,也是有着理论的、实践的支持依据的。从理论上说,由于地理空间联系的紧密性,使得相邻经济空间的横向联系成为必然和可能,相邻空间经济的融合互动及其一体化发展是一种规律,体现了社会化大生产的内在要求。其实,早在20世纪80年代,费孝通就已经提出了建设发展郑(州)新(乡)焦(作)"金三角都市区"的设想与建议,河南省的郭文轩等也发表文章提出过以郑州及新乡、许昌、焦作为核心的中原城市群经济体构想。从实践上看,这种融合在于以期形成一个组合型大都市地区,从而实现对该区域经济提升的同时,能够很快带动相邻或全域经济的发展。

组合型大都市地区,是以相应经济技术水平、自然地理条件、人文生态环境等因素形成的。所谓组合型,既有客观上要求大都市地区经济社会运行的总体的统筹规划、协调互动,又有发挥各自比较优势、扬长避短、相对独立的个体化运动,但其与过去的地区行政体和"市带县"不同。新中国成立以来,市际之间的经济地理联系经历了两段大的时期:一是20世纪80年代之前的大而全、小而全,以农字号为内容特征的自成体系的行政模式,这来自于封建的诸侯经济习性,来自于"一大二公"万事不求人的封闭经济思想;二是20世纪80年代末至20世纪90年代撤销地区行署的"市带县"模式,这对于促进生产力发展起到过历史性作用,但是由于那时的城镇化水平低,特别是以工业为主导的城市产业基础相对薄弱,市与县之间经济性质的严重不对接,导致市对县域经济的带不起,县对市域经济的靠不上,甚至出现县拖垮市的现象。然而现在大不相同了,市域之间有了许多对等的物质基础,人文基础,特别是人们改革开放思想意识观念的转变,构筑市域之间横向合作、互利共赢的大都市地区经济体成为常规与常态。

两城融合可以是多方面的，但主导的是经济活动的融和，是优势互补的融合。郑州凭借雄踞省城，经济社会发展的优势是明显的，但也有短板，比如先进制造业。而许昌的工业竞争力，包括高端装备制造、新能源汽车、生物医药等一直居全省前列；郑州和许昌的战略性新兴产业占全省一半以上，显然，郑许融合既有利于提升省城首位度，也有利于形成对许昌经济的再激励、再跨越。

郑许融合还要探讨许昌优势产业在两城融合中的放大效应和打造新的增长极问题。许昌的电力装备制造、电动汽车制造、风力装备制造、超硬材料制造，以及建材、发制品、食品、药材等驰名业内，甚至在国际市场上的份额都很大，而如若寻求再工业化，寻求技术更高、品牌更响、效益更好的合作伙伴，就应该加快与郑州的融合，借力郑州，发展跨越。同时还可以按照产业经济运动规律，学习、引进省城的新业态、新模式、新机制，加大对传统产业的改造升级，释放新动能，扩张新体量，趋向新的产业高级化发展，才有可能使许昌30公里产业带大放异彩。

郑许融合的一个重要方面是实现区域经济发展的互动性和主动性，并且不仅是在两个大市的双城区之间，也由此必然会影响到两市下辖的县域经济的融合发展。一定意义上说，县域经济是市级经济、省级经济的有力支点，郡县治，天下安。随着工业化与信息化的紧密融合，城镇化进程的加速，产业经济在县域之间，在县—市—省域之间的分工合作、一体化发展，将日益加深，更会促使区域经济整体水平层级、质量效益的大幅跃升。如许昌禹州与郑州新密在煤炭生产经营，在建材加工销售；许昌长葛与郑州新郑在沿航空港合作发展临空经济、商贸商务产业等。

郑许融合是双向的。向郑州靠拢，是要借助郑州省城大平台、高平台顺势发展，吸引和迎取郑州产业入驻许昌，特别是要使"国家许昌经济技术开发区"、许昌"河南省高新技术特色产业基地"、许昌"国家科技兴贸创新基地"等在河南自贸区建设、郑洛新自主创新示范区建设、郑州航空港经济综合实验区建设中实现横向联姻、复制运营。许昌科技进步对经济增长的贡献率与郑州相差无几，又是全省民营经济最发达、最活跃的地区之一，与郑州融合前途无限。

（载《许昌日报》，2017 年 4 月 14 日）

河南"廉价劳动力优势"
当应成为过去时

　　河南是一个人口大省，党政官员也好，业界人士也好，每每与外交流，都会提及我们的人口资源优势，都会乐道于以廉价劳动力成本博取对方投资河南的心动。多少年过去了，今天我们一些人仍然保持着这种观念，岂不知廉价劳动力成本、廉价劳动力优势只有在一定时期内具有一定的动能引力，而进入一个新的时期，则不一定就还能保持或需要这一优势，甚至优势会变为劣势诋毁区域劳动力形象。因为，在今天，廉价劳动力已经成为低素质、低层次劳动力的代名词，现代经济社会运动过程，资本要素、技术要素、土地要素总是与高水平、高能量、高收益的劳动力要素结合在一起。

一、廉价劳动力顺应的是劳动密集型等传统产业需求

　　传统经济方式下，我们的产业（包括梯度转移进入产业）大多是以劳动密集型为主体，这一经济活动，客观上既需要大量的劳动力，又对劳动力的素质要求不高，基本的标准也就是会操作、不出事故就行了，这种产业劳动力规模效益型正好与人口多，就业压力大，只能以低廉劳动力价格作为经济互动交易条件的区域相耦合，即形成产业

定位对劳动力素质水平需求不高与区域劳动力素质水平整体低下之间的均衡发展性。在进入经济新常态之前，尤其是那些以农业产业化分工协作为基础发展起来的"农"字号工业（专家学者称之为的 1.5 产业）、以地理空间资源优势发展起来的原料原材料加工工业，以及传统的来料加工工业等，大多是通过廉价劳动力成本赚取利润。即使是像富士康这样的企业，之所以看中河南，驻扎河南，应该说主要是廉价劳动力的诱惑，但是从长远来看，富士康这样的企业，这样低廉的劳动力价格水平，究竟能维持多久，却是令人产生疑虑的，也许将来它的去向是贫困地区蔬菜大棚邻近的村口车间（工厂）。

我们现在强调要加速传统产业转型升级，如果说升级是就新技术、新工艺、新装备、新材料的使用、嫁接、改造、更新的话，那么，转型的重点和关键则是产业劳动者的思维能力、意识观念、专业修炼、岗位技术、创新动能、经济效率等，即以全要素生产率为主导的生产方式和产业劳动关系，能不能实现华丽转身。而这个转身的一个基本标志就是劳动力整体素质的提高、劳动力价格水平从廉价变为非廉价。

进入现代经济社会，资本不仅不愿意与廉价劳动力结合，即使是从地方安置就业视角看，一味推说廉价的、低效能的劳动力，既有损于区域经济形象，更不利于招商引资。所以，我们在由人力资源大省向人才资源大省过渡中，在由经济大省向经济强省过渡中，应当注意适时调整提升产业劳动者的工资收入，以高收入劳动群体促人才资源大省建设，促经济强省建设；以人才资源大省及其高价格劳动力引八方现代商贾。也就是说，今后我们无论是招商宣传，还是引资推介，最好不要再刻意提及廉价劳动力优势，以避免有意无意地自贬河南劳动力整体形象。

二、廉价劳动力不适应新技术革命发展与技术有机构成提高变化规律

有人说现在人类已处于第五次新技术革命浪潮,经济方式业已进入技术有机构成随之提高的阶段,而新技术革命也好,经济方式转变也好,技术构成提高也好,质的内核的是对劳动力的素质层次提出了更高的要求,给予了劳动力更高的报酬,一般的、低廉的劳动力将被排斥和游离出现代产业经济体系,包括科技劳动力、管理劳动力、体力劳动力无一例外。河南要拉长工业短腿,要发展先进制造业等战略性新兴产业,要从经济大省转向经济强省,就不能总是给人停留在廉价劳动力优势的认识上,而是要从不断提高劳动力价格水平切入,一方面刺激社会劳动力素质的高涨,另一方面以高价格水平形成河南与高新技术产业体系、技术有机构成较高的企业对接融合的现代产业劳动力大军。

科技是第一生产力,劳动力是生产力的第一因素,科技改变生活,劳动力的工资理所当然应该与劳动生产率、与国民收入的增长同步增长。西方发达国家产业劳动力的工资费用一般都占到其经营与管理成本的70%多,就是在一些发展中国家也占到50%以上,中国作为世界第二大经济体、河南作为全国经济总量第五位,我们的国有企业、民营企业的产业劳动力工资费用占比却一直不能与人家相提并论,这确实是需要从制度和政策多方面认真思考的。

新时代、新经济是以新知识、新技术、新动能、新效率为内容实体运行的现代经济,是人的创业、创造、创新的智力与体力,潜能与潜力发挥的结晶。一定要看到,这些年河南的产业劳动力队伍,不管

是知识结构、技能水平、文化修养等都有了长足的发展改善，还总是以廉价劳动力"名号"出现，显然已经不合适了。现代经济以人为本，与外交流，不仅要谈我们的人力资源优势，更要介绍我们的人才资源优势，也要讲今日河南劳动力素质的整体水平在提升，劳动力价格也在攀升。其实，现实中我们也无须再提廉价劳动力问题，因为来豫投资者也不希望再招募低廉的劳动力，他们的意识观念里，他们所追求的是招募一位高技能、高报酬劳动力与招募五个、七个低廉劳动力的投入产出比。我们人口多，就业压力大，保留一定的劳动密集型产业是必要的，但是，未来河南产业的脊柱无疑是那些科研型、技能型、工匠型支撑的劳动经济体，总是自诩和传播廉价劳动力成本，总是使自己的劳动力处于低收入水平阶层，不仅不利于调动劳动力资源要素的积极性、主动性和创造性，也不利于河南省在省际区域之间，以及经济全球化发展中竞争力的提升。

三、从制度体制政策机制上全面
宣传河南劳动力整体形象

河南经济正在爬坡过坎，劳动力的素质层次也在从传统的简单劳动、体力劳动，向智慧劳动、智力劳动转型，河南劳动力亦非昔日传统意义上的、文献资料上的、教科书上的劳动力概念了。现代劳动经济技术含量的逐步提高，繁重体力劳动日益化为非繁重体力劳动，简单的熟练性劳动日益化为技能型、专业性劳动，按劳分配规律中的复杂劳动是简单劳动的倍加原则，不仅适用于工程师、科学家，也同样适用于技师、工匠，以及大多数专业性岗位较强的劳动者，从制度、政策和舆论上给技能型、工匠型、专业性劳动者高薪，增强产业活力，

是河南经济迈向新时代、让中原更加出彩的新的科学抉择。

我国现行乃至到 2035 年，实施的收入分配政策轴线是坚持中等收入群体比例明显提高，中等收入群体不仅表现在货币收入的一定额度上，也体现在这一群体的结构上，即包括了国家技师、国家工匠等专业技术型劳动者在内，这一部分人的收入肯定会不断甚至大幅度增长。因此，在意识观念上，在制定政策机制上，始终把从事专业技能岗位的劳动者视为一般简单劳动者，显然是不恰当的，也是有悖于新时代、新思想、新作为、新业态中"新新人类"的现实的。

有关方面数据资料显示，河南的一些高新技术产业中，拥有本科以上学历的专业岗位劳动者所占比例已接近 40%，农业农村劳动群体中高中、大专、职校生的比例也已占到农业产业化过程、外出打工人群的 40%（不包括越来越多的回乡创业的本科生、研究生）。劳动者受教育层次、规模、结构的变化，既是客观存在的，也是一种趋势。这说明不可以再把河南劳动者群体看成为廉价的、低级的、简单的劳动力了，再不要在推介河南人力资源时，一味地贬低、轻视、自己看不起自己了，特别是在国际服务业贸易、国际劳务输出，以及各业的招商引资过程中，要坚定地、信心满满地提高河南劳动力的身价，提高河南劳动力的形象，改变河南人口多、人力资源素质差等外部影响，而首要的是我们自己在制定政策、引入劳动力宏观调控的市场机制方面，让河南的"廉价劳动力"真正成为"过去时"。

制度体制的完善，最主要的是思维意识观念的转变。也就是说，我们应该从制度体制的调整完善上消除轻视、误解河南劳动力偏见，不能总是停留在我们拥有"低廉劳动力"优势的传统认识中，一方面要强化对劳动力素质提升规划落实，另一方面要大力宣传新时代河南劳动力的新形象，在使河南劳动力获取更多、更高薪酬收入的同时，提升河南劳动力在国内外劳动力市场的竞争力。制度体制的完善必然影响劳动技能、劳动就业、劳动报酬、劳动力素质等政策的制定。好的政策，就会形成好的劳动力个体发展的主客观动能，从而造成劳动力自我奋起、自我提升素质的自觉性及其环境条件。劳动力素质与形象的改善，既需要各方面努力、真实地提升，也需要在宣传舆论上去造势、传播，但政策的推导起着重要的保障作用。

（原载《应用经济与管理》，2018 年 7 月 10 日）

第二章 客观看待经济形势 勇于追求管理效应

当前经济形势及其趋势的研判

物质资料的生产是人类赖以生存和发展的基础，物质资料的生产及其相应活动，也就构成了我们所说的经济活动及其内容方式，所以说经济是基础，经济能不能稳增长，经济能不能高质量发展，经济形势的变化、走势，始终是人们最为关注的热点与焦点问题，也成为学界、业界关注和研究的热点与焦点问题。那么怎样看形势，如何研判经济的走势、大势，我想利用今天这个机会和大家交流分享一些我的认知，不当之处，尽可批评。

我想和大家交流以下四个方面的内容：一是关于经济概念的再认识；二是研判宏观经济形势的一般视角；三是对我国当前经济形势和趋势的一些看法认知；四是以中央会议为指导，推进河南经济稳步发展。

一、关于经济概念的再认识

为什么我要讲经济概念呢？我感觉我们经济学教学也好，我们从事理论经济、应用经济研究也好，接触中似乎还存在着一些模糊的地方。比如把经济与管理往往混淆在一起，比如谈及经济体制、管理体制往往表达不清，说不明白；比如研究经济与管理问题不分层次，不讲站位，不明主体客体，不辨内容范畴；等等。咱们是学校，是为学生装备理论思维的，我们自己首先应该弄清楚一些基本的经济学概念。我从教几十年，无论对本科生，还是研究生，我的教学过程都是从概念切入，追求引导与学生思维、思路、思想的碰撞，从而使学生对经济学的基础理论、基本方法等专业知识得以深化与提升。今天我们这个报告还不同于到党政部门，到地方、到企业，跟他们讲，也还想与大家交流一些方式方法问题。

我们回到经济形势主题上来，一般我们讲形势，大家关注形势，主要是指的宏观经济形势，这就有一个宏观经济的概念把握问题了。

宏观经济反映的是人类经济活动的一个空间内容层面。经济学家按照人类活动的内容，把经济学研究的对象划分为五个层次，或者说人类经济活动可以划分为五个内容层面，从而形成了经济学上的五个经济范畴和概念——国与国之间的经济往来（资源、市场、技术、资本、人才在国与国之间的流动）作为一个范畴，称为宇观经济；一国主权范围内的经济活动称为宏观经济；部门及其部门之间、产业及其产业之间、行业及其行业之间、地区及其地区之间的经济活动，作为一个范畴，称为中观经济；企业的经营与管理，以及企业与企业之间、企业与市场之间的合作与联系，作为一个范畴，称为微观经济；家庭作为经济的、社会的细胞，也是一个层面，也是一个经济范畴，其相关经济活动（收入与支出、商品性与非商品性的投资、消费结构变化等）称为渺观经济。我们说的经济形势，一般讲的是宏观经济，实践中的宏观经济，可以是国家层面的，也可以是所在省域层面的、市域层面的，甚至也可以是县域经济层面。

现实中，还有一个概念，即国民经济，很多人，包括学界、业界一般都容易把它与宏观经济混同。其实这是既有联系又有区别的两个概念。联系是说两者在内容上看是一体的，区别在于国民经济更是一个统计学的概念，是一个用以分析一个时期国民创造、国民收入、国民分配的概念，是一个具体反映一个时期经济投入与产出及其评价的概念，属于国民经济核算、国民经济计划的范畴。当然在学界也一直对此存在争议。

二、研判宏观经济形势的一般视角

我看形势是从三个视角切入的：一是国际通识，就是看一个时期的速度、就业、价格、国际收支；二是克强指数；三是美国思维。

所谓国际通识，就是发达国家也好，一般国家也好，政府人士也好，业界和学界也好，他们看形势的着眼点、视觉点，这就是速度、就业、价格、国际收支（在计划经济体制下，我们的政府是无所不管，一直到党的十六大，才与世界趋同，聚焦到这四个方面。政府职责也好，政府调控也好，还有习近平刚刚在首届中国进口博览会开幕式上讲的"中国宏观调控能力不断增强"中的宏观调控，也包括政府治理能力等，其实就是指的这四个方面的内容）。

（一）速度

速度问题一定要讲的，世界上任何一个国家不能保有一定的速度，就不会有稳定的经济大局和经济秩序。速度问题的经济要义有两个：一是一定要保有一定的速度，现在称之为"稳增长"；二是一定要使速度与比例、结构、效益相衔接，即追求一个合理的速度，一个有质量、有效率、有动能的速度。从实践方面看，稳增长是目标，合理的速度是基础，按今天的话说，就是要使速度保持在一个合理区间，这个合理区间的下限是就业，上限是物价。所以李克强和习近平一直说只要能处理好就业问题，速度定在7%或是6.5%，高一点、低一点都不是什么问题（2018 年政府的目标是国内生产总值增长 6.5% 左右）。也就是说，速度的快慢，合不合理，既取决于经济的基础与创新，也取决于就业与价格。从相关数据看，2018 年前三个季度我国失业率没有突破 5% 原定目标，价格没有突破 3% 原定目标，从这一视角看，我们的速度处在合理区间。

从理论上讲，稳增长的预期、合理速度的调控，既要寻求不断提升一定速度下的质量、效率、动能，也要实现速度、比例、结构、效益的衔接均衡。为什么要从高速转向中高速、要从中高速转向高质量发展？为什么要坚持调结构、转方式？就是因为经济发展速度与经济比例关系、经济结构、经济效益不协调了，经济质量、经济效率、经济动能不协调了。这既牵扯到原有的工业化进程和经济基础，也受制于政府治理能力及现代化水平。改革开放 40 年来，我国经济保持了大概有 20 多年的两位数以上的快速增长，但也付出了沉重的代价，经济资源的高消耗、经济过程的高污染、经济效率的低收益、经济质量的低水平，特别是经济运行及其调控还存在着的违背客观规律，出现的经济比例关系失衡，经济结构紊乱，经济忽冷忽热，一会儿通胀，一会儿通缩，一会儿要紧急刹车，一会儿又要防止硬着陆现象，反映的是什么？就是党的十八大后，习近平提出的缺乏"统筹兼顾""综合平衡"。理论上说，就是忽略了速度与比例、结构、效益的正常关系，就是由于封建的急功近利，只顾眼前，不计长远思想，严重破坏了国民经济的比例关系，如两大部类的关系、农轻重的关系、积累与消费的关系、价值与使用价值的关系等；比例关系的失衡又必然导致经济结构的紊乱，经济结构中生产力结构，如产业结构、企业结构、产品结构、就业结构、劳动力结构、分配结构、技术结构、地区结构、资本结构等，都进入了非常规结构和状态；经济结构中的生产关系结构虽然提出了社会主义初级阶段发展混合所有制经济、坚持多元产权经济结构的政策指向，但时至今日，非公有制经济尽管已占据国家经济半壁江山，为国家提供了 50% 以上的税收，60% 的 GDP，70% 的出口，80% 的就业岗位，却没有真正地被给予一个国民经济待遇地位。中关村之父段永基是这样概括的，"如果国有企业是八路军，至少民营企业是新四军，可是老把我们当忠义救国军，就给番号，既不给粮草，也不给弹药"。大家注意，2018 年 10 月以来，特别是 2018 年 11 月 1 日习近平主持召开民营企业发展座谈会，就是要进一步务实解决这个问题，我们下边再说。所以光讲结构不行，还要从理顺调整国民经济比例关系上来破解当前调结构调了一二十年一直还没有调到位的问题，比例关系的失衡、结构不合理，也就没有什么经济效益？我国是世界第二大经济体，但是，我们硬是拿不出更多的钱来大幅增加劳动者的工资？劳动力劳动状态的低迷，必然影响到经济创新、经济效率、经济质量，因此中国经济增速回落已历经 9 个年头，而且，亦如 2018 年 10 月 31 日习近平主持召开的政治局经济形势分析会议指出的，"当前经济运行稳中有变，经济下行压力有所加大，部分企业经营困难较多，长期积累的风险隐患有所暴露。对此要高度重视，增强预见性，及时采取对策"。尽管这是说给政府职能部门听的，但它确实是对当前经济形势的一个基本判断。一位权威人士在 2016 年 5 月《人民日报》发表的权威论述曾指出，我们的经济既不是 U 形，也不是 V 形，而是 L 形。2018 年"两会"有人说已从"上半场降速阶段过渡到下半场提质阶段，有望从 L 形的一竖过渡到一横"，看来这个结论还是下得早了一些。当然整体来看，我国经济增长速度还是在一个合理的区间。

（二）就业

就业，既是一个经济学的概念，也是一个社会学的概念，因而其是经济学家、社会学家毕生所致力于研究的永恒课题。在以人为本的经世哲学里，发达国家也好，发展中国家也好，就业，从来都是执政党和政府制定经济社会政策的基石，也是总统竞选必备、必讲、必须浓墨重彩给予说明的重要内容。前面说到，习近平、李克强多次讲，速度是7，还是6，都不重要，重要的是看就业状况。西方经济学三大支柱——财政、金融、劳动，而劳动讲得最多的、最重要的是就业、收入问题。就业的内核要义：一是要有就业与人本思想，与人力资源开发利用，与解放生产力、发展生产力，与满足人们对美好生活需求关系的理念与站位；二是要有一个劳动力就业、劳动力流动、劳动力竞争、劳动力资源配置、劳动力效率评价，并且能够不断放大劳动力价值量的、完善的体制机制；三是科学计量劳动，体现按劳动分配。就业的概念是有岗位、有收入，落点在收入分配的合理性、公平性、科学性，特别是要处理好智力劳动和体力劳动之间的关系，处理好科技劳动者、管理劳动者、体力劳动者之间的关系。吴敬琏说，现在保姆的工资高于大学毕业生的工资，说明国家收入分配制度体制出了问题，说明就业及其劳动力资源配置机制和政策导向出了问题，或者说劳动的导向与就业机制出了问题。这些年大家议论纷纷的影星、歌星等演艺界收入爆高问题，不仅严重扭曲了国家劳动就业与劳动分配的基线，也极大地亵渎和挫伤了包括各界劳动一线人们的心理，分配的不公必然会影响到就业的效应、效率。当然我们也应该看到，国家正在采取积极措施，努力调理这些问题。

客观地说，改革开放40年了，人们就业的观念也发生了很大的变化，特别是不再依赖政府安置就业了，甚至改革了公务员制度，强化了公务员要习惯于在监督下工作（绝不只是公务员要习惯于在监督下工作，我们其实都应该是这样的接受监督），从而堵住了一定的灰色收入来源，使得一些人也不再强求非要往机关大院挤，而是寻求自主创业、联合创业等新的就业形式，这应该说是改革的一个大变化，一个大趋势。市场经济运行，劳动竞争是一个铁的规律，也只有学有专长，有能力，才能有前途，所以，就业，除了国家的有关政策支持外，最主要的还是要靠自己进入劳动力市场自主择业、竞争劳动。

那么我们到底怎样看待就业形势是好是坏呢？统计部门有个数理概论，即 GDP 每增长 1 个百分点，能够安置 200 万人的就业，6.5% 左右的增速，就是要保持和实现 2018 年 1100 万人的年度就业目标，所以，2018 年 10 月 31 日政治局会议明确提出"城镇新增就业提前完成全年目标"（2016 年安置了 1300 万人，2017 年安置了 1100 万人）。

我还看到国家统计局刚刚发布的一组数据，说 9 月，全国城镇调查失业率为 4.9%，比上月下降 0.1 个百分点，比上年同月下降 0.1 个百分点；31 个大城市城镇调查失业率为 4.7%，比上月下降 0.2 个百分点，比上年同月下降 0.1 个百分点。其中，全国主要就业人员群体中 25～59 岁人口调查失业率为 4.3%，与上月持平。第三季度末，外出务工农村劳动力总量为 18135 万人，比上年同期增加 166 万人，增长 0.9%。外出务工农村劳动力月均收入 3710 元，同比增长 7.3%。

这说明我国实施的积极就业政策的良好效应。我国 2018 年就业发展主要预期目标是：城镇新增就业 1100 万人以上，城镇调查失业率在 5.5% 以内，城镇登记失业率在 4.5% 以内。特别是在"当前经济运行稳中有变、经济下行压力有所加大、部分企业经营困难较多"的大背景下，取得这样一个就业形势，确实是不容易的，说明中央把就业问题始终是放在第一位的。2018 年 10 月 31 日中央政治局经济形势分析会强调的六个稳稳就业、稳金融、稳外贸、稳外资、稳投资、稳预期，第一位的还是稳就业。其实六个稳也可以概括为两个，一是稳就业，二是稳经济。除了稳就业，后边五个都是讲的经济问题，也都关乎到就业。

（三）价格

政府对价格的调节从来都是必要的，尽管这种调节可能是直接的，如关系国计民生的重要物资，包括钢铁、石油、天然气等，也可能是间接的，包括大众消费品。现在流通中政府管控的部分大概也就是百分之几，而百分之九十多的商品已经完全放开，交由市场按价值法则调节。所谓市场经济，就是让市场价格调节的经济，所以，价格的微妙变化，价格的高低涨落都会对生产者、经营者、消费者形成直接或间接影响。忽高忽低的价格，价格既不反映价值，也不反映供求状态下，必然导致经济秩序的无序，导致通货膨胀或紧缩，甚至危及社会安定（原苏联蜕变的一个导火索就是价格）。

我们看价格，最主要是看价格的波动是不是在国家年度主要控制目标以内。2018年11月9日，国家统计局网站发布消息称，2018年10月，全国居民消费价格同比上涨2.5%。其中，城市上涨2.5%，农村上涨2.6%；食品价格上涨3.3%，非食品价格上涨2.4%；消费品价格上涨2.8%，服务价格上涨2.1%。2018年1~10月，全国居民消费价格比上年同期上涨2.1%。2018年10月，全国居民消费价格环比上涨0.2%。其中，城市上涨0.2%，农村上涨0.2%；食品价格下降0.3%，非食品价格上涨0.3%；消费品价格上涨0.3%，服务价格持平。

食品烟酒价格同比上涨2.9%，影响居民消费价格指数（CPI）上涨约0.87个百分点。其中，鲜果价格上涨11.5%，影响CPI上涨约0.18个百分点；鲜菜价格上涨10.1%，影响CPI上涨约0.25个百分点；蛋类价格上涨8.5%，影响CPI上涨约0.05个百分点；禽肉类价格上涨4.3%，影响CPI上涨约0.05个百分点；粮食价格上涨0.6%，影响CPI上涨约0.01个百分点；畜肉类价格上涨0.4%，影响CPI上涨约0.02个百分点（猪肉价格下降1.3%，影响CPI下降约0.03个百分点）。其他七大类价格同比均上涨。其中，交通和通信、医疗保健价格分别上涨3.2%和2.6%，居住、教育文化和娱乐价格均上涨2.5%，生活用品及服务、衣着、其他用品和服务价格分别上涨1.5%、1.4%和1.3%。

食品烟酒价格环比下降0.1%，影响CPI下降约0.02个百分点。

其中，鲜瓜果价格上涨 1.9%，影响 CPI 上涨约 0.03 个百分点；畜肉类价格上涨 1.0%，影响 CPI 上涨约 0.05 个百分点（猪肉价格上涨 1.0%，影响 CPI 上涨约 0.02 个百分点）；鲜菜价格下降 3.5%，影响 CPI 下降约 0.10 个百分点；蛋类价格下降 3.3%，影响 CPI 下降约 0.02 个百分点；水产品价格下降 0.9%，影响 CPI 下降约 0.02 个百分点。其他七大类价格环比六涨一平。其中，衣着、交通和通信、其他用品和服务价格分别上涨 0.8%、0.6% 和 0.3%，居住、医疗保健、生活用品及服务价格分别上涨 0.2%、0.2% 和 0.1%；教育文化和娱乐价格持平。

这些数据说明，我们的价格仍然是在国家控制线以内的（2018 年政府目标是居民消费价格涨幅 3% 左右）。2017 年居民消费价格年均上涨 1.9%，2018 年前三季度居民消费价格上涨 2.3%，1~8 月余额均上涨 2.0%，保持了较低水平，说明物价上涨水平保持在了合理的范围之内，未来消费增长的空间很大。

对于物价的波动，我们不要惊慌，这是由于价格的长期不合理造成的，长期的价格不反映价值造成的，价格的涨落在未来相当长的阶段内，是一种大势、定势，但其会始终局限在政府的一个大安全线内。随着全面深化改革和进一步扩大开放，我国经济的高质量发展、个人所得税法的修改、进口关税的调整，不仅将大大稳住价格水平，还会使我们的生产与生活水平不断地改善提高。

根据全国人大常委会审议通过的关于修改个人所得税法的决定，2018 年 10 月 1 日起，纳税人实际取得的工资、薪金所得，减除费用统一按照 5000 元/月执行，并执行新的税率表。而此前"起征点"则是 3500 元/月；财政部网站 2018 年 10 月 25 日消息，为进一步简化税制、完善出口退税政策，财政部、国家税务总局对部分产品增值税出口退税率进行调整。自 2018 年 11 月 1 日起，我国将降低 1585 个税目的进口关税，关税总水平从 9.8% 降至 7.5%。为适应产业升级、降低企业成本，本次主要对人民生产和生活所需的众多工业品实施降税，包括机电设备、零部件及原材料等工业品，共涉及税号 1585 个，平均税率由 10.5% 降至 7.8%，平均降幅约 26%。税低了、价低了、老百姓得实惠了。

（四）国际收支

国际收支是一个国家或地区调控贸易顺差和逆差，从而保持国家或地区经济财政收入平衡的一个重要方面，顺差多了、逆差多了都不好。

2018 年前三季度，货物进出口总额为 222839 亿元，同比增长 9.9%，增速比上半年加快 2.1 个百分点。其中，出口 118585 亿元，增长 6.5%，加快 1.8 个百分点；进口 104254 亿元，增长 14.1%，加快 2.5 个百分点。进出口相抵，顺差 14331 亿元，比上年同期收窄 28.3%。我国与主要贸易伙伴进出口均实现增长，对欧盟、美国和东盟进出口分别增长 7.3%、6.5% 和 12.6%。与部分"一带一路"沿线国家进出口增势较好，对俄罗斯、波兰和哈萨克斯坦进出口分别增长 19.4%、11.9% 和 11.8%。

2018 年 9 月，进出口总额为 28852 亿元，同比增长 17.2%。其中，出口 15492 亿元，增长 17.0%；进口 13360 亿元，增长 17.4%。前三季度，规模以上工业企业实现出口交货值 89729 亿元，同比增长 8.1%。2018 年 9 月，规模以上工业企业实现出口交货值 11839 亿元，增长 11.7%。

政治局会议提出要稳外汇，外汇不稳定涉及本币的问题，本币一旦出事整个金融就会出事，稳外汇两句话，一是人民币不能持续贬值，二是外汇储备量不能持续减少。2018 年 9 月我国外汇储备量减少了 228 亿元，已经到了 30800 亿元了，能不能守住，大家很关注，守不住也要守，一旦守不住金融风险就来了。

一个现实问题是正确处理好中美贸易战。大家知道中美贸易战现在已经越来越清晰，它不是简单的贸易战，是中美关系的重新调整，过去的中美关系适应不了现在的发展了，比如说美国在世界有金融话语权，中国要成为现代化强国也要有金融话语权，美国有金融话语权的一个重要原因是美元和石油挂钩，全世界的人石油交易都用美元交易，谁要买石油都要先搞到美元，美元是美国人印的，你要用是有利息的，因此它有很强的话语权，过去谁都不能碰这个点，萨达姆碰了一下，就引来了杀身之祸。现在中国已经触及到它了，2018 年我们做了一件很大的事，3 月在上海成立的交易所用人民币交易，人民币要和石油挂钩了，提出来以后俄罗斯响应，紧接着伊朗响应，我们正式宣布成员国在上海这个交易所交易之后拿人民币可以随便在交易所买黄金，人民币成了硬通货了。所以说，这些中美冲撞不是贸易问题，是关系怎么重新界定的问题。

有专家提出，中国在贸易战上一定要注意以下问题：

第一，冷静地、正确地看待中美贸易战。一是要保护好自己的核心利益，比如说中国现在经济的重要核心利益是在世界产业链上处于优势地位，能够辐射到发展中国家，中国目前处于整个世界产业链的最佳位置上，这是核心利益，是谈判中一定要保护的，一旦丧失我们就很麻烦。二是美方在谈判中讲的一些事情确实我方要改的还得改，我方不能拒绝，贸易战中美方批评我们，有一些批评是对的，我们要改，通过贸易战进行国内改革，人家提出来国有企业交易不公平的问题，提出来税收补贴的问题等，有些提出的问题要推动我们国内的改革，只要他们提的问题我们认为是符合市场经济方向的，我们国内会改，要通过贸易战反推中国国内改革。三是中美贸易关系战最后不能走向冷战，中国必须紧紧地抱住美国，我们不能走向冷战的思维，要继续和美国保持密切的关系和经济联系。美国政府现在有问题不要紧，我们和企业大力发展关系，这次我们进口贸易博览会，美国企业来了

180 家，企业的目的是利益，要实现双赢。所以中国千万不要被一些人的思维支配走向冷战。中美不能对立，应该走向双赢的状态。

第二，按照习近平的外交思想，加快全面开放中国市场。中国市场是世界最大的单体市场，中国一旦全面开放市场，我们将和世界融为一体，所以中国不仅要成为制造业大国，还要成为市场大国才行，只要成为市场大国，我们和世界将会拥抱在一起。开放市场，如各类产品市场（为了开放产品市场释放了四个信号：一是降低国外产品进入中国的市场准入条件；二是降低关税，现在降关税的产品达到3000多种，降关税的比例有的高达55%；三是在上海建永久性的进口贸易博览会；四是海南岛成为整个岛自贸港，整个岛取消关税。这四个信号预示着我们将全方面开放物质产品市场，它短期内会刺激国内消费，有这么多好产品进来了，而且很便宜，过去关税很高所以很贵，大家不买，现在这么便宜一定会买的，我建议喜欢奢侈品的同志你们再忍一忍，国内消费一定会促进起来的）。服务业市场，金融、教育、医疗等全方位开放（服务业开放人要进来，所以国务院成立新的移民局，物质产品开放是海关的问题，服务业开放是人进来的问题，所以成立新的移民局，要迎接这个时代，外国医生在中国行医，外国教授在中国执教不是遥远的未来）。国务院最近修改了外资进入中国的负面清单，负面清单就是什么事不能在中国干，负面清单从69项压缩到42项，大幅度压缩的负面清单将进一步放开中国的投资市场。

关于克强指数。旧指数：用电量、货运量、贷款量。新指数：就业量、收入量。

关于美国思维。美国人是乐天派，看形势聚焦在房子、车子、路子。他们说，你只要看到房子还在建着，车子还在造着，路子还在修着，就不用担心什么。一是其的基础盘子大，二是其科技支撑性力量大，几百年来，美国的增速甚至可以说是恒定的。2017年美国GDP增速是3%，依然是世界第一大经济体，这得益于其教育、文化（首先是文化帝国）、科技、资本霸主地位、宪法和战略定力。

三、对我国当前经济形势和趋势的一些看法认识

2018 年 10 月 31 日的政治局会议和 2018 年 7 月一样，是在月末的最后一天召开。3 个月间，经济景气周期下行的信号越发明确，所以说，这是在中国经济处在十几年来最低增速的关键时期的一次十分重要的会议，是一次只谈经济不谈其他的最高级别的会议，更是一次具有转折意义的会议。所以令国内外业界特别关注，因为这次会议将对国家经济形势和趋势做出一个基本的判断，并形成今后一个时期的政策指向。

那么中国经济到底怎么了？会议给出的基本判断是：当前经济运行稳中有变，经济下行压力有所加大，部分企业经营困难较多，长期积累的风险隐患有所暴露。对此要高度重视，增强预见性，及时采取对策。

怎么看这一段话，我的认识是稳中有变，这个变表现在下行压力大，企业经营困难多，什么原因，综合看，是否有这几点因素：一是防范金融风险的度没有把控好，我国是发展中国家，属于经济高负债、高增长型，执行中防风险、去杠杆的一些绝对化运作，不分青红皂白的收缩，使得高负债、高增长企业经营不下去了，这些企业一出问题，与其相联系的企业也跟着出问题了——资金链断裂了，整个经济就垮塌了。二是推进生态环保过程中的简单化问题。讲究生态、绿色、环保是对的，应该坚持。但是一刀切、绝对化，简单粗暴对待，使得一些企业停产歇业，或是倒闭关门，尤其是那些市县企业，那些沿河、沿江、沿海企业，那些被要求提高减排标准，进行生态修复的企业，

日子几乎过不下去了。三是中美贸易战带来了市场、心理等方面影响，还有劳动力成本的攀升等。这就需要再思考、再调整。我赞成有人说的我国经济不是进入衰退期，而是进入了一个调整期的观点。

现就我个人的认识，与大家交流一些思想，主要是谈谈这次会议传递出了一些什么信息、信号。这些信息、信号，可以说都是积极的、促进形势稳中向好转变的，我们说要乐观看待形势，就是看到了这些信息、信号。

（一）确认了当前经济下行的严峻性

这次会议延续了 2018 年 7 月 31 日会议"稳中有变"的提法，但深化了"稳中有变"的内核，指出我国经济正在从"面临一些新问题新挑战"，演变为"下行压力有所加大"——内需回落、贸易冲突，2018 年第三季度 GDP 增速滑落至 6.5%，2018 年 10 月的制造业 PMI（采购经理指数，是通过对采购经理的月度调查汇总出来的指数，反映了经济的变化趋势）跌至 50.2，经济供需两弱的现实。这是中央第一次坦承和确认了当前经济形势的严峻性。尽管会议认为出现这一状况是长期和短期、内部和外部等因素共同作用的结果，但要走出这个困局，并非一日之功。这次会议，没有再提及"扩大内需"，只是说要确保经济平稳运行。2018 年 4 月和 2018 年 7 月政治局会议上，都提到了"扩大内需"和"结构调整"，不同的是 2018 年 4 月"扩大内需"后，2018 年 7 月将"扩大内需"置于"结构调整"之前，以应对经济下行压力这次根本没有提及。这从一个方面说明中央对于经济下行的容忍程度可能要高于市场预期，所以沿用了 2018 年 7 月会议确立的直接以基建补短板的政策思路，但并没有在地方债务监管和金融监管上做配套的实质性放松。

（二）财政政策会更积极，货币政策会有限宽松

积极地使用财政政策，让财政政策更加积极，财政政策短期内对

稳增长有极强的作用，所以要使用好积极的财政政策。财政政策稳增长有两条途径：一是减税费，税费必须降下来，应该大幅度减税费，我估计2018年剩下的这一两个月到明年这段时间，减税费一定会到位的。二是加大财政投资，财政投资不能搞经营性投资，只能搞基础设施或民生投资。如果税费能降下来，财政能加大对基础设施和民生的投资，则对调理今年、稳定明年经济应该问题不大，从我知道的信息来看，确实可能要动真格的了，保证增长速度不能过度回落。国家财政部长刘昆在《学习时报》发表的署名文章也进一步明确了这两个方面的内容。

这次会议虽然沿用了2018年7月会议积极财政政策和稳健货币政策的基调，但财政政策方面，可能已经从支出端宽财政，如扩大基建投资，转向收入端宽财政，加大减税力度。在提高个税起征点、落实抵扣之后，近期有不少官员表示将有更大减税方案出台。货币政策方面，易纲行长（人民银行行长）在2018年10月的专访中，已经透露出了很明显的信号，货币政策将以国内因素为主。在经济下行信号越发明确的当下，即使是主要国家货币政策收紧，预计央行还会延续当前的宽货币政策，同时通过一些定向政策，引导资金流向民企和中小企业等。

近年来，一些民营企业在经营发展中遇到不少困难和问题，有的民营企业家形容为遇到了"三座大山"：市场的冰山、融资的高山、转型的火山。这说明在当下，解决民营企业融资难、融资贵问题已成为当务之急。

对此，习近平主持召开的民营企业座谈会提出，要优先解决民营企业特别是中小企业融资难甚至融不到资问题，同时逐步降低融资成本。

如何帮民企翻越"融资高山"？央行行长易纲表示，央行正会同有关部门综合施策，从债券、信贷、股权三个主要融资渠道发力，用好"三支箭"，支持民营企业拓宽融资渠道，帮助民营企业渡过难关。

其中，"第一支箭"是将进一步扩大民营企业债券融资支持工具试点范围，帮助更多民营企业通过债券市场获得融资；"第二支箭"是信贷支持，也就是综合运用货币信贷政策工具，引导金融机构对民营企业增加信贷投放；"第三支箭"是研究设立民营企业股权融资支持工具，为出现资金困难的民营企业提供阶段性的股权融资支持。

易纲说：民营企业和小微企业面临的实际困难，我们有"真金白银"的政策措施帮它们解决。人民银行今年增加的3000亿元再贷款、再贴现额度，是一个政策的引子，是"四两拨千斤"的引导，还要依靠大银行、股份制银行、中小金融机构一起给民营企业贷款。

（三）加大基础设施领域补短板力度，应对经济下行

这是这次会议提出的直接应对经济下行压力增大的一个主要措施和任务，其实这是这几年我们已经看到的一直在做的事情，但是，今年（2018年）以来，固定资产投资增速有"逐月放缓"迹象；1~7月增长5.5%，比1~6月下降0.5个百分点。1~8月增长5.3%，比1~7月又下降了0.2个百分点。"基础设施投资增长4.2%，增速比上年同期下降了15.6个百分点，基础设施投资增速回落成为投资增速放缓的主要原因"。这是国家发改委投资司一位领导在2018年9月18日召开的"加大基础设施等领域补短板力度稳定有效投资"专题新闻发布会上讲的。2018年7月31日召开的中共中央政治局会议上，就明确提出了"稳投资"，要把补短板作为当前深化供给侧结构性改革的重点任务，加大基础设施领域补短板的力度，这次会议更加强调了这一点。

全国工商联环境商会首席政策专家骆建华向《华夏时报》记者指出，"经济运行有个'逢八必危'的规律，1998年是东南亚金融风暴，2008年是美国次贷危机，2018年则是中美贸易战。从以往经验看，应

对这种情况，投资拉动是比较有效的手段，高铁、高速公路、基础设施等对经济的拉动效应是最直接、最有效的"。按照发展经济学的理论，发展中国家应该承担起推进工业化的责任，而工业化进程中，要适时适量地进行公共基础设施建设，做到促生产、惠民生。中华人民共和国已走过近70个年头，我国在公共设施方面还有很大的短板，如交通、环保等。尽管这些年我们补短板工作已经取得了积极成效，如一批铁路重大项目建成运行，截至2017年底，高速公路通车里程已达13.6万公里，而我们现在处在经济新常态、中美贸易战、经济持续下滑的非常时期，就更需要聚焦基础设施领域突出短板，保持有效投资力度，确保经济运行在合理区间。

就在中央政治局开会的当天，国办出台了《关于保持基础设施领域补短板力度的指导意见》（以下简称《指导意见》），可以看出，这次的政策其实还是三季度政策的延续。补短板，具体是指哪些?《指导意见》明确指出，它主要是支持"一带一路"建设、京津冀协同发展、长江经济带发展、粤港澳大湾区建设等重大战略，围绕打好精准脱贫、污染防治攻坚战，着力补齐铁路、公路、水运、机场、水利、能源、农业农村、生态环保、公共服务、城乡基础设施、棚户区改造等领域的短板。操作层面，"补短板"既要充分发挥市场配置资源的决定性作用，积极鼓励民间资本参与，也要积极发挥政府投资引导带动作用，为市场主体创造良好的投资环境。

（四）解决中小民营企业问题成为当前的政策重点之一

针对"部分企业经营困难较多"的问题，会议再次提出要坚持"两个毫不动摇"，要促进多种所有制经济共同发展，研究解决民营企业、中小企业发展中遇到的困难。

相比国企，民企利用更少的资产、更低的负债，创造了更多的利润，但由于以往信贷资源倾向于政府主导的国企，过去两年，民企因缺乏信贷资源，日子过得并不好，这也正是制造业投资下滑的关键原因。我看到一个数据，说2016年国企占据新增贷款的78%，民企只占新增贷款的17%；但是2017年国有工业企业净资产收益率只有9.9%，远低于民营工业企业同期的19.6%。所以中央提出纾解民营中小企业困难，既有助于促进公平，也有助于提升效率、提振经济。解决民营中小企业融资问题成为当前的政策重点之一。

政治局会前，已有信号显示出决策层对民企问题的重视，习近平于2018年10月20日给"万企帮万村"行动中受表彰的民营企业家回信，对民营企业踊跃投身脱贫攻坚予以肯定，勉励广大民营企业家坚定发展信心，踏踏实实办好企业。信中特别强调"民营经济的历史贡献不可磨灭，民营经济的地位作用不容置疑，任何否定、弱化民营经济的言论和做法都是错误的"。"支持民营企业发展，是党中央的一贯方针，这一点丝毫不会动摇"。2018年10月19日上午，中共中央政治局委员、国务院副总理刘鹤就当前经济金融热点问题接受《人民日报》记者龚雯、新华社记者赵承、中央电视台记者许强的联合采访时指出：目前，在坚持"两个毫不动摇"的实际执行过程中，存在一些误解和偏差，比如说有些机构的业务人员认为，给国有企业提供贷款是安全的，但给民营企业贷款政治上有风险，宁可不作为，也不犯政治错误。这种认识和做法是完全错误的。我们必须从讲政治、讲大局的高度认识这个问题。民营经济在整个经济体系中具有重要地位，贡献了50%以上的税收，60%以上的GDP，70%以上的技术创新，80%以上的城镇劳动就业，90%以上的新增就业和企业数量。如果没有民营企业的发展，就没有整个经济的稳定发展；如果没有高质量的民营企业体系，就没有现代产业体系，支持民营企业发展就是支持整个国民经济的发展。那些为了所谓"个人安全"不支持民营企业发展的行为，在政治取向上存在很大问题，必须坚决予以纠正。对民营企业，要强调"四个必须"：一是必须坚持基本经济制度，充分发挥中小微企业和民营经济在我国经济社会发展中的重要作用。二是必须高度重视中小微企业当前面临的暂时困难，采取精准有效措施大力支持中小微企业发展。三是必须进一步深化研究在减轻税费负担、解决融资难题、完善环保治理、提高科技创新能力等方面支持中小微企业发展的政策措施。四是必须提高中小微企业和民营经济自身能力，不断适应市场环境变化，努力实现高质量发展。最近，国务院促进中小企业发展工作领导小组办公室、全国工商联等要专门到各地了解基本经济制度的落实情况和中小微企业的发展情况，希望大家给予支持；2018 年 10 月 18 日（周四），国务院促进中小企业发展工作领导小组开会，这是该小组第二次开会；2018 年 10 月 20 日（周六），国务院金融稳定发展委员会召开专题会议，中国金融决策者们周末集体加班；两次重要会议，一波访谈攻势，还有最高领导人情深意切的一封回信，都有一个共同的重点：民营经济。还有习近平此前在东北考察时的讲话、李克强总理在浙江（民营经济发祥地、发达地）考察中的表态，都有着很强的现实针对性。

2018 年 11 月 8 日，中共中央政治局常委、国务院总理李克强主持召开经济形势专家和企业家座谈会，就当前经济形势、谋划明年发展听取意见建议。李克强说，促进发展一个关键环节是要为企业营造良好的营商环境，围绕企业关切和诉求完善政策，设身处地帮助民营企业、小微企业克服困难。要在深化改革上下功夫，更大激发市场活力和社会创造力。持续推进"放管服"改革，进一步减少审批事项，扩大民营企业市场准入，鼓励和支持它们进入基础设施、基础产业等领域，保障公平竞争。以推动大众创业、万众创新为抓手支撑更多就业，支持各类企业瞄准市场需求攻克关键技术难关，不断增强自身竞争力，促进新动能加快成长。要在扩大开放上下功夫，对国有、民营、外资等各类企业一视同仁，使它们投资兴业更加便利、合法权益得到更好保护。

从这些大事，可以明确感受到的一点是：中央对存在的问题非常清醒，更在动真格解决问题。这些重大信息中还有两个字很亮——落实。2018年10月22日，央行设立民营企业债券融资支持工具支持民营企业债券融资。同日，央行宣布再增加再贷款和再贴现额度1500亿元，支持金融机构扩大对小微民营企业的信贷投放。可以预见，未来多种政策工具将共同作用化解融资问题，特别是在解决民营企业融资问题方面，可能仍会有延续性政策出台。

尤其是2018年11月1日，习近平总书记主持召开民营企业座谈会提出要抓好六个方面政策举措落实：①加大减税力度、减轻企业税费负担；②解决民营企业融资难、融资贵问题；③营造公平竞争环境（打破各种各样的"卷帘门""玻璃门""旋转门"，鼓励民营企业参与国有企业改革）；④完善政策执行方式（不能不问青红皂白对民营企业断贷抽贷，在安监（安全监管）、环保（环境保护）等领域微观执法过程中避免简单化，坚持实事求是，一切从实际出发，执行政策不能搞"一刀切"）；⑤构建亲清新型政商关系（各级党委和政府要把构建亲清新型政商关系的要求落到实处，把支持民营企业发展作为一项重要任务，对支持和引导国有企业、民营企业特别是中小企业克服困难、创新发展方面的工作情况，要纳入干部考核考察范围）；⑥保护企业家人身和财产安全（保障其合法的人身和财产权益，保障企业合法经营。以发展的眼光看问题，按照罪刑法定、疑罪从无的原则处理，让企业家卸下思想包袱，轻装前进），出台相应的一系列政策措施。

（五）"坚决遏制房价上涨"有所弱化，基建投资成稳经济主要发力点

"7.31"会议明确提出"坚决遏制房价上涨"，未来各房价上涨压力较大的核心城市对房地产需求端从严、从紧的调控或将持续趋严成为市场一致预期。但本次会议并未提及房价的严格调控，配合此次印发《国务院办公厅发布保持基础设施领域补短板力度的指导意见》，基建仍然延续"7.31"会议基调，使当前经济发展更加重视"六稳"的进一步深化与落地。我们认为，在房地产调控弱化，基建发力的背景下，实施更加积极的财政政策或带来进一步的宽松刺激。这次政治局会议，仍然没有提房地产，也没有提去杠杆，反而是增加了"当前经济运行稳中有变，经济下行压力有所加大，部分企业经营困难较多，长期积累的风险隐患有所暴露。对此要高度重视，增强预见性，及时采取对策"的震撼提法，显然这是对冲四个月前政治局会议提出的"下决心解决好房地产市场问题，坚持因城施策，促进供求平衡，合理引导预期，整治市场秩序，坚决遏制房价上涨。加快建立促进房地产市场平稳健康发展长效机制"，这个一增一减就是两次相邻政治局会议最明显的信号，标志着四个月前的房地产调控出现转折，而这个转折就是对冲经济下行压力有所加大。明年可能影响我们最大的产业就是房地产产业，房地产产业一方面不能让房价无限度地上涨，泡沫不能继续吹大，但是房价也不能无限度下跌，一旦下跌等于泡沫就被刺破了，也很让人头疼。我们中国人财富65%以上资产为房产，一旦房价大跌，等于所有中产阶级的财富要缩水，而且一旦出现房价暴跌，整个信用关系将受到冲击。实际上，一定意义上的土地财政需求，房地产一直在各地发展中都是居于中坚地位，前三季度，全国房地产开发投资88665亿元，同比增长9.9%，领跑GDP。

相信这次政治局会议"高度重视，增强预见性，及时采取对策"的提法是给那些职能部门看的，也就是说，让这些职能部门以经济下行压力有所加大为指导核心，及时制定防止经济下行的政策，具体到哪些政策，各个职能部门就会让新的方案鱼贯而出。

四、以中央会议为指导，推进河南经济稳步发展

2018 年 11 月 2 日，河南省委常委会召开会议，传达学习习近平总书记在中共中央政治局会议分析当前经济形势和经济工作时的重要讲话精神。常委会议认为，今年以来，面对复杂严峻的经济形势，全省经济运行总体延续了稳中向好的态势，主要指标总体稳定，经济结构继续优化，就业形势总体较好，效益继续改善，风险得到了稳控，成绩来之不易。会议指出，各级党委、政府要把思想统一到中央对经济形势的判断上来，统一到习近平总书记对经济发展的要求上来，提高工作的预见性、前瞻性，增强信心、保持定力，聚焦高质量发展，扎实做好当前工作，抓好重大工作部署落地见效，确保完成年度各项任务。也就是说，要保持定力、有所作为，在持续巩固良好态势的同时，切实提高应对和化解风险的能力，围绕三大攻坚战、产业结构调整、民营经济发展等重点抓好落实。

应该说，河南省 2018 年前三季度经济总量排名与上年同期及今年上半年一致，继续保持了 3 万亿元级别，以 3.55 万亿元的经济总量排名中部六省第一，超过湖北近 0.8 万亿元。河南增速高于全国平均水平 0.7 个百分点——7.4%，居中部六省第五位（今年是江西 8.8% 居第一位），与上年同比放缓 0.7 个百分点，上年同期为 8.1%。

2018 年前三季度，全省居民消费价格同比上涨 2.4%，涨幅与上半年持平；工业生产者出厂价格同比上涨 4.2%，涨幅比上半年回落 0.4 个百分点；2018 年前三季度，全省规模以上工业企业增加值增长 7.3%，比上半年回落 0.4 个百分点，高于全国平均水平 0.9 个百分点；2018 年前三季度，全省固定资产投资增长 8.3%，比上半年回落

1.0 个百分点，高于全国平均水平 2.9 个百分点，其中，民间投资增长 4.9%，增速与上半年持平；2018 年前三季度，全省社会消费品零售总额完成 14869.91 亿元，增长 10.6%，比上半年回落 0.5 个百分点，增速高于全国平均水平 1.3 个百分点；2018 前三季度，全省房地产开发投资额完成 4840.23 亿元，同比下降 0.6%；2018 年前三季度，全省进出口总值 3668.2 亿元，增长 16.3%，增速比上半年提高 14.2 个百分点。其中，出口 2307.3 亿元，增长 22.1%，比上半年提高 15.0 个百分点；进口 1360.9 亿元，增长 7.6%，比上半年提高 13.8 个百分点；2018 年前三季度，全省居民人均可支配收入 15651.34 元，增长 8.9%，增速比上半年回落 0.2 个百分点，高于全国 0.1 个百分点。其中，农村居民人均可支配收入增长 8.5%，比上半年回落 0.2 个百分点；城镇居民人均可支配收入增长 7.9%，同比回落 0.1 个百分点；2018 年前三季度，全省规模以上工业企业中的高新技术产业、战略性新兴产业增加值分别增长 11.9%、12.8%，分别高于全省规模以上工业企业增速 4.6 个、5.5 个百分点。

上述数据说明河南增长的基本态势不错。现在省委省政府关注和运作的主要有：

一是打赢三大攻坚战（精准脱贫、防控风险、防止污染），加大传统产业转型升级，改善营商环境、深化国企改革、推进民企发展。

二是打好"四张牌"，（产业结构优化升级、创新驱动发展、基础能力建设、新型城镇化），让中原更加出彩，王国生书记号召人人争做出彩河南人。

三是发展好"三区一群"（自由贸易区、自主创新示范区、郑州航空港经济综合实验区、中原城市群），作为河南经济发展的基本载体，利用好多个国家战略叠加效应。

四是规划建设郑州国家中心城市（从规划到建设到建成大约需要 25～30 年，武汉提出到 2035 年基本建成，2050 年前全面建成，2017

年武汉 GDP 是 13410.3 亿元，郑州是 9130.2 亿元；2017 年武汉招商引资实际到位资金 8226.6 亿元，郑州市 2017 年 1～11 月实际到位资金 1935.47 亿元；武汉世界 500 强中的 256 家在汉投资实际到位资金 96.47 亿美元，郑州市全部外资到位为 32.86 亿美元，任重道远）。

五是乡村振兴战略贯彻实施（至少要有两点认识：①乡村振兴战略的基础是产业兴旺、产业振兴、产业支撑；②要从战略高度认识乡村振兴战略。提出乡村振兴战略的背景是我们现在处于经济新常态。新常态怎么认识？其标志性内容是：尽管经济发展的机遇和挑战都有，但整体经济形势严峻，不容乐观，既要稳发展，又要从长计议，寻找突破口，伺机实现经济的全面复苏。那么这个突破口在哪儿？还是从最薄弱点，又不影响大局的农业农村切入。在中国共产党近百年、中华人民共和国近 70 年的历史进程中，也许这可以被称为第三次农村包围城市——第一次毛泽东发动和领导了走农村包围城市的路子，成立了新中国；第二次是改革开放的 20 世纪 80 年代，城市改革遇到了理论上的、制度上的困惑，便又选择了转向农村、变革农业经营体制机制，推进农村农业经济改革进展，并以农村改革的成功与经验，促进和带动报告期城市的改革；这一次乡村振兴战略的提出，同样是在改革的十字路口做出的一种抉择，经济持续下滑，短期难以回暖，所以，我们一方面在研讨酝酿出路，另一方面又必须围绕全面建成小康目标解决"三农"问题，这就是乡村振兴战略的背景依据。所以专家们也好、领袖们也好，看得很重）。

六是坚持经济新常态下的政策定力：宏观政策要稳、产业政策要准、微观政策要活、改革政策要实、社会政策要托底。以党建设的高质量发展推动河南经济的高质量发展。

综上所述，我国 2018 年前三季度，GDP 增速 6.7%；核心 CPI 上涨 2.0%，和上半年持平；全国居民人均可支配收入实际增长 6.6%，和经济增长速度也基本同步；城镇新增就业超过 1100 万人，提前一个季度完成全年的目标任务；服务业增加值增长 7.7%，保持较快增长，这说明我国经济运行在合理区间，保持总体平稳、稳中有进发展态势，"实现了经济社会持续健康发展"。虽然经济运行面临更多外部不确定性，但我国经济自身有很强韧性，只要贯彻了中央的部署要求，集中精力把自己的事情做好，推动增长从传统动能向新动能转变，我国经济有条件保持稳健态势。

亦如习近平在 2018 年 11 月 5 日出席首届中国国际进口博览会开幕式上的讲话中指出的，对中国经济发展前景大家完全可以抱着乐观态度，中国经济发展健康稳定的基本面没有改变，支持高质量发展的生产要素条件没有改变，长期稳中向好的总体势头没有改变，中国宏观调控能力不断增强，全面深化改革不断释放发展动力，随着共建"一带一路"的扎实推进，中国同"一带一路"沿线的投资与贸易合作加快推进，中国具有保持经济长期健康稳定发展的诸多有利条件。

2018 年 11 月 6 日上午，国家副主席王岐山应邀出席 2018 年创新经济论坛（首届创新经济论坛于 2018 年 11 月 6～7 日在新加坡举行，旨在针对全球性重要议题和复杂挑战，协助各国探寻可行性的解决方案）开幕式的致辞中说，中国特色社会主义进入了新时代。历史、现实和未来紧密相连。了解中国的历史文化，才能理解中国选择的道路、理论、制度以及文化支撑。中国改革开放 40 年的巨大成就，离不开新中国成立以来近 70 年的艰苦奋斗；而要理解近 70 年的新中国历史，必然追溯到 1840 年。从被列强打倒的那一刻，不屈的中国人民就一直苦苦寻觅再次站起来、富起来、强起来。勤劳、智慧、节俭、勇敢、包容、开放是中华民族的基因，历经苦难和辉煌，铸就了 5000 多年连贯的中华文明，独特的历史文化决定了中国只能走有自己特色的道路。人类史上的复兴，是对有过辉煌的历史而言。

中国社会主要矛盾已经转化为人民日益增长的美好生活需要和不平衡不充分的发展之间的矛盾，中国经济已由高速增长阶段转向高质量发展阶段。中国依然是一个发展中大国，将坚持立足于做好自己的事，统筹推进经济建设、政治建设、文化建设、社会建设和生态文明建设"五位一体"总体布局，践行新的发展理念。我们坚信，中国的未来会更平衡、更健康、更美好。

2018年11月6日下午，李克强在钓鱼台国宾馆与主要国际经济金融机构负责人举行第三次"1+6"圆桌对话会。6位国际金融机构负责人围绕"促进中国与世界经济在开放合作中寻求共赢"的主题，分别对中国经济改革发展的成就做出积极评价，对中国经济前景表达乐观预期。

李克强总理说，"习近平主席日前在首届中国国际进口博览会开幕式上强调，中国开放的大门只会越开越大，推动高水平开放的脚步不会停滞"。

李克强表示，中国将保持经济政策的连续性，不会搞"大水漫灌"，不会单纯依赖投资和出口，而是继续实施积极的财政政策和稳健的货币政策，加强定向调控和相机调控。大力推动简政、减税、降费，采取更加有效的措施化解民营企业、小微企业融资难、融资贵问题。放宽民营经济的市场准入，加大服务业、金融业开放力度，营造国企、民企、外企公平竞争、一视同仁的营商环境，进一步激发市场主体活力和社会创造力。

"中国有全世界最大的市场，这是中国经济巨大潜力所在；中国有全世界最丰富的人力人才资源，这是中国经济的最大支撑力所在。"李克强说，"中国经济发展长期向好的基本面没有改变。在支持多边主义和自由贸易、推动开放型世界经济的进程中，中国的发展将成为国际社会共享的机遇，会助力世界经济平稳复苏和包容增长"。

2018年11月8日《世界互联网发展报告2018》和《中国互联网发展报告2018》蓝皮书在我国杭州第五届世界互联网大会上发布。报告数据显示，2017年，中国数字经济总量达27.2万亿元，数字经济对 GDP 增长贡献率达 55%。

报告指出，当前，以互联网为代表的信息技术和人类生产生活深度融合，成为引领创新和驱动转型的先导力量。2017 年，全球数字经济规模达到 12.9 万亿美元，美国和中国位居全球前两位。全球电子商务市场保持快速增长势头，交易额达 2.3 万亿美元，亚洲、拉丁美洲、中东、非洲等新兴市场成为新的增长点。

报告指出，今年（2018 年）以来，我国信息基础设施持续升级，网络信息技术取得积极进展，数字经济发展势头强劲，网络安全保障能力显著提升，网络空间日渐清朗，网络文化日益繁荣。截至 2018 年 6 月，中国 4G 用户渗透率进入全球前五，5G 研发进入全球领先梯队，电子商务市场规模位居全球首位。

我们再看河南。河南经济在省委十届六次全会精神指引下，正在跃马扬鞭，进入新时代，做着新贡献。我看 10 月末《河南日报》有一则消息，也是说 2018 年前三季度，河南经济总量同比增长 7.4%，保持了持续稳定向好的发展态势，总体运行符合预期，企业、居民、政府的"钱袋子"增长态势良好，具体表现为：

企业有利润。工业企业利润总额同比增长 16%，其中省属工业企业利润总额同比增长 45%。

居民有收入。居民人均可支配收入同比增长 8.9%，增速持续跑赢 GDP。

政府有税收。一般公共预算收入同比增长 13.2%，地方税收同比增长 17.9%。

信心比黄金更重要。三个"钱袋子"的数据平稳增长显示：面对严峻复杂的国内外形势，省委省政府深入贯彻习近平新时代中国特色社会主义思想，成功应对一系列风险挑战，稳住主要经济指标，稳住发展预期，取得高质量发展积极成效。

亦如王国生书记在今年（2018 年）外交部河南推介会上讲的，用中国三句古诗结束我的故事。"若问古今兴废事，请君只看洛阳城"，说的是昨天的河南历经沧桑；"忽如一夜春风来，千树万树梨花开"，说的是今天的河南生机盎然；"长风破浪会有时，直挂云帆济沧海"，预示着明天的河南会更加美好。新时代的河南诚邀天下英才、共享出彩机遇。河南人说得最多的方言是"中"，意思是"好"，我把这个字送给大家，寓意着大家来河南投资兴业将会"豫"来"豫"中。

　　一家之言，不吝赐教。谢谢大家！

（2018 年 11 月 13 日于郑州财经学院小礼堂）

对当前经济形势的几点认识

感谢河务局的同志们让我来这里与大家交流，我也愿意，并且很高兴与大家交流，借此机会我把自己的一些认识汇报一下，不当的地方尽可以批评指正。也欢迎大家提问，我喜欢面对面交流。

这是一次理论学习，所以我与大家交流三点具体内容：①大形势一是求"稳"，二是深"改"；②大形势下的高层部署与政策指向；③提振信心，正确认识当前经济形势。

领袖们也好，中央深改组也好，这两年也好，今年以来也好，党的十九大召开前夕也好，其实从北京传递出来的基本信息实际上就两个字，一是"稳"字，二是"改"字。"稳"，就是稳中求进，稳中求好，保持经济社会大局的稳定和谐；"改"，就是深化体制改革，尤其是深化经济体制改革，就是以供给侧结构性改革为主线，或者说以"三去一降一补"五大任务为抓手，务实调整经济结构，转变经济方式，解决好国民经济重大比例关系的失衡问题、良性发展问题。

一、大形势下的高层部署与政策指向

大家如果注意了，河南省委省政府这两年，尤其是今年以来，提出并督促的所谓攻坚任务是：脱贫扶贫；国企改革；大气防治污染；

传统产业升级；等等。其实，从中央到地方，都在做着这几件事情。

脱贫扶贫关乎 2020 年全面建成小康社会的大目标、大战略问题。习近平总书记前一段在山西考察时召开了一个座谈会，他说，党的十八大以来，中央把贫困人口脱贫作为全面建成小康社会底线任务和标志性指标，在全国范围全面打响了脱贫攻坚战。力度之大、规模之广、影响之深、前所未有。我个人认为，脱贫扶贫也是习近平主政第一阶段着力解决的社会问题之一（社会问题包括"三农"问题、就业问题、分配问题、腐败问题等），"三农"问题的核心是增加农民收入，而现实中首先要面对和解决的就是将近一亿贫困人口的脱贫问题，而且要把脱贫问题放到政治的高度来认识和看待。

最近四年贫困群众生活水平明显提高，贫困地区面貌明显改善，全国减贫 5000 万人（到 2020 年还有 4000 万人）。联合国秘书长古特雷斯高度评价，说过去十年，"中国是为全球减贫做出最大贡献的国家"。联合国《2015 年千年发展目标报告》显示，中国对全球减贫的贡献率超过 70%。改革开放以来，我国有 7 亿多农村人口脱贫。

河南是一个农业大省、人口大省、发展中的大省，因此，贫困问题及其解决，无疑是一个制约河南与全国人民一道在 2020 年全面建成小康社会的抹不过的坎儿。河南省委省政府在这一点上也是抓得很紧，尽管出了一些问题，但整体上中央还是给予肯定的，在全国也是走在前面的。如落实精准扶贫、精准脱贫基本方略，努力使贫困地区农村居民收入增速高于全省平均水平，2125 个贫困村达到脱贫标准、退出贫困序列，兰考、滑县摘帽脱贫，全省 677 万农村贫困人口稳定脱贫。

国企改革关系到中国共产党的领导地位，关乎社会主义道路，有人说，国企改革改好了，中国的改革也就算成功了。我们现在一些人，包括学者专家、公务人员、一般老百姓，缺乏自己的主见，过于相信别人，认为什么都是国外的好。我们应当借鉴人类发展中一切有益的理论和实践经验，但不是照搬照套照抄，我们所思、所想、所做的一切都应该有自己的判断和主见，都应该反映自己的国情特点，都应该体现历史的、文化的延续传承。

我不赞成一些人总是说我们这不行、那不行，总是希望用西方经济学、西方的一套来替代现在，实际上是不切合实际的。历史的经验告诉我们，照搬照套别人的从来都没有成功的，而且往往又会受制于别人（陈奎元说）。一些人推捧西化、私有化、自由市场化，根本的是要推翻共产党的领导、推翻社会主义道路，因为经济基础决定上层建筑，以私有化为基础的市场经济是不需要共产党的领导的。

我们今天每一个共产党员一定要有这个政治素养，即改革开放是要完善共产党的领导和社会主义制度，而不是要否定共产党的领导和社会主义制度。

巴黎公社存活了 71 天，原苏联社会主义存活了 71 年，中国社会主义即将走过 70 年，这就是历史，这就是事实，所以习近平提出了道路自信、理论自信、制度自信、文化自信四个自信。

记住，西方经济学冠以"西方"这两个字眼，并不只是一个地域概念，它本身也是一个政治概念，它的贸易往来、经济互动，无不贯穿着政治，决定于政治考量（吉炳轩有一个说法，他说，政治经济学，政治是个定语，政治是第一位的，经济学研究，首先要有的是政治意识、政治立场、政治概念）。我们可以汲取有益的、科学的成分，但绝不可以盲目地跟着跑，跟着起哄。所以做人做事、看人看事一定要有度，要做纵的、横的比较，要有是非观念，要有政治素养。

我最近看到网上流传一篇林毅夫在他的学术生涯 30 年研讨会上的演讲，说是"中国经济学界应扬弃'西天取经'的信念"。说他在北大读了硕士后，到美国芝加哥大学读博，感觉学到了不少真经，但回国后发现应用不上，抱怨中国政府的一些做法，缺乏理论指导，后来渐渐地认识到中国不是不按游戏规则出牌，而是国情特点决定了它不可能，也不允许按照西方那一套路子走，必须坚持走中国特色的路子，所以，西方的很多东西在东方行不通，不要总是唯西方论。我赞成林教授的思想。

2017 年初网上传出原来曾经做过邓小平的翻译，北京大学的张维为教授做的一次演讲。他说他到英国，有人问他，你感觉中共十九大还能开吗？张维为回答说，西方对中国的预测从来就没有准确过。所以要有自信。西方的制度体制实际上是工业革命前的，其现在出现的种种问题就是一个证明。西方为什么要打压我们，就是我们进步了，我们发展了，我们在许多领域，或将要在许多领域超过它们。

一些人以市场化发展为理论，一心想把国有企业全部摧毁，这是要毁掉共产党的物质根基，这是要推翻社会主义制度。我们现在实施多样产权，混合所有，建立现代企业制度，股份化经营，是在寻求国有企业发展的所有形式、多个路径，而非要毁灭。

二、提振信心，正确认识当前经济形势

当前经济形势是严峻的，这既有世界经济的低迷影响，也有我们自身经济中的问题。但一个事实是，我们的经济增速、就业、价格、国际收支，应该说都仍然保持在合理的、预期的范围内，只要我们有 6% 的增速，我们每年安置 1100 万人的就业就没有问题，我们的价格除了受国际市场影响因素外，基本上都在政府年度预期控制指标，我们的国际收支，无论是顺差还是逆差，都还在正常水平，一些数据我在这里就不再一一列举了。河南的经济增速基本上一直保持在高于全国 1 个多百分点，"三化协调""四化同步"在国家多个战略叠加政策效应贯彻中有序推进，每年河南省政府提出的 10 件民生工程基本上件件落实。

我喜欢美国人的性情，美国人是乐天派，他们看形势聚焦在房子、车子、路子。他们说，你只要看到房子还在建着，车子还在造着，路子还在修着，就不用担心什么。一是它的基础盘子大，二是它的科技支撑性力量，几百年来，美国的增速甚至可以说是恒定的。

　　这里我想指出的一点是，我们的经济进入了新常态，但是我们似乎又进入了一个误区。我们现在一提起经济新常态，大家意识中、议论中，讲得最普遍、最多的是经济下滑，经济下行压力大，经济形势不好，悲观消极。其实，经济新常态突出的是一个"新"字，也就是说，我们既要看到这是一次经济大调整，经济大变革，甚至也可以说是一次经济的重新洗牌，或者叫重组再造，更要看到扑面而来的现代信息技术、互联网、物联网、信息港、大数据、云平台，正在改变和孕育着新经济，即知识经济，网络经济，从而出现新的经济业态、新的经济方式、新的经济系统，有的叫新产业、新业态、新商业模式，这意味着人类经济社会将进入新的时代，我们必须直面应对，这才是真正的机遇和挑战，置身于经济新常态，一定要乐观向上，要充分认识并顺势有为。这是我们应该持有的认识和姿态，也是这样，省委省政府提出了要建立网络经济大省、强省的决策与谋略，我们一定要认识到这一点。

　　　　　　　　　（2017 年 8 月 24 日于小浪底河务局干部培训班）

当前宏观经济形势与企业转型升级战略

一、关于当前宏观经济形势

(一) 总体认识

最近国家统计局及有关媒体先后公布了 2018 年第一季度经济指标,应该说是延续了这几年稳中向好,稳中有进的基本态势。今年第一季度我国 GDP 为 198783 亿元,按可比价格计算,比上年同期增长 6.8%(河南首次第一季度 GDP 突破万亿元大关,为 10611 亿元,同比增长 7.9%,高于全国 1.1 个百分点,居中部六省之首)。其中,第一产业增加值 8904 亿元,比上年同期增长 3.2%;第二产业增加值 77451 亿元,比上年同期增长 6.3%;第三产业增加值 112428 亿元,比上年同期增长 7.5%。

值得指出的是,服务业对经济增长贡献率首次超过 60%,达到 61.6%;消费对经济增长贡献率达到 77%;规模以上工业企业增加值同比增长 6.8%,比 2017 年上升了 0.2 个百分点,说明国家工业生产状况良好,微观经济根基稳健;固定资产投资同比增长 7.5%,高于上年 0.3 个百分点,分析认为主要是民间投资和房地产投资明显回升,但是制造业投资已然低迷，大约在 4%，高科技领域投资增长乏力，分析认为主要是存在缺技术和缺创新两个短板。就业目标稳步推进，年底实现 1300 万元应该没有问题；价格总体平稳，2018 年 2 月 CPI 有点高，为 2.9%，2018 年 3 月回落到 2.1%，全年物价应该可以保持在 2.2% 左右。国际收支基本保持平衡大势。

专家预测，2018 年 GDP 增速为 6.7%，2019 年为 6.6%，2020 年为 6.5%，实现翻两番目标应该没有问题。

亦如国家统计局新闻发言人邢志宏在回答记者提问时说的，"今年第一季度我国经济发展稳中有进、进中育新，国民经济延续了稳中向好的态势，转型升级深入推进、质量效益持续提升、经济发展开局良好"。

但也有一些问题值得关注，比如到 2020 年，我们有 3000 多万人口脱贫的压力，也就是说，一年实现脱贫 1000 万；此外，实现金融风险、大气污染的防控。

（二）具体认识

习近平在党的十九大报告里有一段话，无论是党政部门，还是企业界，我觉得我们要注意学习消化，他说：我国经济已由高速增长阶段转向高质量发展阶段，正处在转变发展方式、优化经济结构、转换增长动力的攻关期，建设现代化经济体系是跨越关口的迫切要求和我国发展的战略目标。必须坚持质量第一、效益优先，以供给侧结构性改革为主线，推动经济发展质量变革、效率变革、动力变革，提高全要素生产率，着力加快建设实体经济、科技创新、现代金融、人力资源协同发展的产业体系，着力构建市场机制有效、微观主体有活力、宏观调控有度的经济体制，不断增强我国经济创新力和竞争力。

他强调：建设现代化经济体系，必须把发展经济的着力点放在实体经济上，把提高供给体系质量作为主攻方向，显著增强我国经济质量优势（中国特色社会主义进入新时代，我国社会主要矛盾已经转化为人民日益增长的美好生活需要和不平衡不充分的发展之间的矛盾)。

　　这就提示我们，一是中国进入高质量发展阶段，我们一定要增强质量意识，坚持质量第一。尤其对于企业领袖们来说，这是一种经济理念，创业意识。供给侧结构性改革就是要提高供给质量，扩大高质量产品和服务供给。不增强质量意识，不提高质量标准，就不会有竞争力，就会面临淘汰危局。二是国家将把发展经济的着力点放在实体经济上。未来国家将着力振兴实体经济，规避"脱实向虚"倾向蔓延。三是当前经济矛盾和问题根源是重大结构失衡——实体经济结构性供需失衡；金融和实体经济失衡；房地产和实体经济失衡。这也是提出和要求进行供给侧结构性改革的出发点与落足点。

二、关于企业转型升级

（一）怎么认识转型升级

　　（1）传统增长方式难以持续。自然的、经济的资源要素（土地、技术、资本、人力）约束；高消耗、高污染、高成本，低效益、低技术、低方式不可沿袭。

　　（2）有数量，没质量，供求失衡（为什么要提出供给侧结构性改革，就是要解决供给质量问题，解决微观生产与宏观失衡矛盾问题，解决总量很大，却总是增加不了收入问题，等等)。

　　（3）质量、效率、动力（创新驱动，开放带动——海南全岛开放为自由贸易港，释放新动力与活力，改革推动——放管服，一站式等）三不衔接的变革问题等。

（二）何谓转型升级

我们现在强调要加速传统产业转型升级，如果说升级是就新技术、新工艺、新装备、新材料的使用、嫁接、改造、更新而言，那么，转型的重点和关键则是产业劳动者的思维意识、专业修炼、岗位技术、创新动能、经济效益等生产方式和产业劳动关系能不能实现华丽转身，

（三）当下转型发展的思考

有两个概念首先应明确：一是现代产业的85%都是传统产业；二是对传统产业的转型升级不是排斥、放弃、不要传统产业。

1. 一定要把微观与宏观运行结合起来，把自己企业的发展置身于国家的战略发展中，注重产业指向、政策策略，寻求并不断做出科学抉择

（1）企业家一定要研读国家和省市的各种中长期规划。包括综合的、专项的，特别是产业政策指向方面的内容，熟悉国家省市产业部署动态，跟着政府走，就有可能有所发展，尤其是中小微企业，经不了多少风浪。一定意义上说，市场经济主要是大财团、大集团及其之间的运动，大财团、大集团的市场运作力是中小企业不可比拟的，除非你闯出了一个独门生意，或者是抢占了一个先机滩头。

（2）企业家一定要研读和琢磨国家产业政策指向。2016年12月19日，《"十三五"国家战略性新兴产业发展规划》发布，《河南省"十三五"战略性新兴产业发展规划》提出重点瞄准六大领域，包括大力发展新一代信息技术产业，推动生物产业加快发展，促进高端装备产业突破发展，加快发展先进材料产业，加快壮大新能源、新能源汽车和节能环保产业，培育发展数字创意产业。实施六项重点工程，即产业集聚发展工程、创新能力提升工程、重大技术创新专项工程、

新技术新业态示范工程、创新型企业培育工程、高端人才引进培养工程。此外，还将建立推进战略性新兴产业发展部门联动工作机制；强化投融资支持，发挥财政资金的引导作用，设立总规模1000亿元的战略性新兴产业投资基金，引导更多社会资本投向创新创业，培育形成200家大型企业集团。

如表1~表2所示，在这些领域中，每一个大的领域中又确定了具体分项。

表1　五大战略性新兴产业具体任务

五大战略性新兴产业	2020年目标产值	具体任务
信息技术产业	12万亿元	（一）构建网络强国基础设施
		（二）推进"互联网＋"行动
		（三）实施国家大数据战略
		（四）做强信息技术核心产业
		（五）发展人工智能
		（六）完善网络经济管理方式
高端装备与新材料产业	12万亿元	（一）打造智能制造高端品牌
		（二）实现航空产业新突破
		（三）做大做强卫星及应用产业
		（四）强化轨道交通装备领先地位
		（五）增强海洋工程装备国际竞争力
		（六）提高新材料基础支撑能力
生物产业	8万亿~10万亿元	（一）构建生物医药新体系
		（二）提升生物医学工程发展水平
		（三）加速生物农业产业化发展
		（四）推动生物制造规模化应用
		（五）培育生物服务新业态
		（六）创新生物能源发展模式

五大战略性新兴产业	2020 年目标产值	具体任务
新能源汽车、新能源和 节能环保产业	10 万亿元	（一）实现新能源汽车规模应用
		（二）推动新能源产业发展
		（三）大力发展高效节能产业
		（四）加快发展先进环保产业
		（五）深入推进资源循环利用
数字创意产业	8 万亿元	（一）创新数字文化创意技术和装备
		（二）丰富数字文化创意内容和形式
		（三）提升创新设计水平
		（四）推进相关产业融合发展

表 2　四大超前布局战略性产业

四大超前布局战略性产业	具体任务
空天海洋领域	（一）显著提升空间进入能力
	（二）加快发展新型航天器
	（三）加快航空领域关键技术突破和重大产品研发
	（四）发展新一代深海极远海地技术装备及系统
信息网络领域	（一）构建未来网络新体系
	（二）加强关键技术和产品研发
	（三）推动电子器件变革性升级换代
生物技术领域	（一）构建基于干细胞与再生技术的医学新模式
	（二）推进基因编辑技术研发与应用
	（三）加强合成生物技术研发与应用
核技术领域	（一）加快开发新一代核能装备系统
	（二）发展非动力核技术

在"节能环保"中，将重点突破高效节能、先进环保、循环利用。

"新兴信息产业"将聚焦下一代通信网络、物联网、三网融合、新型平板显示、高性能集成电路和高端软件。

"生物产业"将主要面向生物医药、生物农业、生物制造。

"新能源"中，核能、太阳能、风能、生物质能将领衔。

此前备受关注的"新能源汽车"，主要发展方向确定为插电式混合动力汽车和纯电动汽车（河南的新能源汽车增长仅第一季度就达到了422.2%）。

"高端装备制造业"领域，提出了重点发展航空航天、海洋工程装备和高端智能装备。

"新材料"中分列了特种功能和高性能复合材料两项。

新规划还提到一个方面，即军民融合。"军民融合"作为支持战略性新兴产业发展的政策和手段，这样的提法还是第一次在战略性新兴产业的规划中出现，需要给予足够的重视。

不但如此，规划中还明确了军民融合重点发展的方向：军转民：支持军工企业发挥优势向新能源、民用航空航天、物联网等新兴领域拓展业务。民参军：引导优势民营企业进入国防科研生产和维修领域。

比尔·盖茨提出中国未来最有希望的四大产业是：健康产业（屠呦呦的青蒿素）；农业产业（袁隆平杂交水稻，改善国民营养和健康水平）；能源产业；技术产业（软件开发）。

（3）一定要与政界、学界的权威领导、专家、学者接触。他们是专门做政策设计与贯彻或是研究的，对未来发展相对很敏感，有把控意识（看看过去的张瑞敏、李东升，再看看现在的李彦宏、马云等都与各界人士有着密切的联系）。不能关上门自问自答，要走出来，出路出路，走出来就有路，现在很多企业活不了几年，除了其自己知道的因素外，就是太封闭了，一定要出来，与官员交朋友、与专家学者交朋友，参加政府的一些会议，参加学界的一些会议，去了解外界，了解未来。

2. 放下架子，学会竞争与合作，融入资本市场

比尔·盖茨在北京大学演讲即将结束时的一段话很值得品味，他

说：我们面对的是一个越来越复杂和动荡的世界，没有一种商业模式是长存的；没有一种资产是稳固的；作为一个企业的老板或者合伙人，你有没有想过资本经济时代的股权；中国股权投资时代已经来临，正是中小企业进入资本市场的最佳时机（中国中小企业的平均寿命仅2.5 年，集团企业的平均寿命仅 7.8 年，真正能做强做大的企业寥寥无几，根源只有一个——缺少股权意识和企业股权出了问题。所谓出问题，在中国就是都想做老大，稍稍有些波动就怨声载道，就撤资等）。

我们的一些中小微企业，存在两个极端，第一，受封建主义思想影响，缺乏战略眼光和运作，眼前有利就行，小富即安；第二，不能正确理解竞争，对竞争观念还停留在旧有状态，要么死扛，要么狠斗。不懂的世界已进入竞合新关系格局，企业没有永远的朋友，也没有永远的敌人。利益为重，利益为先。所以，一定要学会与国内外资本财团合作；学会与国内外同业公司合作；学会与国内外研发团队合作；学会与国内外行业联盟合作，走集团化发展路子（上市）；学会与国内外高级经营管理团队合作（让精英们经营管理）。

3. 抓人才、抓技术、抓平台建设

（1）人才是第一生产力要素。抓人才包括：技术研发人才；产品研发人才；市场营销人才；经营管理人才；公司理财人才等（引进新产品，不如引进新产品的设计者及其团队；推销产品首先是推销人品；封闭生产不如放开，作透明玻璃屋）。

（2）构建推动企业技术进步、变传统型为科技型，增进企业科技支撑力的平台建设（要建立自己的工程中心、研发中心、实验室，以科技条件氛围，引技术人才入驻企业）。

（3）增强"全要素生产率"（技术进步率）意识。习近平、李克强都谈到和强调企业要"增强研发投入，提高全要素生产率"。实际上是一个强调注重加大科技研发费用投入问题。全要素，就是除了土地、资本、技术、人力外，还包括追求技术进步、组织创新、专业化水平、工艺装备等。

《河南"十三五"战略性新兴产业发展规划》提出：到 2020 年，战略性新兴产业领域重点企业研究开发投入占销售收入比重将达 5% 以上，新建省级以上研发平台 600 个以上。

（四）从中兴事件看企业社会信用

（1）遵循游戏规则。

（2）注重社会信用。

（3）创新技术高地。

（4）维护知识产权（原创力，拥有核心技术）。

党的十八大、十九大，"两会"，包括习近平新时代中国特色社会主义经济思想在内，坚定鼓励支持非公有制经济发展的指导思想没有变，发挥市场配置资源的决定性作用没有变。实践证明，一个地方经济有没有活力，有没有竞争力，有没有可持续发展力，看什么？看非公有制经济。经济总量中非公有制经济占据半壁江山，甚至是大半壁江山，这是真的。许昌变化大，大在其是河南非公有制经济发展最为活跃的地方。许昌的城市中轴线建设、水生态系统建设、宜居城市建设主要靠的是非公经济。现在没有一个地方不重视发展非公经济的。

我们还是回到今天讲授的题目上来。当前宏观经济形势与企业转型升级战略——看宏观形势：一看速度，二看就业，三看价格，四看国际收支，也就是说，我们一般应该从这四个方面研判或是评价形势。需要提醒的是，微观层面业界领袖们更应关注速度问题，通过看速度，来分析投资与消费对经济的影响，从而认识国家产业政策指向，银行与社会资本流向，市场价格变化动向，企业经营演化方向。有专家认为，也许按照权威人士说的，我国现在的经济形势正在从 L 形的一竖往一横方面发展，所以国家统计局发言人称"稳中有进、进中育新"态势发展。其实对于企业来说，其发展，既受宏观大形势背景影响，也不完全被动地决定于大形势，尤其是中小微企业，船小掉头快，关键在经营决策和战略性运作，为什么一些企业总是生机一片，而一些企业总是三两年光景便夭折，这是值得每个企业高层决策者思考的。

企业转型升级战略。企业转型升级是一个永恒的话题，是一个规律，只有不断地转型升级，才能保持企业的可持续发展。这里边最重要的是把企业发展与企业的研发投入、技术进步、资本运营、组织创新等紧密结合起来，拥有一支一流的企业科研团队，一流的企业经营团队，一流的公司理财团队，一流的实务运作团队等。所谓战略，是指关于企业发展的长远性、全局性、根本性的谋划。企业要编制计划，包括十年、八年规划，一年、两年计划，要按照计划行事，并且随着政府产业政策、市场走势，自身条件变化而变化。企业从它创业的那一天起，就应该谋划着，我不是要一般的做大做强，而是要做百年名企。

要做企业家，要做李嘉诚，要做马云，要做李书福，要有战略思维和宏大志向，你要做的不是事必躬亲，什么都来自己干，与工人同吃同住同劳动，而是进行战略统筹，去寻觅引入替自己打天下的各类人才，培育自己的各类团队，打造各类平台场所，结识各类专家精英，你就做这些工作，具体的工作让你吸纳的这些各路行家去做。可惜的是，我们大多数人硬是放不开，累得半死，还没有成功。为什么说，企业家首先是战略家，请思考！

（2018 年 5 月 9 日于丰乐农庄郑州市西部企业经营管理研讨班）

我国工业经济发展的历史回顾与启示

　　研究工业经济的发展，是抓住了应用经济理论及其实践的内容主体，工业经济发展的基本问题厘清了，整个产业经济的运行也就把住了。相对于其他行业，工业经济最复杂，最有代表性，因此，工业经济是整个经济运动的内容实体。可以这么说，所谓实体经济，主要指的是工业经济，任何一个国家和地区都无不重视工业经济的发展，把工业经济摆在战略发展地位，把促进工业经济的发展作为制定产业政策、建立现代产业经济体系的基础。尽管工业经济占的比重会因技术进步、产业经济运动规律使然呈相对、绝对下降之势，但又总是必须的、毫无疑义的保有积极的比重。

　　工业化是一个国家、一个民族发展的必然，是人类经济社会文明进步的标志。美国等世界上所有发达国家，之所以发达，就在于它完成了它的工业化进程，在于它的工业化及其工业化与信息化的发达与融合。像我国等发展中国家，之所以称为发展，就是说它还没有完成和实现工业化，我国的工业化还处在中期发展阶段，我们还要积极加快工业化进程，尤其是加快以微电子技术为代表的现代工业的发展。无论怎么说，没有工业，就没有先进制造业；没有工业，就没有高成长性服务业；没有工业，就没有现代农业（反哺农业）；没有工业，就没有得以支撑强大国民经济的实体经济；没有工业，就没有真正的国民收入和社会财富的创造。所以，研究工业经济有着理论的、现实的意义和价值。

利用这个机会，我和大家交流三点我个人的看法，不当的地方，欢迎批评指正。一是从中央高层会议动态看研究工业经济的重要性；二是我国工业经济发展的历史回顾；三是我国工业经济发展的演化启示。

一、工业经济发展将再次被突出出来

"一带一路国际合作高峰论坛"，大家关注的是连美国、日本高官都参加了会议并称道点赞，从而使我国在提振国内经济的同时，成为了世界经济从低迷走向复苏的引领者。前不久，特朗普在白宫宣布要加入到中国"一带一路"的相关项目中，可见影响之大。而中央经济工作会议与中央金融工作会议则是内容主体鲜明相连，即在提出了中国经济存在的主要问题和突出矛盾之后，具体地提出了解决问题的思路对策。这一届领导最令人鼓舞的就是能认真梳理出问题，不回避，敢担当。

中央经济工作会议指出，我国当前经济运行的矛盾和问题根源，是重大结构失衡，包括实体经济结构性失衡、金融和实体经济失衡、房地产和实体经济失衡等。其中又是实体经济结构性失衡比较突出。什么是实体经济结构性失衡？就是马克思再生产理论中讲到的两大部类之间、农轻重之间、积累与消费之间、价值与使用价值之间的基本比例关系紊乱了、不均衡了。

实体经济发展出了问题，也就是说一个国家的国民收入创造出了问题，社会财富的生产源出了问题，工业化运动及其进程出了问题，所以我们现在强调发展实体经济，规避"脱实向虚"倾向蔓延，坚持创新驱动发展。

以农业为基础，以工业为主导，这是毛泽东经济名篇《论十大关系》里的主旨思想，谈的原本就是一个工业化发展及其与整个国民经济发展的关系问题。我们今天出现经济持续下滑，经济下行压力持续增大、进入经济新常态，以及老百姓也在议论这两年的经济形势不好，其实，应该说这是长期积累的制造业领域出了问题，实体经济发展出了问题。

也是这样，这次中央金融工作会议强调要使金融业回归本源定位，回归服务实体经济，并组建金融稳定发展委员会。所以我们的认识不能只是停留在对一般金融业发展无序和无度的刹车，其中最大的、深远的意义是，规避中国经济"脱实向虚"，深层调理结构失衡。

前一段国务院发展研究中心吴敬琏直率地抨击了当下学界时弊。吴敬琏说，国家养那些只会"造词"的专家有什么用？吴敬琏指出，现在中国经济研究存在两个大的问题：第一，历史经验中找"雷同"，拿日本、韩国的某一时期的历史与中国经济比较，并把它作为未来中国经济的趋势。其实，那是一段弯路，一个教训，我们却捧为经验，当成历史必然（当然，尽管吴先生的这一认识也还是可以争论研讨的）。第二，翻阅教科书，从中找一些名词当时髦，用它述论中国经济。

吴敬琏说，拿历史比对，特别是拿失败、教训当经验趋势，很讨厌。为什么他们的昨天，一定就注定要是我们的明天？他们的今天，一定就要是我们的未来？还有那些整"词"的，除了显示你"学问深"，你有提出解决问题的具体方案了吗？"整词"不能代替解决问题。

日本原来走金融资本主义道路，摧残扭曲了日本经济——银行给企业贷款，企业长期使用银行贷款，呆账坏账严重，导致银行资金链出现问题，加之企业间交叉持股，危机蔓延，传导感染，最终拖垮了日本经济，这个教训就是日本过分的金融市场化、自由化造成的。但是在中国很少有人提出或是承认这一点，也在鼓吹这个模式，这也是今天中国经济现实的悲哀，中国经济研究的悲哀——理论到了无视现实的程度。

尽管是一家之言，吴敬琏的发问也不是没有一点道理的。联系到中央金融工作会议，说明中央高层已经开始意识到现实金融与经济的关系及其风险影响了。金融无度，金融秩序紊乱，不仅干扰了国民经济运行的基本比例关系，导致了实体经济的非正常发展，更严重地扭曲了人们的心理。进入社会主义社会，劳动已经成为光荣、豪迈、伟大的事业，但是，多少年来，却把劳动当成一种沉重的负担，人们鄙视劳动，人们不愿意通过劳动获取收入，而是希望在虚拟经济中寻求钱生钱。面对当下之情景，我们共产党人坚持以马克思科学社会主义理论为指导、我们坚持走中国特色社会主义道路的每一个人都应该引起关注，都值得深刻思考。

货币的交易没有一定的物质作支撑，结果不是通胀就是通缩。人们为什么仇富？是因为一些所谓富者的财富不是靠诚实劳动得来的，是利用所谓的金融资本、所谓的资本运作得来的，是他们把社会引向了歧途，是他们导致经济社会出现了两极分化。这一部分人先富起来，不是正常的富，意味着社会分配的不公正。所以现在应该进行纠正、纠偏。

现实中还有一个问题一直没有很好地予以解决，即调结构，从"十五"时期喊到现在，一直没有调好，根源在哪里？也许就在金融，在金融运作机制。这一次金融工作会议不只是只提要金融去杠杆，而是提出要经济去杠杆，就是既要堵住金融的非规则性营运，也要切断目前的金融与企业之间的非正常联系，把资金投向实体经济，支持实体经济的发展，从而理顺产业结构——从源头上割裂干扰产业结构调整优化升级的条件。

同时，调结构的一个预期是提高服务业比重，然而各地服务业发展一直处于徘徊，根本的因素还在于实体经济持续的滞后和低迷。服务业特别是生产性服务业的发展，从理论和实践看，主要依赖的是实体经济，就是工业化规模、工业化技术、工业化效益，而工业又主要指的是制造业，工业不发展，肯定制约着服务业发展。一些地方服务业上不来，不是别的，就是工业化基础，制造业规模的问题。

李克强观察地方经济主要看货运量、耗电量、贷款量，货运量是判断生产供给与流通状况，耗电量是判断整个工业生产形势，贷款量是判断企业利用社会资本动态，内核的都是研判实体经济运行情况的。但是现在中央的一致意见是，贷款都流向了非实体经济，流向了房地产业了，使得中国经济走入畸形。

一个没有先进制造业、不能走好工业化的路子、不能发展工业化的国家或地区，是谈不上经济的实质性发展的。发达国家与发展中国家的差别，正是在于制造业及其工业化的发展阶段、发展技术、发展质量、发展水平、发展效能的不同。全国除了上海、东北三省、江浙一带外，几乎各省份都在提拉长工业短腿儿，工业兴省，走工业化、城镇化、农业现代化"三化"协调发展的路子，都在奋力建设先进制造业大省、强省，这是国内外实践，更是各地区情之决定，因此应当充分认识工业经济所具有的战略性意义和现实的、历史的意义。

2008 年美国次贷危机后，美国首先提出了"再工业化战略"，鼓励资本回流本土，重新激活美国工业。从美国的再工业化战略，到德国"工业4.0"，到《中国制造2025》，到《中国制造2025河南行动纲要》，全世界、全中国都意识到，即使历史进入21世纪，没有先进的制造业，就谈不上新型工业化，就谈不上实体经济的发展，就谈不上对国家或者区域经济的根本带动性，就谈不上国民创造和国民收入，就谈不上去突破"中等收入陷阱"，就谈不上有一个经济社会的稳增长、稳发展的基本态势。

也就是说，一个不能立基实体经济发展、一个不能务实推进工业化、一个不能有国民收入创造的国家和民族，是不可能有稳定的、持续的、健康的经济社会进步的。这也是中央经济工作会议提醒，中央金融工作会议强调的着眼点和落足点。

从源头切入调结构，从回归金融功能定位推进实体经济发展，传递给我们的信息就是，重塑中国经济，加快中国工业化体系建设，加速中国工业化进程，已经重新摆放到了领袖们的重要议事日程和工作案头。

二、我国工业经济发展的历史回顾

新中国工业经济的发展经历了坎坷不平的曲折过程，有成功、有失败，但总的来说，我们的工业化体系，从而整个国民经济体系已经建立起来，并且发展迅速。权威人士认为，新中国工业的发展大致经历了六个基本时期。即，国民经济恢复时期的工业经济；"一五"时期的工业经济；"大跃进"时期的工业经济；国民经济调整时期的工业经济；"文革"时期的工业经济；改革开放以来的工业经济。

（1）国民经济恢复时期的工业经济（1949～1952年）。新中国是在一片废墟上建立起来的。1949年全国工业总产值也就是100多万美元。新中国经济的起步始于1949年3月在西柏坡召开的七届二次会议，这次会议报告第一次提出了我国社会主义工业化的思想：建立独立的完整的工业体系，使中国由落后的农业国变成先进的工业国，把中国建成伟大的社会主义国家；第一次提出了共产党在这一时期的经济纲领，即学者所称的三大纲领：恢复和发展国营工业生产；恢复和发展私营工业生产；恢复和发展手工业生产。在接下来的6月，毛泽东又在《论人民民主专政》一文中再次明确提出，"必须有步骤地解决国家工业化的问题"，并以此构成了党的过渡时期总路线的政策策略。1952 年 12 月中央提出，1954 年全国一届人大会议通过的《宪法》确立："从中华人民共和国成立到社会主义社会建成，这是一个过渡期。国家在过渡期的总任务是逐步实现国家的社会主义工业化，逐步完成对农业、手工业和资本主义工商业的社会主义改造。"

为了顺利实现过渡时期的这一总目标，期间主要采取的措施包括：没收官僚资本主义工业企业，代管收购帝国主义工业企业；实施国有企业改革，集中统一管理国有工业；等等。1949～1952 年，国有工业的产值由 36.8 亿元增长为 142.6 亿元；国有工业在工业总产值中的比重显著提高，从 1949 年的 26.2% 上升到 1952 年的 41.5%。

在这一过渡期，党和国家调整工商业发展政策，扶持有益的民族资本主义工业，打击投机倒把行为。也就是鼓励民族资本主义合法经营，但是对于借机政策调整兴风作浪的，也给予严厉打击，这就是一方面实施多种所有制并存，另一方面加强监管，开展了著名的"五反"运动。五反是针对"五毒"的。即，一些民族资本主义工业偷工减料、偷税漏税、盗窃国家资产、盗窃国家经济情报、腐蚀拉拢行贿等。这一期间的主要特征是：按照生产关系适应生产力性质要求，恢复生产和保障供给，坚持了多种所有制成分并存（国营工业、民族资本主义工业、私营个体手工业等），使新中国国家经济站稳脚跟，走起来。

（2）"一五"时期的工业经济（1953～1957 年）。国民经济恢复时期任务已基本完成，决定从 1953 年开始进行计划经济建设，并组建了由周恩来、陈云、薄一波、李富春、聂荣臻、宋劭文参加的第一个五年计划编制领导小组。1952 年 12 月，中央发出《关于编制 1953 年计划及长期计划纲要若干问题的指示》，强调"必须以发展重工业为建设的重点，首先保证重工业和国防工业的基本建设，特别是确保那些对国家起决定作用的、能迅速增强国家工业基础与国防力量的主要工程的完成。"1954 年 9 月，周恩来在全国人大一届一次会议的《政府工作报告》中指出，"第一个五年计划要集中力量发展重工业，即轻工业、燃料工业、化学工业、动力工业、机械制造工业等。我国原有的工业基础薄弱，为了实现国家工业化，必须依靠新的工业，特别是重工业的建设。"1955 年 7 月，全国人大一届二次全会通过了《中华人民共和国发展国民经济第一个五年计划》。

"一五"时期，我们集中全国的经济资源，并在苏联的帮助下，设计确定了 156 项重点工程和 694 个大中型建设项目，涉及国防工业、机械工业、电子工业、化学工业、能源工业等，初步构筑起了中国国家工业化的体系。史料显示，"一五"时期，我国工业总产值的年平均增长率达到 18%，重工业产值占工业总产值的比重由 35.5% 上升到 45%，到 1957 年，我国钢材自给率达到 86%，机器设备自给率达到 60% 以上。

值得指出的是，"一五"时期成就的取得，既取决于计划的重点与目标通透，也在于贯彻"按比例"发展思想与实践的明确。一是整个计划在优先发展重工业指导思想前提下，注重保持农轻重之间发展的协调性。如 1954 年 2 月中央批准中央农村工作部的《关于第二次全国农村工作会议的报告》中强调，"在发展工业特别是重工业的同时，必须相应地发展农业生产"，要"研究制定切实可行的计划，避免可能发生的农业发展赶不上工业发展需要的问题"。二是整个计划接受和贯彻了陈云的"按比例"发展思想。1954 年陈云在《关于第一个五年计划的几点说明》中指出，"按比例发展的法则是必须遵守的……一个国家，应根据自己当时的经济情况，来规划计划中应有的比例，究竟几比几才是好的，很难说，唯一的办法只有看是否平衡。合比例就是平衡的；平衡了，大体也会是合比例的"。此后，陈云在多个场合一再强调"按比例，综合平衡是客观规律，不按比例一定搞不好"。学界普遍认为，陈云"按比例"思想的实质，就是主张国民经济各部门之间必须均衡、合比例地发展，在推进工业化进程中，有着重大的理论意义和实践价值。

也是这样，"一五"时期，虽然出现了"冒进"指标、摊子铺得太大等问题，但我们还是取得了骄人的成绩，以至于"文革"结束后，陈云就提出，中国经济应该从"一五"时期重新走起。

有必要指出的是，这一期间，毛泽东发表了《论十大关系》这一被国内外称为经济名片的重要思想论断。从 1955 年下半年到 1956 年初，我国生产资料的社会主义改造出现高潮，社会主义经济建设也有了几年的实践经验。对于苏联经济建设中的一些缺点和问题，我们也逐步有所了解认识。以苏联为鉴，总结自己的经验，探索一条适合中国国情的建设社会主义道路的任务，已经摆在党的面前。毛泽东关于十大关系的思想，就是在这样的背景下产生的。

毛泽东的《论十大关系》，是他 1956 年春在听取国务院 35 个经济部门汇报的基础上形成的。

1956 年 1 月 12 日，毛泽东从外地回到北京。不久，国务院副总理薄一波向他汇报工作时，偶然谈及刘少奇正在听取国务院一些部委的汇报（1955 年 11 月 7 日起，刘少奇为起草中共八大政治报告，逐个找中央各部门负责人谈话。截至 1956 年 3 月 8 日，共约谈了 32 个国家部委，包括国务院直属局的负责人），此事引起了他的兴趣。他对薄一波说："这很好，我也想听听，你能不能替我也组织一些部门汇报？"于是，在 1956 年的三四月间，毛泽东总共听取了 43 天的汇报。这次听取各经济部门的汇报，被认为是毛泽东"中华人民共和国成立后乃至在他一生中所做的规模最大、时间最长、周密而系统的经济工作调查"。他自己后来也说："那个'十大关系'怎么出来的呢？我在北京经过一个半月，每天谈一个部，找了 34 个部的同志谈话，逐渐形成了那个十条。如果没有那些人谈话，那个'十大关系'怎么会形成呢？不可能形成。"

就在听取汇报的过程中，毛泽东对经济建设中的一些重要关系开始进行归纳。

1956年4月19日，他归纳了三个关系，提出三个关系都必须很好地解决，即沿海与内地关系；轻工业与重工业关系；个人与集体关系。他指出：真想建设内地，必须充分利用沿海；真想建设重工业，就必须建设轻工业；真想搞好集体所有制，就必须搞好个人所得。

1956年4月20日，毛泽东在听取国家计委主任李富春关于第二个五年计划的汇报时，又提出了五个关系。他说：重工业是重点是无可争论的。但如果把轻工业建设投资比重定得不恰当，轻工业定低了，就是立志不想搞重工业。要搞重工业就要适当增加轻工业的投资。除了轻工与重工、沿海与内地、个人与集体、地方与中央几个关系，还有经济与国防的关系。减少些国防，多搞些工业，正是为了国防。

1956年4月24日，毛泽东继续听取李富春关于第二个五年计划的汇报。他归纳了六大矛盾，即六大关系：①轻工业与重工业：为了发展重工业，就必须注意在轻工业上多投些资。②沿海与内地：为了建设内地，就必须充分利用沿海。③国防、行政与经济、文化：要尽可能地减少国防和行政的费用，来扩大经济和文教的建设。④个人与集体：要发展集体利益就必须照顾个人利益。增加工人工资，正是为了提高工人的积极性，达到增产；农民中有两重关系，即国家与合作社、合作社与社员，必须照顾社员的收入能年年增加，才能提高社员增产的积极性。⑤地方与中央：分权正是为了集权，不注意地方、削弱地方的权限，对中央是不利的。⑥少数民族与汉族：搞好少数民族的工作，对汉族大有好处。少数民族虽然人口只占十四分之一，而土地却占百分之五六十。

毛泽东说："这几个矛盾如果调整得好，工作就会搞得更好些。犯错误也犯在这些矛盾上。如斯大林就在第四个矛盾上犯了错误，东欧兄弟国家在第一个矛盾上犯了错误。"

1956 年 4 月 25 日，有各省市自治区党委书记参加的中共中央政治局扩大会议召开。这次政治局扩大会议的原定议题是讨论农业生产合作社等问题，但谁也没有料到，毛泽东在这次会上发表了《论十大关系》的讲话。他讲话以后，会议便集中讨论这篇讲话。

毛泽东在这次会议所讲的十大关系，在 1956 年 4 月 24 日他所归纳的六大关系的基础上，又增加了党与非党的关系、革命与反革命的关系、是非关系以及中国与外国的关系。

1956 年 5 月 2 日，毛泽东在最高国务会议第七次会议上，又一次对十大关系作了系统的阐述，并且着重谈到了"百花齐放、百家争鸣"问题、斯大林问题、中国共产党和民主党派的关系问题、犯人的改造问题等。

《论十大关系》的讲话发表后，很长时间，都没有在记录稿的基础上形成整理稿。此后的《关于正确处理人民内部矛盾的问题》一文在 1957 年 2 月 27 日毛泽东相关讲话基础上很快形成整理稿并多次修改，在形成草稿第七稿后，于 1957 年 6 月 17 日在《人民日报》公开发表。而《论十大关系》则不然。很长时间，既没有形成整理稿，也没有专门在党内外征求意见，毛泽东自己更没有动手作修改。

1965 年 12 月 15 日，刘少奇写信给毛泽东，建议将《论十大关系》作为内部文件发给县、团级以上各级党委学习。毛泽东看了整理稿后批复："送交小平、彭真同志照少奇同志意见办理。"但同时又强调："此件看了，不大满意，发下去征求意见，以为将来修改之助。此意请写入中央批语中。"

1956 年 12 月 27 日，中共中央以中发 51 号文将讲话记录整理稿印发给县、团级以上党委学习。在批语中特地指出："……这个文件是当时讲话的一篇记录稿，毛泽东同志最近看了后，觉得还不大满意，同意下发征求意见……"同时注明："不登党刊。"

转眼到了 1975 年夏天，当时主持中共中央日常工作和《毛泽东选集》第五卷编辑工作的邓小平，于1975年6月8日与康生联名致信中央政治局各成员说："目前五卷工作的重点，是继续做好毛主席讲话记录稿的整理工作。原来陈伯达整理的《论十大关系》《谈对立的统一》等六篇稿子，需要重新整理。"

随后，在胡乔木主持下，将毛泽东两次讲话记录稿重新进行综合整理，形成了一个《论十大关系》整理稿。

1975年7月13日，邓小平将整理稿送毛泽东。邓小平在给毛泽东的信中说："《论十大关系》稿，已整理好，我看整理得比较成功。我们在读改时，一致觉得这篇东西太重要了，对当前和以后，都有很大的针对性和理论指导意义，对国际（特别是第三世界）的作用也大，所以，我们有这样的想法：希望早日定稿，定稿后即予公开发表，并作为全国学理论的重要文献。"

当天，毛泽东审阅了这个稿子，并批示："同意。可以印发政治局同志阅。暂时不要公开，可以印发全党讨论，不登报，将来出选集再公开。"

1975年7月23日，中共中央发出《通知》，将这个报告整理稿印发全党讨论。直到毛泽东去世后的1976年12月26日，《论十大关系》才在《人民日报》上公开发表。

十大关系：重工业和轻工业、农业的关系；沿海工业和内地工业的关系；经济建设和国防建设的关系；国家、生产单位和生产者个人的关系；中央和地方的关系；汉族和少数民族的关系；党和非党的关系；革命和反革命的关系；是非关系；中国和外国的关系。

十大关系着重从经济工作各个方面调动各种积极因素。前三条讲重工业和轻工业、农业的关系，沿海工业和内地工业的关系，经济建设和国防建设的关系。第四、第五条讲国家、生产单位和生产者个人的关系，中央和地方的关系，实际上开始涉及经济体制的改革。

十大关系的后五条，讲汉族和少数民族的关系，党和非党的关系，革命和反革命的关系，是非关系，中国和外国的关系，都属于政治生活和思想文化生活中调动各种积极因素的问题。在讨论党和非党的关系时，提出了共产党和其他民主党派"长期共存，互相监督"的方针。在处理党内矛盾方面，重申延安以来实行的"惩前毖后，治病救人"方针，不赞成"残酷斗争，无情打击"。在中国和外国的关系上，提出了一切民族、一切国家的长处都要学，政治、经济、科学、技术、文学、艺术的一切真正好的东西都要学。但是，必须有分析有批判地学，不能盲目地学，不能一切照抄，机械搬用。

毛泽东指出：正确处理这些关系，是为了把党内党外、国内国外一切积极因素都调动起来，把我国建设成为一个强大的社会主义国家。

《论十大关系》的发表，标志着毛泽东对中国社会主义建设道路的探索开始形成一个初步的然而又是比较系统的思路。以后，毛泽东在总结新中国成立后的历史经验时，仍然把它看作是一个转折。《论十大关系》提出的一些新思想、新方针，为党的八大召开作了重要准备。党的十一届三中全会后，这些指导思想和方针在新的历史条件下得到进一步的运用和发展。

还要指出的是，在《论十大关系》前后，1957年2月，毛泽东还发表了《正确处理人民内部矛盾的问题》，更进一步明晰了中国工业化发展的道路，毛泽东认为，所谓的"工业化道路问题，主要是指重工业、轻工业和农业的发展关系问题。我国的经济建设以重工业为中心，这一点必须肯定。但是同时必须充分注意发展农业和轻工业。""我国是一个大农业国，农村人口占全国人口的80%以上，发展工业必须和发展农业同时并举，工业才有原料和市场……农业和轻工业发展了，重工业有了市场，有了资金，它就会更快的发展。这样，看起来工业化的速度似乎慢了一些，但是实际上不会慢，或者反而可能会快一些。"

毛泽东关于中国工业化道路即农轻重发展关系的深刻探索与分析，

应该说在中国经济思想史上都是绝无仅有的，他揭示和概括了一个合乎中国国情实际，符合经济运行规律的、发展中国经济的基本的、带有规律性的理论，这就是"农业是国民经济的基础"，从而指明了中国的工业化道路怎么走，体系怎么建，关系怎么处的思维模式和路径指向。亦如孙冶方先生所说的，"……明确提出农业是国民经济基础这个说法的是毛主席。这是毛主席对于发展马克思列宁主义经济理论的重大贡献。这对于社会主义建设实践有极大的指导意义"。

也就是说，我国工业化道路问题的酝酿提出，主要是在"一五"期间形成的。

（3）"大跃进"时期的工业经济（1958～1960年）。这一时期的经典内容特征是，把"农业大跃进"引入工业生产建设，实践中掀起了以钢为纲的"全民大炼钢铁"和"大办工业"的运动高潮。

十大关系的梳理，中国工业化道路的明晰，本来应该沿着这一思路目标发展的，却由于"大跃进"时期片面发展重工业而遭遇搁架，没能够在实践中很好地予以贯彻。有人概括大约仅有两个特点：一是把工业发展的重心放在了冶金钢铁业上；二是片面追求了经济的高速度增长。1958年8月北戴河中央政治局扩大会议上提出，"工业的中心问题是钢铁的生产和机械的生产"。1959年2月，《人民日报》发表社论：《为1800万吨钢而奋斗》，称"以钢为纲是促进整个国民经济高速度、有计划按比例发展的一个有力武器"。紧接着1958年9月9日，红旗杂志发表社论认为，我国经济高速增长是建立在重工业发展基础上的，生产和建设的比例关系是基本合理的，"以钢为纲"没有挤掉其他部门，而是带动了其他部门。

怎么又从讲比例，到推进重工业畸形发展？这是因为社会主义改造完成，第一个五年计划实现，高层有些飘飘然了，加之急于求成思想，生产总值指标不断加码。比如最初计划控制指标是666亿元，后1958年2月一届人大会议确定为747亿元，后来国家经委又提出要达到915亿元。党的八大二次会议后，工业生产计划指标越抬越高，几乎失去控制。1958年8月北戴河中央政治局会议基于对农业的过高估计，决定1958年的钢产量要达到1070万～1150万吨，而党的八大一次会议提出的指标只有624万吨，国家经委的指标也只有711万吨。但是还不错，到年底统计上来的数据为1108万吨。实际上真正的好钢只有800万吨。

经过1958～1960年三年"大跃进"，国民经济各主要部门之间变得比例关系严重失调，农业总产值由1957年的43.3%下降到1960年的21.8%；轻工业由31.2%下降到26.1%；重工业则由25.5%上升到52.1%。

"大跃进"还出现了"浮夸风"。"大跃进"使工业生产与农业生产一样，一天等于20年，你过黄河，我跨长江。连王任重等省委书记向毛泽东汇报也竟然说什么亩产10万斤，毛泽东摇了摇头。所以后人评论说，"大跃进"是以急于求成、夸大主观意志和主观努力的作用为特征的"左倾"思想的产物。1958年11月武昌会议和12月的八届六中全会开始觉察出"大跃进"导致的隐患。提出两点教训启示：第一，国民经济发展速度必须建立在客观的可能性的基础上，超过这个可能性的计划就不能变为现实。第二，社会主义国民经济必须遵守有计划、按比例发展的规律。提出经济运行过程，包括计划的安排，一定要注意农轻重之间、工农业和交通运输业之间、生产和基本建设之间、生产和流通之间、生产和消费之间统筹协调、综合平衡。在这两次会议上，反复强调要"压缩空气"，要把根据不足的高指标降下来，要把冲天干劲和科学精神结合起来；反对浮夸，反对虚报成绩，反对隐瞒缺点，精细化工作，使经济计划尽可能地接近实际。

1959年6～7月，毛泽东也认为"'大跃进'中的主要问题是综合平衡，有计划按比例发展经济抓得很不够"。但实践中，特别是1959年7月2日～8月1日的庐山会议，由一开始的"纠左"变成了"反右"，以至于强调要"反右倾，鼓干劲"，致使重工业继续高速发展，并随着1960年苏联专家撤走，要打政治仗，"炼争气钢"，集中力量"保钢"，从而使钢的生产与农业、轻工业等发展出现严重比例失调，整个国民经济陷入困境，人民生活水平趋于下降，我国不得不从1961年起进入艰难的调整时期。

从研究工业经济和我国工业化进程视角看，这一时期，有一个事情也是值得与大家交流研讨的。这就是1960年3月22日，毛泽东在中共中央批转《鞍山市委关于工业战线上的技术革新和技术革命运动开展情况的报告》的批示中，以苏联经济为鉴戒，对我国的社会主义企业的管理工作作了科学的总结，强调要实行民主管理，实行干部参加劳动、工人参加管理，改革不合理的规章制度，工人群众、领导干部和技术员三结合，即"两参一改三结合"的制度。1961年制定的"工业七十条"，正式确认这个管理制度，并建立党委领导下的职工代表大会制度，使之成为扩大企业民主，吸引广大职工参加管理、监督行政，克服官僚主义的良好举措。当时，毛泽东把"两参一改三结合"的管理制度称为"鞍钢宪法"，使之与苏联的"马钢宪法"（指以马格尼托哥尔斯克冶金联合工厂经验为代表的苏联一长制管理方法）相对立。

毛泽东代表中央写的批示说：鞍钢是全国第一个最大的企业，"过去他们认为这个企业是现代化的了，用不着再有所谓技术革命，更反对大搞群众运动，反对（两参一改三结合）的方针，反对政治挂帅，只信任少数人冷冷清清地去干，许多人主张一长制，反对党委领导下的厂长负责制，认为'马钢宪法'（前述苏联一个大钢厂的一套权威性的办法）是神圣不可侵犯的"。现在这个报告，"不是'马钢宪法'那一套，而是创造了一个'鞍钢宪法'。'鞍钢宪法'在远东，在中国出现了"。指示要求我国的大中型企业，一切大城市都要把它当作一个学习文件，有领导地、认真地组织"实行伟大的马克思列宁主义的城乡经济技术革命运动"。

"鞍钢宪法"的核心内容是"干部参加劳动，工人参加管理；改革不合理的规章制度；管理者和工人在生产实践和技术革命中相结合"。对毛泽东这一批示，后来被美国麻省理工学院一个叫罗伯特·托马斯的管理学教授评价说：毛泽东思想是"全面质量管理"和"团队合作"理论的精髓。而到了 20 世纪 70 年代，日本的丰田管理方式，日本的全面质量管理和团队精神实际上就是引入了毛泽东所倡导的充分发挥劳动者个人主观能动性、创造性的"鞍钢宪法"精神。

日本丰田的管理方式之所以能受到西方资本主义企业的推崇，其价值就在于打破了亚当·斯密在《国富论》中阐述的企业传统的分工理论及福特主义对分工理论的运用。

（4）国民经济调整时期的工业经济（1961～1965 年）。三年"大跃进"，严重破坏了国民经济的重大比例关系以及工业内部各部门之间的比例关系。为了改变这种混乱局面，理顺经济关系，摆脱困境，党的八届九中全会正式决定，从 1961 年起，对整个国民经济实行"调整、巩固、充实、提高"的方针——调整紊乱的经济关系、巩固经验成果、充实新发展起来的一些事业的成果、提高生产质量。全会决定，要把农业放在国民经济的首要地位，先安排好农业，再安排工业；努力加强农业战线，适当缩短工业战线，注重品种增加和质量提高。在具体工业生产建设安排上，以农业发展为前提，先安排好轻工业再安排重工业；要先生产、后基建，先采掘、后加工，先维修、后制造，先配套、后主机，先质量品种、后生产数量等。也就是我们今天说的：抓薄弱环节，补缺项短板，增加品种，改善质量，降低成本，提高全员劳动生产率。

贯彻"八字"方针，标志着我国经济开始从"大跃进"转向按比例发展，能否按比例走，重在调整能否到位。当时提出对工业生产建设的调整是"先退够，后前进"，实现退中有进。先是 1961 年 8 月庐山中央工作会议研究了工业生产的被动局面，提出以最大的决心把工业生产指标减下来，为了理顺工业内部比例关系，工业要坚决后退，而且要退够。

1962 年 5 月中央工作会议进一步强调了两点原则：一是要把建设规模调整到同经济的可能性相适应，同工农生产水平相适应；二是把工业生产战线调整到同农业提供粮食和原材料的可能性相适应，同工业本身提供原材料和燃料动力的可能性相适应；也就是要切实按照农轻重次序对国民经济进行综合平衡，坚决缩短工业生产战线，继续大量减少工厂职工和城镇人口（即人们所说的 1950 年末和 1960 年初我国出现的一个大事件—大招工，大下放，进厂进城 2000 万，出厂出城 2000 万）。

1962 年 9 月，中共八届十中全会提出了"以农业为基础，以工业为主导"的发展国民经济总方针。强调当前的迫切任务就是要把发展农业放在首要地位，正确处理工业和农业的关系，坚决把工业部门的工作转移到以农业为基础的轨道上来，实际上是进一步明确了中国社会主义工业化道路及其发展的指导思想，即形成了"以农业为基础，以工业为主导"的工业化道路模式。1963 年 9 月，中共中央发出《关于工业发展问题（初稿）》意见，具体地阐述了在国民经济调整时期工业发展的基本方针，特别是指明"所谓独立的、完整的工业体系，就是要有能力为农业、工业、国防、交通运输业提供成套技术装备的基础工业体系。"这就使得"以农业为基础，以工业为主导"的思想贯彻落实。

同时，中央继续推进"三年调整"的重要决策，对抵制形势稍有好转就急于求成的"左倾"思想干扰，继续坚持"八字"方针，促进工业乃至整个国民经济按比例发展，具有重大的历史意义。到 1965 年，我国工业经济状况已经得到了全面恢复发展，并开始探寻新时期工业发展的新体制、新机制（就是重新强调了工业管理权限的统一集中）。

以农业为基础，以工业为主导，科学处理好农轻重发展关系，不仅是过去，即使在现在和将来，这一中国工业化发展的思想和道路选择都会有着实在的价值意义（立足国情，中国的工业化体系建设也好，中国的工业化道路抉择也好，本质上都应该是处理好农轻重发展关系）。

这个时期还有一件工业经济发展中值得大家记忆和研讨的事情，就是"工业学大庆"问题。这是1964年党中央对全国工业战线提出的号召。中央号召开展"工业学大庆"运动，主要是要求学习大庆自力更生、艰苦奋斗的精神，以推动全国工矿企业和社会主义建设向前发展。1963年底，经过三年多的奋战，位于东北松辽盆地的大庆油田完成探明和建设，结束了中国人靠"洋油"过日子的时代。以王进喜为代表的大庆人，吃苦耐劳，公而忘私，使大庆成为我国工业战线的一面旗帜，得到全国工业交通战线的崇敬和学习。

1964年2月5日，中共中央发出通知，号召全国其他部门学习大庆油田的经验。此后全国工业交通战线掀起了学习大庆经验的运动，大庆也成了中国工业战线的一面旗帜。

1964年2月13日，毛泽东在人民大会堂的春节座谈会上发出号召："要鼓起劲来，所以，要学解放军、学大庆。要学习解放军、学习石油部大庆油田的经验，学习城市、乡村、工厂、学校、机关的好典型。"此后，"工业学大庆"的口号在全国传播。

客观地说，大庆经验、大庆精神也是我国工业经济发展的先进经验和创业精神，一直到今天，都是有着积极的、重要的学习应用意义的，我们尚处在社会主义初级阶段，我们还需要像大庆这样的典型示范激励，我们还需要大庆这样契合国情、国力的，具有中国特色的社会主义工业化发展道路的中国经验、中国方案、中国精神。

（5）"文革"时期的工业经济（1966～1976年10月）。1966年，我国工业经过调整，进入了一个新的发展阶段，这一年召开了全国人大三届一次会议。周恩来的政府工作报告里是这样说的，今后发展国民经济的主要任务，就是要在不太长的历史时期里，把我国建设成为一个具有现代农业、现代工业、现代国防和现代科学技术的社会主义强国，赶上和超过世界先进水平。从第三个五年计划开始，分两步走：第一步，经过三个五年计划时期，建立一个独立的、比较完整的工业体系和国民经济体系；第二步，全面实现农业、工业、国防和科学技术的现代化，使我国经济走在世界的前列。

正当我国工业要奋力跨越发展的时候，"文革"开始了，一场"文革"，十年动乱，一直到1976年10月，华国锋一举粉碎"四人帮"，我国的国民经济几乎处于崩溃的边缘。

这十年是第三个和第四个五年计划期，由于高层对国内外经济与政治形势认识上的某些片面性，使得原本的计划目标任务都转向了以备战为中心，以"三线"国防工业建设为重点的路子上。1966年8月，党的八届十一中全会明确了要以"备战备荒为人民"的思想作为"文革"时期的工业发展方针。进入20世纪70年代，更是强化了"以阶级斗争为纲，狠抓备战，促进国民经济的新飞跃"，要"集中力量建设战备后方，建立不同水平、各有特点、各自为政、大力协同的经济协作区，初步建成我国独立的、比较完整的工业体系"。

当时把全国划分为10个经济协作区：西南、西北、中原、华南、华东、华北、东北、山东、闽赣、新疆。提出各个协作区要有计划地建设冶金、国防、机械、燃料动力、化学等工业部门，同时要建立比较强大的农业、轻工业和比较发达的交通运输业。同时，要大力发展地方"五小"工业，要求每个省市自治区都要建立自己的小煤矿、小钢铁厂、小化肥厂、小水泥厂、小水电厂、小机械厂等形成农业服务的地方工业体系。还提出要加速发展石油、天然气和电力工业，注意生产力布局，扭转北煤南运，力争实现地方自给自足。

应该说，现在各地的一些被称作乡镇企业的企业，很大成分上是由那一个背景基础演化发展起来的。

从新中国成立到 1976 年 10 月，这就是人称新中国发展史上的前 30 年（29 年）。因为"大跃进""文革"，一些人对此期间的经济发展，包括工业化建设进行了完全的否定，这是极端的、非客观的。客观地说，这 30 年还是发展了，中国国民经济体系也好，中国工业化体系也好，都是在这 30 年间构筑和形成的。没有这 30 年的发展和积淀，就没有今天这样一个平台起点。特别是对于工业生产力在地区之间的布局，石油化工和电子工业的迅速崛起，以及引进大型工业生产设备等（如南京汽轮机厂、杭州汽轮机厂，武汉钢铁公司 1 米 7 轧机系统，都促成了我国工业进入到大型化、自动化、高速化、连续化等阶段，与 20 世纪 70 年代的世界水平不相上下。特别地，（两弹一星也是在这一期间试验成功的）。

（6）改革开放以来的工业经济（1976 年 10 月以来）。1976 年 10 月，粉碎"四人帮"，结束"文革"，中国工业进入了一个新的调整期。

1978 年 12 月召开了党的十一届三中全会，这次会议的最大亮点是纠正了"以阶级斗争为纲"的"左"的思想路线，确立了"一个中心、两个基本点"的战略思想和战略定力。1979 年 4 月，中央工作会议专题讨论经济问题，提出了新时期的新的"调整、改革、整顿、提高"八字方针。1979 年 6 月，全国五届人大二次会议又进一步阐释了这一八字方针，即调整国民经济比例关系；改革现行经济管理体制；整顿一直处于混乱状态的企业；提高生产水平、技术水平、经营管理水平。

工业经济体制运营改革最初主要表现在：扩大企业自主权；全面推行工业责任制；实行利改税和进一步扩大企业自主权。后来的主要表现是：推进公司制，发展非公有制经济，建立现代企业制度，实行所有权和经营权分离，建立混合所有制经济等。

党的十一届三中全会后，邓小平的社会主义本质论、社会主义初级阶段论、社会主义市场经济论，特别是由于邓小平的"不争论"，从而形成的大家揣着一种"不折腾"思想及其作为，使得我国经济包括工业经济开始渐入佳境。

纵观新中国成立以来我国工业经济发展历程，我国的工业结构发生了深刻的变化，工业化水平明显提高，实现了由工业化初期向工业化中期的历史性跨越，实现了由工业基础薄弱、技术落后、门类单一向工业基础显著增强、技术水平稳步提升、门类逐渐齐全的重大转变，工业在国民经济中的地位不断加强，成为国民经济的主要贡献力量和拉动因素。为我国国民经济发展、国际地位的提升和人民生活质量的改善做出了重大贡献。

毋庸置疑，我国已经形成了独立完整的工业体系，但从国际分工和产业链系上看，总体处于相对低端层次。上文讲到，"一五"期间，156项重大工程奠定了新中国工业体系的基础；20世纪六七十年代，通过加强能源、原材料、机械制造等行业发展，特别是在内地崛起的一些新的工业经济中心，东北、华北、华东形成了具有一定实力、部门相对完整而又各具特色的大区工业体系；西南、华中、华南，包括西北地区都逐渐形成了自己的工业基地。改革开放以来，随着长三角、珠三角、环渤海经济圈等的快速发展，我国的工业体系日趋完善，我国工业的增长速度远高于世界平均水平，是世界增长最快的国家之一。但从产业结构上看，我国与世界发达国家相比，高新技术产业的比重还不高，主要还是以劳动密集型和资源密集型为主；从产业分工看，我国还处于国际价值链的低端，我国的出口产品以初级制成品为主，我国的工业生产在关键技术、关键设备、关键工艺方面还是主要依赖国外，很多新技术和关键零部件大部分需要从国外进口，即使到今天，这一直都是我们的内心深处的一个痛。

三、我国工业经济发展的历史启示

其实上文已经讲了许多，但一些问题还是要再交流一下。

历史是一面镜子，温故而知新。从历史发展进程看，无论是发达国家还是发展中国家，都将发展工业、推进国家工业化、根本改变国家发展现状和提升国际地位作为经济社会发展的共同目标、基本战略来实施。

英国的工业化从 19 世纪 70 年代开始到 20 世纪 70 年代完成，用了 100 年的时间；德国、美国、日本的工业化从 18 世纪末到 20 世纪初，用了一个多世纪的时间；西方工业化是随着新技术革命带来工业化发展的。东亚国家和地区，主要是"亚洲四小龙"在 20 世纪 40 年代到 90 年代，用了 50 年的时间，则是通过承接产业转移完成了工业化；现在全世界 200 多个国家中，有接近 80 个国家和地区基本实现了工业化。

我国工业化演进综合起来说经历了三个大的阶段：一是以毛泽东矛盾学说为主导的，包括我们前面讲到的国民经济恢复、社会主义改造、"大跃进"、国民经济调整、"文化大革命"等工业立国阶段；二是以邓小平的"初级阶段论""社会主义本质论""市场经济论"，或者叫"猫论""摸论"为主导的工业富国阶段；三是以习近平的"经济新常态""五大发展理念""五位一体全面发展""四个全面战略布局""供给侧结构性改革"为主导的工业强国阶段。

尤其现阶段，各省市自治区也都纷纷提出了自己的工业化发展战略和举措。河南省十次党代会提出要建设经济强省，首要的是建设先进制造业强省。打造三个高地，无论是科技创新高地，还是开放带动高地、文化高地，其实质都在于围绕工业发展推进工业化的进程，文化产业将成为未来重要的支柱性产业。

现在我们的工业化发展面临的问题：一是科技约束性，原创性的、高精尖的、先进适用型的生产欠缺；二是工业经济体制机制深层改革问题不到位。现在我们很纠结，因为至今我们的工业发展也好，整个国民经济发展也好，依然是一放就乱，一乱就收，一收就死。完全放开市场化运行，不行，回到政府统管，也不行。真是还要有一个过程。

我最近看到网上流传一篇北京大学林毅夫教授在他的学术生涯30年研讨会上的演讲，说是"中国经济学界应扬弃'西天取经'的信念"。说他在北大读了硕士后，到美国芝加哥大学读博，感觉学到了不少真经，但回国后发现应用不上，抱怨中国政府的一些做法，缺乏理论指导，后来渐渐地认识到中国不是不按游戏规则出牌，而是国情特点决定了其不可能，也不允许按照西方那一套路子走，必须坚持走中国特色的路子，所以，西方的很多东西在东方行不通，不要总是唯西方论。我赞成林教授的思想。

研究我国工业经济发展，在于寻求一定的感悟和启示，我的认识有以下几点：

（1）一定要按照客观规律办事。什么时候按规律办事了，什么时候我们的发展就顺利、就有效、就进步。

（2）一定要树立工业立国、工业立省、工业立市，推进工业化发展的理念，这是政府的职责。

（3）一定要走中国特色社会主义市场经济的路子。既要加强治理能力现代化，科学实施宏观经济调控（处理好政府与企业、与市场的关系），也要注重市场法则，按照市场机制开发好、配置好、利用好工业资源要素（科技、资本、人力、土地、经营管理等）。

（4）一定要注重人力资源开发利用，注重人力资本投入，形成自己的工业经济科技研发、经营管理的精英人才及其队伍。

（5）一定要继续全面深化改革，做活做大做强做优国有企业，发挥国有工业企业市场经济第一主体作用，推进社会主义事业不断创新发展。

（6）一定要完善工业经济运行的生产关系，要坚持"两个毫不动摇"，让国有经济和民营经济在中国工业化发展中竞相争艳，应该将其作为一项基本国策。

（7）一定要培养、引进一批具有国际工业化视野和远见卓识的技术拔尖人才、资本营运人才、经营管理人才，也包括整建制引进和培育高新技术研发团队、世界著名资本运作团队、一流现代企业经营管理团。

（2017 年 7 月 25 日于河南大学"攀枝花市工业和信息化系统高级经营管理干部学习班"）

关于国企改革

感谢有这个机会和大家交流，主要借此与大家讲讲国企改革问题，自己的认识，不当之处尽可批评。

我始终认为，国企是中华人民共和国经济的脊梁，是社会主义制度大厦的支柱，是共产党的力量所在。只要是中国共产党的领导，只要是社会主义的生产关系和经济基础，国企将永远是当代中国的主心骨，将永远是中国特色社会主义市场经济的第一主体，这一点不容置疑。但是国企也确实存在不少问题，包括制度、体制、机制等方面，也是这样，国企的经济能量总是受到某些约束和压抑，效益低，质量低，加之政府某些不适当的行政干预导致的宏观经济结构和比例关系的失衡，影响了国企的进步与发展，所以国企要改革，要全面深化改革。近40年的改革历程及其实践，国企从扩大企业自主权，到赋予自主经营管理权；从工厂制、公司制运营，到建立现代企业制度；从强调国企改革，到强调国企改制，到股份制、多种产权混合所有制；国企在改革、在蜕变。我找了一个2015年底的数据，说全国国有企业营业总收入为45.5万亿元，资产总额为119.2万亿元。与1998年相比，营业收入增长了6倍多，资产总额增长了7倍多，国有经济的体量与容纳能力显著增强。

现在中国经济进入新常态，也就是近一二十年的高增长因为资源、环境，以及国际经济形势的持续低迷等，不能继续下去了，长期积累的一些矛盾问题暴露出来了，特别是过去的需求拉动型经济，也凸显出供给侧结构性问题对整个经济的影响，因此中央提出了供给侧结构性改革的经济改革的新方针，以期在新常态下一方面要全面做好稳增长、促改革、调结构、惠民生、防风险各项工作，稳中求进，保持经济平稳健康发展和社会和谐稳定；另一方面要坚决推进供给侧结构性改革，以期提高供给质量，更好地满足人们的生产与生活需求。

这次全国两会传递出来的基本信息实际上就两个字，一个是"稳"字，一个是"改"字。"稳"，就是要稳中求进，稳中求好，保持国家经济社会大局的稳定和谐；"改"，就是要进行供给侧结构性改革，以"三去一降一补"五大任务为抓手，调整经济结构，转变经济方式，解决好国民经济重大比例关系的失衡问题。

2017 年是推进供给侧结构性改革的深化之年，我们煤炭行业的改革重任就是去产能。去产能，不只是限产压产，还面临要处理好减人减企的现实问题。因去产能，不需要那么多人了，因去产能，还要清理掉一些僵尸企业，从理论或是政策上讲，很好办，但现实中任何一个地方或是企业都是十分谨慎的。

根据国家去产能相关政策，未来 3 ~ 5 年，我国将化解钢铁过剩产能 1 亿~1.5 亿吨，煤炭过剩产能 5 亿吨。与之密切相关的是钢铁和煤炭行业近 180 万职工将被分流安置。1998 年我国国有企业职工人数为 6565 万，2015 年已下降到不足 3000 万，人员分流与再就业压力明显减轻。2015 年我国新增就业岗位 1300 多万。而且这次去"僵尸企业"改革所涉及的面要窄得多，真正陷入"僵尸"困境的，只是国有企业中的一小部分。原国资委主任肖新明说，2016 年，河南省 805 家国有控股企业中亏损企业达到 288 家，亏损面约 35.7%、亏损额同比增长 6.6%。说明河南"僵尸企业"为数有限，国内"僵尸企业"比例从 1999 年的 30%以上下降至 2016 年的 10% 左右。说出这一点，主要是想给大家提醒一下，不要太紧张，不会像社会传言那样，出现下岗潮，也不会出现大量失业现象的。

今天国企改革的重要内容亦如国务院国资委主任肖亚庆在首届中国企业改革发展论坛上指出的，国企改革要在重点领域和关键环节取得新的进展和突破，包括深入推进公司制股份制混合所有制改革；切实建立灵活高效的市场化经营机制；不断加大推进供给侧结构性改革力度；以管资本为主坚决转变国资监管职能；全面从严加强国企党的建设（习近平称之为"根"和"魂"）等。

我个人认为，具体内容无非还是兼并重组、负面清单、提质增效、降本增效等。多说一句，国企改革也好，国企改制也好，应该说最重要的是厘清代表国家和人民的政府与直接经营国有资产的国企之间的关系，让国企能够自主地、自由地按照企业经济规律、按照市场机制作用运营。作为政府的国企，应该对政府的担当是什么？比如政治责任、经济责任、社会责任、文化责任，以及具体的税负、利润、利息等；作为市场的国企，应该对企业经济体自身的担当是什么？比如什么时间生产经营什么，什么样的技术层级来生产经营，形成什么样的有机构成下的成本、利润、收入、价格，从而以什么样的竞争优势使国有资产得以不断增值壮大等。有人总是说，国企的利税是靠政府投资获取的，这话也对也不对。对，是说政府的企业，政府投资是很自然的事情；不对，是说这一观点湮没了企业劳作与努力的因素，带有极端性。还有人一直说，国企的利税是因为国企出于资源垄断的有利端点，这话搁在一二十年前说，也许是对的，可是现在再说，就有点说多了，现在的所有领域、所有产业、所有行业，包括军工都基本上完全放开了，不仅是允许国企与民企合资经营，甚至民企完全可以独立地投资经营过去的一些产业禁区。看事物不能情绪化，国企走到今天也是非常不容易的。三四十年的改革，不但使国企经历了风雨的冲刷，还使国企锤炼成了中国社会主义市场经济的第一主体，不断地趋向现代企业，随着更加全面改革开放，国企必将更具生机活力，担当起中华民族的伟大复兴和中国梦的大任！

说这么多，也在于使大家不要悲观，这个形势很正常，认清形势，搞好本职。

网上最近传出两个事例：一个是沈大伟的故事；另一个是原邓小平的翻译，现北京大学的张维为教授做的一次演讲。

沈大伟是一个研究中国问题的专家，在中国待了十几年，先后在南开和复旦求学，在北大读的研究生，是个中国通。2016 年 3 月，他在《华尔街日报》发表了一篇文章，题目是"正在到来的中国崩溃"，说我们统治的最后阶段，而且退出历史舞台的速度将超出许多人的想象。他说的理由是，大批精英移民海外；言论不自由；党员不忠诚党；严重的腐败；体制改革举步维艰等。论文出来后，恰逢基辛格来华，我们就问他怎么回事？他先说不知道并告诉我们别听那些小报胡诌，当说出是《华尔街日报》，基辛格沉思了一会儿说了一句话，"他想当副国务卿"。2016 年美国大选，过了大选你再看看，他会转过来的（沈大伟也想"旋转"一把，美国有旋转门一说，教授当国务卿，如基辛格原来就是大学教授）。2016 年 7 月 1 日沈大伟在《华尔街日报》又发表了"如何与一个崛起的中国打交道"的文章，又回归了学术与现实。沈大伟的"旋转"，向全世界说明我们中国没有崩溃，而且确实发展了。

再说张维为教授。张维为有一次到英国，媒体有人问他，你感觉中共十九大还能开吗？张维为回答说，西方对中国的预测从来就没有准确过。所以要有自信。西方的制度体制实际上是工业革命前的，其现在出现的种种问题就是一个证明。西方为什么要打压我们，就是我们进步了，我们发展了，我们在许多领域或将要在许多领域超过他们。张教授说他最看好的衡量经济社会发展的指标只有两个：一是家庭净资产；二是人均寿命。美国家庭净资产是 7 万多美元，我们是超越他们的。人均寿命我们是 75 岁，他们是 78 岁。但从具体地区看，我们有一些地区是高于 80 岁的，这就是进步，这就是发展，所以要有自信。河南人的形象在改变，河南人的经济社会生活也在改变，不承认吗？张维为教授说，没有出过国的都说西方好，出了国的，都说中国好，请品味品味。

诚然，经济运行中不稳定、不确定的因素依然较多，经济保持稳定增长的基础仍不牢固，下行压力依然较大。"要着力稳控各类风险隐患，确保'四个不发生'，即确保不发生重特大安全生产事故、不发生系统性区域性金融风险、不发生大规模的群体性事件和恶性案件、不发生持续性负面舆论炒作热点。"省委书记谢伏瞻日前在研判全省经济形势时强调。

当前河南经济存在的难点：经济下行压力依然较大；部分传统行业经营依然困难；投资增长后劲不足压力加大；外贸形势下滑压力加大；新旧动力转换压力加大等。但是中央和省委省政府有明确的方针，即"把握经济大势，保持经济定力，按照宏观政策要稳、产业政策要准、微观政策要活、改革政策要实、社会政策要托底"的思路。同时全国上下都在努力，正在突破，只要房还在盖着，车还在造着，路还在铺着，天塌不下来，一切都会好起来的。前世界银行副行长、首席经济学家、北京大学的林毅夫教授履职回国后的第一次演讲就很有感触地说，纵览世界风云变幻，唯有我们"风景这边独好"。

说来说去，主题的、重要的是要客观看待当前经济形势，要贯彻好中央采取的方针方略，要积极面对，要乐观自信。国企要改革，但不是改掉，不是削弱，而是要在改革中发展壮大，具有更大的竞争力，包括国际竞争力。

（2017 年 3 月 29 日与国有义煤集团经理层座谈时的发言）

对河南"圣光模式"的初步认识

——在圣光集团公司调研座谈会上的发言

对于圣光集团，三年前我曾有所接触，但真正形成一些印象和认识的应该说是这一次。看看，听听，很受感动，很受鼓舞，也很受益。我看到一个资料，说圣光集团位居中国民企 500 强第 451 位，居河南民企百强第 11 位。我想这应该是与圣光集团不忘初心、勇于探索、创业创新，特别是以周云杰董事长及其一班人坚忍不拔的实施"供应链模式"运营是分不开的。这个模式，尽管还在尝试中，还需要很多方面的完善，但依然使人深深地感受和领略了它的企业价值和时代意义。现将我的初步认识与大家交流，不当之处，不吝赐教！

一、一定要认识到圣光集团供应链模式的时代价值和意义

之所以说圣光集团供应链模式有时代价值和意义，是基于以下几点感知：

第一，圣光集团供应链模式契合并务实地贯彻了党和国家深化医疗体制改革、医药分离的基本思路和政策指向，这是一种带有开拓性、破冰性的有益进取。我们的医改喊了多少年，总是雷声大雨点小，甚

至不下雨，现在圣光集团供应链模式把雷变成了雨，接地了。这是真改革，这是在做着政府想做，又很难做且必须要做的大事情，解了政府的难，所以我说它有时代价值和意义。

第二，圣光集团供应链模式契合并逻辑地贯彻了社会主义市场动能，进行了一场促进行业间、企业间互助互利、携手共进的，应对经济新常态、实现企业稳发展的新的企业工程。很明显，供应链模式运作的热点在"链"字上，它的动能是运用市场机制、按照市场法则使相关行业、企业间构筑成了链式依存关系，达成了符合现代市场经济规律的、新的业界竞争与合作的命运共同体，这正是我国社会主义市场经济的一个重要内容特征。同时，供应链模式立足马克思主义市场平均利润率学说，以上游企业对下游企业利益承让为杠杆，有力地增进了圣光集团"药流通"线上线下企业安于融入全链条运营的积极性和主动性，这种自由的、平等的、市场化的运营及其产生出来的动能，恰恰表征了圣光集团供应链模式的内核要义所在。

第三，圣光集团供应链模式顺应并凸显了我国经济不充分、不平衡的主要矛盾面，成为现阶段普遍存在着的资金约束条件下，企业超越困惑的一种明智的、理性的选择。经济进入新常态也好，经济下行压力持续加大也好，焦点是资金问题，即企业资金链断裂，资金约束。而圣光集团供应链模式的一大优势就是"圣光牵头、业界跟进、银企合作"——以供应链之命运共同体来排解难题，共享资源。因此，还不能单纯地理解为圣光集团供应链模式只是去了库存，减了资金，提高了资金周转速度，更重要的是还在于它把企业资金盘活了，使企业资金演化进入社会资金运动之中，形成了企业间资金的集散效应，既弥补了企业资金的时空间量的短缺需要，又提升了供应链企业间资金使用的质的效应，甚至以"链"为载体构筑起了一个供众企业使用的资金池，适时地破解一些企业的资金难问题，从而必将极大地激励提升整个行业、企业经济运行的动能、运行的效率、运行的质量。

第四，圣光集团供应链模式顺应并突出了社会民生大计责任之担当，是对现行医药关系、医患关系、医政关系体制机制的一次大破局、大变革。正如大家讲的，圣光集团供应链模式的运营，对医院来说，药品全了；对百姓来说，药价降了；对社会来说，大家看得起病了；对政府来说，各方关系慢慢改善了，长久的口号变为现实了。

第五，圣光集团供应链模式反映并表现了互联网、大数据与产业融合，推进产业向新经济演化的功能智慧。这一模式试运行以来的实践表明，工业化只有与信息化融合，传统产业只有与现代信息技术嫁接，才能使整体经济活动不断超脱创新，即才有可能以新的方式、新的业态、新的组织、新的路径进入新知识经济条件下的高级化运动。也是这一模式的互联网、大数据应用，使得过去的企业隐形化状态转变成显性化状态，不仅实现了经济社会资源的利用共享，更使企业处在了阳光大地之上，像一个透明的玻璃屋——把企业与社会、企业与财政、企业与税务、企业与工商、企业与企业之间的相应关系，淋漓尽致地公之于众，接受各界的监督评价。

第六，圣光集团供应链模式反映并表现了产业经济运动的规律，推进了第二产业与第三产业、工业与商贸商务的融合发展，把生产、分配、流通、消费连接为一体，彰显出了新时代产业重组、产业集聚、产业集群、产业高级化发展的一般规律。

圣光集团供应链模式应该说是我国企业经营管理趋向现代企业制度的一个大势。早在 20 世纪 70 年代前后，供应链模式在日本就已经被视为成熟的企业经营管理典例了。包括日本的丰田公司、日立公司等就已经实施了"无库存""看板生产"减少资金占压、提高资金周转速度的生产经营模式。20 世纪 80 年代初期，被我国一些留日学者引入，结合全面质量管理，在一些国有企业试行，但由于那个时期我国生产企业产品交货期的无保证不按时性，物流企业的运输能力及其低效率，使得这一试验很快搁浅。时至今日，无库存、看板（单）生产，实施供应链运营的关键依然是交货期按时不按时的问题（尽管现时物流业已经大为改观），这是我们与国内外企业合作过程中，也是实施供应链模式能不能成功的重要因素。值得肯定的是，为了保证供货及时，圣光集团还利用自身资金设了一个"中央库"，即增加了一个缓解交货期问题的蓄水池，以保证和规避供应链运营过程不会因交货期问题而卡壳出事。

二、圣光集团供应链模式当前
应面对和注重解决的问题

这次我们看看、听听，深感圣光集团供应链模式一路走来，不容易，不简单，和任何事情都不会是那么顺意平坦一样，改革创新总是负重前行的。圣光集团供应链模式接下来要面对的，或是应注重解决的有三个基本问题：

第一，你要面对和解决的问题是来自政府及其业务行政管理部门。我们现在还正在从大政府小社会向小政府大社会过渡，政府特别是那些有业务联系的行政管理部门，它们还没有完全转变观念，有的甚至还在念着管卡压的经，现在这么一改，打破了往日的宁静，对它们原有的一套秩序是一个冲击，对它们的原有思想观念、管理预期，包括行政权力与权益上都是一种叛逆，它们总会提这提那，甚至责难排斥，都是可能发生的，搞改革就要有这样一种心理务虚，好事多磨。只要认为方向路数是对的，就要坚持，挺住，同时理解、包容、耐心、诚恳地做好工作，争取这些部门领导的支持认可，这里关键是有试验数据、有业绩效应、有社会认定。现在的体制背景下，一定要注重取得政府首脑的关注、认可、支持。我国的基本体制和机制是市场决定，但政府作用有时往往大于市场力量。西方评论我国企业家，说中国的企业家很难，难就难在企业家必须要学会在夹缝中爬行，另一只眼睛要盯着市场，另一只眼睛还要盯着市长、县长，而且这只眼睛还得瞪得大一些，没有政府的支持，企业的发展也许到处都是羁绊。当年马云起家，弄得那些微信支付、支付宝等一开始就没有人搭理，还好，马云说服了辖区的一位副区长，让他在这个辖区试行，后来也是随着这位副区长升职到市里、省里，马云才拨开云雾见晴天，腾飞起来。即使是到现在，也有许多人对马云的企业定位与经营并不认可，认为它把银行冲击了，差一点废除了纸币流通；把实体店冲击了，把原有的流通经济业态、秩序毁了；把工业化冲击了，扭曲了经济重心，使中国经济脱实向虚，走向危险边缘；等等，但都没有挡住马云，而且火到了发达国家、成了联合国的贵宾。这就是一种企业的追求，一种坚韧不拔的执着。我们之所以能进行这么长时间的试验，其实也得益于我们与县政府的沟通，得益于县政府的支持，我们有着这方面的良好的基础优势，要发扬，要继续，让政府支持我们在更大的空间、更多的企业进一步试验，循序发展，这个模式一定会被人们所看好、所赞赏的。

第二，你要面对的，或者说要解决的问题是来自于你的同业、来自于大大小小的医疗单位。供应链模式的运营，自然会对业界内外产生刺激影响，甚至伤及有些业内原有的老大、老二地位。这就要一如既往地坚持互利共赢，平等相待，我们只谈合作，秉持规模化、薄利润，不触及和削弱人家。现在做的医院的"延伸服务"，或是"委托服务"，具有很强的实践支撑性，既是符合现阶段党和国家的大政方针、改革目标的，也是深化改革医疗体制机制的重要路径选择。其实，把药房与原有医疗体系分开剥离出来，实现医疗回归公益公共服务，药品回归市场范畴是改革与发展的目标大势，圣光集团供应链模式使我们看到了市场竞争规律、市场等价交换规律、市场供求规律等市场机制作用下，药品价格不降也得降的现实，能够实实在在地改变人们看病难的希望契机，这也是圣光集团供应链模式生命力、竞争力的体现。不分离医与药的联系，医药体制改革终将还是一句空话。

第三，你要面对或者说要解决的问题是你自己。即自己如何进一步探索、完善这一模式，特别是能够认真地总结上升到理论层面，从产业经济理论，从国家方针政策，从宏观（对区域经济财政、税收、工资的增加）与微观影响，从新经济、新业态、新模式，从国外、国内比较，以及从具体运营比较、评价等诸方面给出这一模式的理论支持、政策支持、绩效支持等。还要对模式的文学表达进一步提炼精准。模式是关于相应理念、机制、方式、路径、评价等方面的一个总括性、简明性表述，应有模式本身的表述，也应有支撑模式的试验数据、典型事例附件说明等。

（2018 年 10 月 25 日于河南郏县圣光集团总部）

怎样做一名优秀的管理者和企业骨干

　　很高兴与大家交流，我也很珍惜公司的领导给我这次机会能够和大家面对面接触交流。我对建筑也情有独钟，上小学就去建筑工地打小工，我们家最早的一个小厨房就是我建造的，到现在我没事儿还喜欢骑自行车到建筑工地去走走看看，掂掂瓦刀、搬搬砖。人这一生很有意思，大约有将近20年了，我在焦作市委党校作报告，国有焦作一建，现在改制更名为中安集团，其党委书记把他们班子的人都叫去听了，并专门邀我到公司座谈，我为什么去了，因为其是建筑业，真的是一种情牵和缘分。到现在快20年了，每年初八都要我去与大家坐坐，尽管领导层都换了几茬了，究其原因：一是因为我们一起使公司起死回生，实现改制；二是因为我还是喜欢这个行业。所以，省社科联的朝纪主席提出让我来，我二话没说就答应了，既是这种对建筑业的感情使然，也是被我们大成集团这个举动所感染。

　　培训管理者和企业骨干，接受现代理性教育，是一种深谋远虑，是一种战略举措。现代企业是以人为本的一个生产力集合体，生产力中人是决定性的因素，科技是第一生产力，人则是第一生产力中的第一要素。但是第一要素中的第一力量是领导力量，许昌过去有个村委书记有一句名言，叫"干部不领，水牛掉井"，这里讲的干部，除了决策层，主要就是指的管理层及其企业的骨干群体。所以我非常愿意与大家交流。

　　我今天和大家交流的主题是怎样做一名优秀的企业管理者和企业

骨干，包括的主要内容有：什么是优秀的企业管理者？如何成为企业发展的骨干力量？什么是企业文化？什么是资本人格化？怎么样在当前经济形势下把我们的企业做大做优做强？一家之言，大家中间尽可以提问题，我们研讨交流。

一、什么是优秀的企业管理者

企业管理者，也包括企业领导层的干部，但这里主要是讲我们的中层管理干部、基层管理者。常听到有人说，"中层不好干，两头受埋怨"。是的，我做了 21 年的科研处长，研究生处长，我也有体会的。但我还是感觉可以的，因为大家到现在还都非常认可我，说我干事儿了，干成事儿了，而我也坚持认为自己就是个干事儿的，一生立基于工作第一，工作立身。所以我是干啥喜欢啥，抱定信心干好啥，并且总是拼力力争做得最好。我感觉做一个优秀的中层干部，做一个领导满意、大家心仪的中层干部，并且能够脱颖而出，或者说出类拔萃，是一门科学，是一个品位，是一定修养、一种境界。

客观地说，每一个人都有自己的理想抱负和价值追求。我们的父母把我们带到人世间来，并不只是置地、盖房、娶媳妇，仅作为一个生儿育女的传感体，而是总梦想着、期待着有所作为，成就大业，担当大任。但怎么实现这个梦，除了天才与勤奋，就是要熟知做一个中层领导要具备哪些资质条件及能力要求。比如办公室主任这个角色，我很赞成有人说的，要真正回归到动物世界，办公室主任应当是一只鸡，什么都要走在前边。有道是"领导不讲咱先讲，试试喇叭响不响""领导不行咱先行，试试道路平不平"，就是说什么事儿一定要做到领导前头，做好充分准备。

办公室主任应当是一头牛，任劳任怨，勤勤恳恳，服服帖帖，鞭子抽到哪儿，就走到哪儿。

办公室主任应当是一头猪，要当好出气筒，领导遇到烦心事儿了，没地方撒气了，或是在基层众人面前当面训斥你了，你只能哼哼了事儿。

办公室主任应当是一只羊，没有那么多事儿，不找事儿，不惹事儿，有雅量，能容忍，特别是领导有些事情需要你出面甚至替揽责任时，你能挺身而出，做个替罪羊。

办公室主任应当是一条狗，替老板看好家院，守好门户，倾心和忠诚于自己的主人。

做不到这几个方面，你这个办公室主任是干不好的。

再如我们的财务部门，财务总监也好，财务处长也好，叫CFO也好，要有本事弄来钱，要有能力管好钱，要有智慧用好钱。不仅要会算账，会分析，更要有公司理财意识，要懂得资本运作，辅助董事长、总经理游弋在资本市场，把握钱从哪儿来，用到哪儿去，什么时间收回，能赚多少钱？同时，既要"走出去"，也要走下去，到一线工地，实地查看和研讨降本增效问题，研讨费用的合理性问题；包括什么时间发工资，什么时间进材料，以及做量本利分析，等等（马云、刘强东年薪1美元，是财务人员给他的公务消费卡，一是避免交税，二是激励员工——老板不拿工资——其实个人消费与企业消费混在了一起）。

又如人力资源部门，一定要研究什么岗位，在什么时间，需要什么样的人，如何实时实地满足各级岗位对各类人力资源的需求。经营营销部门，一定要研究怎么样把企业推出去，怎么样承揽更多更有利可图的工程，怎么样获取更多的社会声誉和影响，闯出自己的品牌。

质监部门，不要等到问题出来了再去说这说那的，而是要怎样发现问题症结，从源头上规避问题的发生；怎么样与技术研发部门配合，改进工艺、改进工装、改进技术、提高质量、拿下鲁班奖，等等。今后企业竞争，是质量、服务、形象、品牌、成本的竞争。市场化大势不可逆转，大浪淘沙，建筑市场也好，房地产市场也好，可持续发展来自于质量。

不要抱怨，抱怨你的企业这不行，那不行，首先想想你对企业做了些什么。有一年，一个区的领导邀我们几个当时在业内有些影响的人餐桌议事，走到半路上却被市委领导喊去了，我们几个就在街边一家小吃店里坐了下来，邻桌的是几个像是哪家公司的员工在喝酒，不断地吆吆喝喝、骂骂咧咧地"愤世"个不停，年轻人都很激动。我端着一杯酒凑了过去，说哥儿们几个热闹啊，来，我们一起干一杯！一会儿就混熟了，我说了几句话：

有牢骚很正常，重要的是面对现实，学非所用本来就是一个常态，没有那么多岗位，没有那么多机会使你满足的。日本钢铁业工人百分之八九十都是本科生，我们现在很多研究生在送外卖，在打零工，在干个体，亏不亏？

也不要总是抱怨不重用自己，领导看不到自己，就像一个村支书，多年了村里面貌依旧，可总抱怨县委书记、县长不去他那里看看。人家为什么要去你那儿呀？你有作为，有建树吗？你要有了大的发展改观，不用你说，县委书记、县长自己都跑去看你了。郑州市宋砦村的宋丰年，市长见他还要约时间呢。

有的人总觉得自己怀才不遇，总埋怨自己得不到提拔。其实，俗一点说，今天提拔干部，除了组织部门外，至少还有两种人会得到提拔，一是拉车的，就是实实在在干活的，能干的；二是能说的，下面人给这叫能吹喇叭抬轿子的，因为从某种意义上看，现在的体制真还就要干着吆喝着，别人不说，自己再不说，那就永远不为人知，要包装，这在党政干部中屡见不鲜。我这里主要是说，你就做拉车的，实干派，领导会看见的，哪个领导不想有能干事干成事儿的一帮人？当然你因此赖政堕政，那就要请你出局了，这个地球上离了谁都照样转圈儿。你看现在从上到下都在调干部，为什么？一是党的十九大要推进伟大工程、建设伟大中国；二是你不干，有人干（武则天在西安城门楼上上演"飞蛾扑火"）。所以一定要放平心态。有时候人与人之间确实不能硬比较。我与现任的教育厅长—张纸同一时间提拔，我与张广智副省长当年一个在教育厅，一个在高校，同为科研处长，不几年，人家做了大学的党委书记，做了农业厅厅长，做了市委书记，做了副省长，你比吧，没有必要比，关键是自己做好自己的岗位工作。

二、优秀的企业管理者应具备的基本素质

优秀的企业管理者应是一个善思考、善规划、善策划、善协调、善运作、善评判的睿智的人。

善思考，表明勤奋、投入、执着、细腻、有责任感；善规划，是说讲科学、重规律、有计划、有事业心；善策划，是说对任何工作都能够利用路径谋略、方案设计、理性运作、甚至把做任何事情都视为一种过程享受；善协调，反映的是一个人的组织能力、统筹能力、处事能力；善运作，是说把虚的变成实的，把思路规划及其策划方案付诸实施，有一套技术线路、程序方法和方式；善评判，是说能保持冷静头脑，能客观分析问题，能不断总结提高，能通过投入产出研究增强独立工作的自信心。

我们现在很多中层干部总是觉得自己工作很被动，不知道该干什么、不该干什么，从而显现出所负责的部门工作缺乏主动性、生动性，更别说创新性。这是因为，第一，你没有真正弄清楚公司高层决策与规划的思路内容、中心重点；第二，你没有真正理解公司最高决策者的讲话精神与目标指向；第三，你没有真正弄清楚自己的岗位职责作

为。中层管理者不能等靠要，不能老是等着上司发话，一定要积极主动创造性工作，有为才有位。

有的中层观念上有问题，如办个什么事儿，找个什么人，一定要领导出面，理由是级别不够，这是一个误解。什么事情一般都是我们中层去跑了，做好了，领导才出面的，而不是领导给我们做好了，我们才出面的，这叫公司领导与中层领导错位。管理理论上有个例外原则，即上一级不能总是替下一级包办干事儿，只有下一级需要上一级指导帮助时，则算例外，否则，设置下属单位和人员编制就成为多余的了。但是，一定情况下，下一级可以超越上一级的级别去做需要上一级去做的事情。主管领导与下属机构管理者就是这样一种关系，而不是说什么事儿非要等主管领导出面你才去做。

优秀的管理者还应该具有人本思想并与人为善，且具有平和、包容以及团队合作的能力。这是一个和谐劳动关系调处问题。

大家从不同的地方、不同的家庭、不同的出身、不同的环境而来，一个人一个脾气，看不顺眼儿少看一眼，说不到一块儿少说两句，但不能心里做事儿。能不能一碗水端平，直接关系到整个团队的合作与发展。要善于人际沟通，善于与人交流，善于团结合作。不可否认，人与人之间存在差异，如看问题视角差异、学历学识差异，但要看其长，用其长，团结人，相信人，用好人。劳动关系的调处使得资本主义国家不仅没有消亡，反而一直在发展着，这是作为社会主义国家，在我们的发展过程中必须引以思考注意的。

关于企业骨干这个群体。企业骨干，就是企业赖以发展的骨干力量。骨干就是事事处处走在前面，干在前面，虽然没有什么职务，却一直默默地工作，成为广大员工的典范，不同岗位的领头雁。很多企业模范、典型，都是出自这些企业骨干。正是这些骨干影响和带动着企业广大员工成就着企业的伟业。由于时间关系，我还是把这个问题与后边有关的内容放在一起说吧。

三、企业文化与资本人格化

　　企业文化从文化经济学、经济文化学理论看，也就是企业创业创新发展过程积淀、建立起来的约定俗成的那些规程、规则、规矩，那些对包括高层、中层、基层领导在内的全体员工言谈举止、交差共事的行为准则，或者说，企业以文化机制对员工行为的激励和约束，从而创建的企业核心价值观、企业法人治理结构、企业营运秩序规范、企业经济评价体系、企业形象市场品牌等。

　　一个有文化、有素养、有品位、有长远追求、有自己的核心价值观的企业，它的投资、它的运营、它的创造、它的发展，总是表现出一种理性，理性思维、理性生产、理性经营、理性管理、理性进取，文化与理性总是联系在一起。小富即安，缺乏更高目标的追求与超越，是一种文化缺陷，是小农文化、是小生产者文化、是土豪文化。也是由于非理性、泛文化性，导致我们的许多企业的生命周期长则七八年、短则三五年，二十年、三十年的很少，百年名企则更是罕见。

　　西方企业为什么能持续走高、走好、走强，正是在于它的企业文化。美国为什么能够称霸世界，在于它的经济，经济的细胞是企业，企业的力量与动能则来自于它的企业文化，所以美国人并不怎么炫耀它的经济，而更愿意让世人说它是一个文化帝国，这个文化帝国中的企业文化竟然能够使它的企业员工进入和达成资本人格化的境界，使我们的社会主义理论家、企业家先是摇头叹息、不得其解——资本主义企业的工人怎么就如此地为资本家卖力、卖命，后是如梦初醒、惊讶发现——这是企业文化，一种从完善生产关系到作用于生产力的现代企业文化。正是拥有了现代企业文化，企业有了、应该说国家有了先进科技，先进制造、先进工艺、先进装备，先进的生产、流通、分配、消费规程与规则，也同时造就了一个个的百年名企。我们一衣带水的近邻日本也是这样，以企业文化及其资本人格化孕育了员工对企业的忠诚、凝聚、投入的素质修养和忠于企业、安于企业、乐于企业的创造力、创新力。

什么是资本人格化，就是按照资本家的价值观及其资本的效能追求，使企业员工以人格的力量实现资本的保值与增值。资本人格化有两个内涵：一是员工必须要对资本家负责；二是员工必须凭借着资本创取更多的资本。两个内涵一回事儿，资本家要求员工对资本家负责，资本家对谁负责？资本家当然是对他的投资负责，那么员工对资本家负责，体现在哪里？说到底就是要对资本负责，员工对资本家负责，就是要化为一种高度责任感，一种人格力量，而这种高度责任感、这种人格力量就是一种企业文化，最重要的企业文化。这种企业文化的内核就是把企业员工和企业资本运营、企业技术进步、企业经营管理、企业质量效应、企业资源利用、企业社会信用等融合在一起，使企业员工与资本家、与整个企业荣辱与共，结成了一个命运共同体。

资本人格化的实现也是有条件环境的。首先是员工，员工的学历学识、专业基础。在进入市场、自主择业、竞争劳动体制背景下，有一定学历层次和专业技能的人，由于是经过市场招聘应聘而来，所以其非常珍惜这份职业，非常感恩这家企业，进入企业后，其知道什么可以说，什么不可以说，什么应该做，什么不应该做，什么叫负责任，什么叫不负责任。受教育程度与人格化程度呈正向关系。

综合起来，企业员工必须显示出应有的文化内涵。欧莱雅招募员工就两个基本理念、基本要求，这就是，能够像诗人一样富有激情（海底捞），能够像农民一样勤劳朴实。

其次是企业文化氛围、企业运营秩序、企业评价体系。

最后是整个社会风尚、伦理道德水准等。

这方面有很多典型事例，这里我们就不一一述及了。

有一位专家提了这样一个问题，为什么有那么多的千年古寺，而少见有百年企业和千年王朝？

这就是，因为古寺的文化传播与传承所形成的，也应该被称为根的文化的代际延续，千百年来，大师也好，居士也好，教徒也好，一代代，一辈辈，恪守教道，诵念经语，即使是到了现代，也至死不渝，传经诵道，凝结成了寺庙文化，铸就了千年古寺。

企业则过于追逐功利、私利，目标定位，整个运作本身就是短暂的。只讲利己，不讲利他。企业追求利润，无可厚非，企业本来就应该是一个营利组织。但是长期以来，我们过分地只强调了盈利，而忽略了盈利的过程也是一个企业文化创造形成的过程——为什么要追逐盈利，靠谁来创造盈利，如何保持一定盈利水平，把盈利用在什么方面，等等，这就是文化。运动是物质的，动能是文化的。所以说，企业生产经营的过程，也就是企业文化形成及其传承的过程。

如前所述，我们已经越来越清楚地认识到，企业管理本质上也就是对人的管理，人本管理绝不只是一个管理学概念，更是一个文化学范畴里的概念，正是人本主义文化的崛起，使得资本主义腐而不朽，又呈现出勃勃生机。也是这样，我们强调了我国的企业要增强企业文化意识，以企业文化推企业创新。而要达到这一目的，决策者固然重要，但关键还在于企业中层管理者，所谓的企业中坚力量，就是指的中层管理者。如果说，企业文化是由基层员工、中层管理者、高层决策者三个层次组成，并形成各自文化范畴及其相互影响关系，显然，中间层次就是企业文化的重心所在，没有中层管理者的组织、指挥、协调，整个企业就很难顺畅地运转起来。企业的谋略在高层，贯彻谋略的关键在中层，这就要求我们在座的，充分认识到自己的地位、作用、责任，我们是企业的希望，我们任重道远！

（2017 年 11 月 7 日于许昌大成集团全体管理者和企业骨干培训班）

愚公移山精神与现代管理学的契合

　　愚公移山的故事从春秋战国年间，由列御寇著于《列子·汤问》起，千百年来传颂不息，就在于它所凸显出来的面对困难、不畏艰险、下定决心、排除万难，去争取胜利的思想境界与执着精神。亦如歌手江涛动情吟唱的那样，"听起来是奇闻，讲起来是笑谈……任凭那扁担把脊背压弯，任凭那脚板把木屐磨穿……面对着王屋与太行，凭着是一身肝胆……无路难呀开路更难，所以后来人为你感叹"。其实我们感叹的绝不仅是愚公的那种恒心、毅力、志向、气势，更是我们从这一寓言故事及其传递的愚公精神世界中获得的，与现代经济社会几近契合的管理哲学、管理方略、管理路径、管理评判，从而看出愚公移山与现代管理学的脉络关系，以期在深化愚公移山精神认知中，不断提升管理者的思维观念、行为绩效，丰富和发展新时代的管理学。

　　愚公移山的故事既是管理学教学与研究中的一个著名典例，也是影响管理学发展完善的一个重要依据。管理学是以社会化大生产为基础，探讨和推进人类经济社会活动更有秩序、更有效率的规律的科学。管理学既强调方法论，又强调实践论，因此管理学的内容主体基本上可以概括为两个方面：一是强化人的举止行为、责任担当，人本主义管理理论与实践；二是强化管理系统中人与人、人与事、人与物等要素结合关系的正相关边际效应。从马克思强调人是生产力中的第一因素，到马歇尔提出劳动等"四要素论"，到泰罗创立科学管理原理，管理学的对象进一步明晰为人这个最活跃、最具有能动性、决定性的因素，管理学的学科坐标也就稳稳实实地扎根到了人本主义，以人为本、以人为中心的理念与实践便成为现代管理科学的始点与终点，这也是管理学教学研究和愚公移山故事常常联系在一起的缘由。

我们说愚公移山体现的是一种精神，首要的也是说它所蕴含的以人为本的管理思想。从愚公移山的故事里我们看到，愚公召集家人"聚室而谋"，和众家人排解妻子质疑，"率子孙荷，担者三夫，叩石垦壤"，以及面对智叟讥讽冷嘲，提出"子子孙孙无穷匮"的人本思想。毋庸置疑，愚公敢于提出移山，是来自于他的心里定势与定力，是因为在他看来山不会再增高，而挖山的人"子子孙孙无穷匮"，只要有了人，只要人们坚持不懈，就能搬走大山。同时，愚公"聚室而谋"也不可能只是动员了人这个挖山不止的主体，还必然要就挖山的目标动能、挖山的组织秩序、挖山的工具技术、挖山的土石堆放，以及家人挖山与农耕生计分工等问题逐一进行运筹安排，显然，愚公移山的"疯子般"设想与追求，并不是盲目或心血来潮，愚公对整个移山的过程，既有明确的管理目标，如"指通豫南，达于汉阴"，也有明确的管理方法，如"子孙荷担，叩石垦壤"，还有明确的管理动力，如"毕力平险""惩山北之塞，出入之迂"等，这都是我们今天应该研读领悟的，也是现代管理学的应有内容要义。

愚公移山作为一种动能志向和精神力量，还在于愚公大智若愚，勇于挑战，目光长远，身体力行，亲力亲为，引领带动家人一起挖山，表现出了愚公强烈的团队意识——以他为主形成了极强的团队执行力——他们说干就干起来，并且能持之以恒，最终感动玉帝，使愚公移山的故事成为华夏文化的经典篇章。如果说管理就是领导，即在某一项事业活动中，一个领头的人对组织体内的人和事进行引领、导向，使其朝着规划的目标前行，那么，管理也就是管理者以自己的坚强意志和执着，提出计划、实施计划、完成计划的过程。俗话说，火车跑得快，全靠车头带，愚公不亲自领着他的子孙团队去做挖山这一大工程，可能就没有愚公移山这个故事了。也许对于现代人而言，一些人会认为愚公确实愚，愚公完全可以选择举家搬出大山而居，却为什么非要这么不计成本、不讲时效、不知享受的挖山辟路？这里我们应该把愚公这种坚韧不拔的精神和思想境界，同实践中的方式方法与路径选择区分开来。我们学习研究愚公移山这个故事，是因为这个故事给我们传递的一种理念，一种不怕面前困难、敢于挑战困难、坚持战胜困难的，持之以恒、锲而不舍的奋进精神。凡能够坚持下来的不一定都能够成功，不能够坚持下来的却往往都是注定不会成功的。华为的掌门人任正非最近在《新闻联播》访谈中这样说道，"一个人一辈子能做成一件事已经很不简单"。不搞金融、不炒房地产的华为能够以实业发展至今天地步，很大程度上得益于其一条路走到底的坚持，28 年来"对准一个城墙口持续冲锋"，并认为经营管理一定要有战略耐性。这里讲的战略耐性，既是像愚公这样具有的挖山不止的动力和持久力，也是指现代管理和企业发展中关于长远性、总体性、根本性谋划与坚持、久久为功的定力和毅力。

有学者指出，愚公移山的故事还使我们看到了愚公本身就是一个成功的管理者，因为从管理学视角看，愚公有几个管理学思想特征非常明显：第一，人本主义管理思想；第二，善于用发展的眼光看问题，而作为管理者这个是必须要拥有的，管理过程只有做好规划整体统筹，设定明确可行目标，员工才会有迹可循；第三，愚公能使家人支持他看似疯狂的理想，这也是他独特的人格魅力，任何管理者都应该具有这种人格魅力，才能形成管理权威，才能把握住全局发展，才能去组织、指挥、协调、控制；第四，愚公能够坚持不懈，挖山不止，说明他有着自己的既定目标和执着的追求精神，从而有可能实现管理过程的规范及其事业的可持续发展性，拿今天的话叫"不忘初心，牢记使命"，保证了被管理者的个人目标趋向管理者的集体目标。

管理，按照法约尔总结的，就是管理者对被管理者实施的计划、组织、指挥、协调、控制。所谓计划，是指管理中面对的矛盾和风险，通过实践调查、预测分析，做出决策规划，对未来活动进行部署安排。这里边重要的是确立专项的，或是综合的目标，坚持实施长效目标管理。愚公提出要靠子子孙孙把大山移走，既明确了移山的主体力量，也明确了他的长期的、长效的目标管理。长效目标管理在现代企业经营管理中是带有战略性意义的。我们之所以变革原有的计划体制，就是要改变过去那种只注重短期年度计划、就事论事的短目标、低效益状况，转向着眼长远发展，实施长效管理。纵览改革开放以来我国经济社会的发展，我们的民营企业，尽管其贡献已占据国民经济的半壁江山，但相当的民营企业的生命周期却都很短，少则三年，多则五年、七年，探究原因内核，主要的问题应该还是缺乏长期发展与长效管理，缺乏像当年愚公，像现代任正非、马云这样的具有远大志向和坚毅耐力，这是我们今天重新研讨愚公移山精神的时候，应该再次向民营企业家们呼吁，品味愚公移山故事，吸纳愚公移山精神，坚持长期发展，实施长效管理，打造百年名企，创立传世业绩。

愚公移山与现代管理的契合与联系，特别是长期发展和长效管理理念，既体现在微观企业的管理理论与实践过程，也同样存在于宏观经济社会管理层面。经济学家把人们的经济社会活动按其内容划分为宇观经济、宏观经济、中观经济、微观经济、渺观经济五个层次，从而形成了管理学上的相应不同管理层次的划分，但是不管哪一个层次的管理，都总是特别强调要注重战略性运筹，即着眼和切入于长远发展和长效管理，包括实施五年中期发展计划、十年长期发展远景规划，也包括《中国制造2025》，甚至中国共产党提出的"两个一百年"奋斗目标、从2020年到21世纪中叶的"两个阶段"安排，等等。不难看出，任何一个国家和政党建设，无不是遵循的长期发展、长效管理的这一体现在愚公移山精神里面的管理哲学、管理规律。也是这样，历届党和国家最高领导人都以愚公移山精神看事务、处事务、论事务，追求长期性谋划及其成功。

亦如大家的共识，真正将愚公移山故事和精神升华的是开国领袖毛泽东。毛泽东从 1938 年开始向人们讲述愚公移山的故事，而在 20 世纪 50 年代末 60 年代前半叶，更是在愚公移山后边加上了四个字：改造中国。至此，"愚公移山，改造中国"，不仅成为中国共产党领导各族人民奋力建设中华人民共和国的时代精神，而且，俨然已经把它作为一种中国道路，作为引导亿万人民前进的动能力量。在毛泽东的心目中，愚公移山精神何止是一种人们对待物质世界的一般态度，其更应该是一种坚韧不拔、不达目的誓不罢休的信心和信仰，是一种艰苦奋斗、同甘共苦、争取胜利的意志和力量，是一种改造中国、建设中国、发展中国的符合中国国情特点的道路和文化。"愚公移山，改造中国"，不仅升华了愚公移山这一久久为功的精神内涵，更把这种精神的坚持、坚守、坚信与党、国家、民族的壮大崛起紧紧地联系在了一起。从寓意深刻的《论持久战》，到八年抗战赶走日本鬼子；从在一片废墟上建立起新中国，到拥有了自己的独立的工业化和国民经济体系；从"两弹一星"惊艳世界，到成为世界第二大经济体；从憧憬和追求"自由人联合体"，到推进和构筑"人类命运共同体"……共产党努力了近百年，共和国走过了七十年，历史雄辩地告诉世人，中国及其儿女们不仅站起来了，也富起来了，而且正在强起来。毛泽东、邓小平、习近平就是以愚公移山之宏大精神及其体现的管理哲学和认识论、方法论，不仅管理好了一座座各具功能的城市和地区，更管理好了整个国家，并且使我们的国家与世界融合，进入经济全球化、一体化发展，进入中国特色社会主义新时代发展，这一现实，不正是愚公移山精神和力量的真实写照吗？不正是以愚公移山精神和力量为支撑的新中国政府国家管理能力的进步、发展的真实写照吗？

愚公移山精神不仅在过去、现在，甚至将来，都会成为当代中国共产党领导华夏儿女，不畏艰险、一往无前的实现中华民族伟大复兴的中国梦的精神支柱，成为新时代我们果敢进行伟大斗争、伟大工程、伟大事业、伟大梦想的中国力量。正如习近平指出的，"一个时代有一个时代的主题，一代人有一代人的使命。在新长征路上，每一个中国人都是主角，都有一份责任。让我们大力弘扬愚公移山精神，大力弘扬将革命进行到底精神，在中国和世界进步的历史潮流中，坚定不移把我们的事业不断推向前进，直至光辉的彼岸"。

宏观经济管理，无论是速度问题，还是就业、物价、国际收支（平衡）问题，既有具体宏观调控（管理）、寻求均衡发展问题，也有实施长效管理、追求长期效应问题。比如速度问题，我们现在的宏观管理实际上是坚持的两个结合：一是速度的快慢取决于就业，也就是要在保证一定就业规模基础上来决定一个时期的速度。所以李克强说，速度是高一点还是低一点，都不重要，重要的是能够保证就业。二是使速度保持在一个合理的区间。即我们要追求一个合理的速度，一个速度、结构、比例、效益衔接统一的速度。党的十九大之所以提出"坚持质量第一，效益优先，以供给侧结构性改革为主线，推动经济发展质量变革、效率变革、动力变革，提高全要素生产率"，也在于谋求一个合理的国民经济增长速度。从管理学理论上讲，速度问题受历史的、现实的、技术的、资本的、劳动的等多重因素影响，特别是要把速度同结构问题、比例问题、效益问题连接起来现实地分析研判，应学习愚公移山精神，注重现时、放眼长远，不追求一时半会儿的升降波动，而是把加强长效管理，保持长久性的、稳定性的增长，作为我们宏观经济管理的任务重心。

我国的宏观经济运行，既要坚持让市场对资源的配置起决定性作用，同时也要发挥好政府的积极作用，这是由我国的现行经济社会体制所决定的。让市场配置资源，实施资本化管理，我们实际上还是新手，甚至应该说还处在探索阶段，尤其在发达国家还一直不承认我们的市场经济国家地位背景下，我们一方面要坚持市场化走向大势，不断完善市场经济规则秩序；另一方面要立足中国国情特点，发扬愚公移山精神，强基础，补短板，提高政府治理能力现代化水平，创立习近平中国特色社会主义新时代的宏观经济管理科学体系。

管理是社会化大生产的产物，凡是很多人聚集在一起进行的任何一项活动，都需要管理，只有通过管理，才能达成预期目标。愚公移山精神与现代管理的联系，也表现在我国的城市管理中。全国也好，河南也好，都在加快城镇化的进程，城市，包括一些县和乡镇，城镇化率提高了，但城市的管理水平并非就随之提高了，即使是一些城市获得了诸如创建国家卫生城市、创建全国文明城市等荣誉称号，也不能说整个城市的管理水平就上去了。也是这样，在城市管理中，许多城市提出了广大党员干部要做当代"愚公"，把愚公移山的故事——以"愚公移山"之志，作为推动城市管理水平持续提升的精神力量，成为城市管理科学化的不懈动力。

城市管理为什么要推崇愚公移山精神，是因为城市的经济社会生活中客观上总是会存在许多困难和问题，而这些困难和问题又很难回避，特别是一些问题靠短时间、运动式的整治活动很难奏效。比如说城市的防治大气污染问题，中央把它列入当前三大攻坚战之一，一方面说明了它的严重性；另一方面表明高层决策者已经痛下决心，非要突破、解决这个问题不可。但是大气污染的防治需要攻坚战与持久战结合，攻坚不是一两个冲锋就能完全解决得了的，既要立足当前污染的严峻形势，有效遏制、攻破化解，使我们的蓝天及整个人们居住的生态环境出现良好转机，又要坚持打持久战，以期获得持续性、长效性解决。攻坚、攻坚，并不只是要攻下"坚固要塞"，还包括坚持、持久，追求长期的、长效的、根本的解决，使污染问题不再成为困扰。这就要求城市的管理者长时间、持续性地关注并寻找长期的、长效的管理之策。

城市是一个经济社会发展的综合体，城市管理，包括城市的规划、交通、产业、生态、环保以及公共卫生状况等需要的是坚持长期的、长效性管理，并且从管理的观念、制度、体制、机制层面不断进行发展创新。所以，要不断提升城市管理水平，就要像愚公移山那样，持之以恒，埋头苦干，久久为功。从这一意义上看，城市管理，也要学习愚公移山精神，要具有搬山的韧性和实干，才能收到好的效果。

不少专家认为，愚公移山精神，具有经久不衰的思想魅力，具有巨大的激励力量，即使在经济社会已经进入"互联网＋"时代的当下，愚公移山精神仍不过时。遇到困难，自强的人总会以愚公移山的故事自勉，从而获得向前的勇气。一位身居某一开放前沿省份的省委书记就城市管理问题，曾经发表过尖锐谈话，他指出，现实中一些人总是喜欢做表面功夫，热衷搞形式主义，只想抓短期见效的"显绩"，搞形象工程，对事关地区长远发展的"潜绩"不上心，缺乏久久为功的韧劲和干劲……凡此种种行为，都对我们的事业发展影响极深、危害极大，不能不引起我们的反思和警醒。面对城市发展中的各种"山"，如果我们不积极主动、全力以赴将之搬走，那么山永远摆在那里，问题永远不能解决，这样发展也就无从谈起。所以，我们弘扬愚公移山精神，说到底就是要像愚公那样，持之以恒地埋头做事，就是要像习近平总书记提出的那样，以踏石留印、抓铁有痕的劲头，以钉钉子精神干事创业，善始善终、善作善成。

有志者事竟成，没有比信心更高的山，没有比脚更长的路。中国特色社会主义进入新时代，我国社会主要矛盾已经转化为人民日益增长的美好生活需要和不平衡不充分的发展之间的矛盾，经济由高速增长阶段转向了高质量发展阶段。主要矛盾转化、经济发展转型，既要求我们立足当前，清醒地观察和把握社会矛盾的全局，有效地促进各种社会矛盾的解决，加快转变发展方式、优化经济结构、转换增长动力；同时，也要认识到这一转换与转型，将贯穿于我国社会主义初级阶段的整个过程和社会生活的各个方面，必然是长期的、艰巨的，这就要求我们要不断地温读愚公移山的故事，认真地把愚公移山精神同经济社会发展、经济社会管理紧密结合起来，初心不改、矢志不渝，锲而不舍、埋头苦干，做当代新愚公，创"移山"新奇迹。

"历史只会眷顾坚定者、奋进者、搏击者，而不会等待犹豫者、懈怠者、畏难者。"习近平在中共十九大报告中讲的这段话，就是愚公移山精神体现的，也是现代管理学揭示的，我们要去认真品味、深化的，激励和约束我们奋进的思想真谛。

（此系 2018 年 6 月 6 日笔者为河南省社会科学界联合会、中共济源市委举办的"河南发展高层论坛——弘扬和传承新时代愚公移山精神"研讨会提交论文）

第三章　科学规划市县经济　实现扶贫脱贫与乡村振兴

从"精准扶贫"到"攻克深度贫困"

——学习习近平扶贫脱贫论述的认识

2013 年 11 月,习近平总书记在湖南省湘西州十八洞村考察时指出"扶贫要实事求是,因地制宜。要精准扶贫,切忌喊口号,也不要定好高骛远的目标",这是我们党的领袖首次提出"精准扶贫"的概念。至此,以"精准扶贫"为内容特征的扶贫开发,开始成为我国扶贫脱贫工作的基本方略,成为党和政府治国理政的重要抓手,成为全面建成小康社会、实现第一个百年奋斗目标的底线任务,一场消除绝对贫困,实现现行标准下农村贫困人口全部脱贫,贫困县全部摘帽,解决区域性整体贫困,打赢脱贫攻坚战,既轰轰烈烈又扎扎实实地开展起来。随着实践和扶贫脱贫工作的深入,习近平的扶贫脱贫思想也不断得以丰富和完善。

习近平说,"党的十八大以来,我最关注的工作之一就是贫困人口脱贫。每到一个地方调研,我都要到贫困村和贫困户了解情况,有时还专门到贫困县调研"。显然,在习近平看来,一个农业大国,要实现社会主义现代化,必须面对和解决好农业农村农民问题,而解决好农业农村农民问题,既要解决好如何持续增加农民收入问题,更要解决好尚存在的贫困人口的扶贫脱贫问题。习近平敏锐地意识到,"十三五"时期,是我国实现第一个"一百年"奋斗目标,即到 2020 年全面建成小康社会的关键时期。"我们不能一边宣布实现了全面建成小康社会目标,另一边还有几千万人口生活在扶贫标准线以下。如果是那样，就既影响人民群众对全面建成小康社会的满意度，也影响国际社会对全面建成小康社会的认可度。所以'十三五'时期经济社会发展，关键在于补齐'短板'，其中必须补好扶贫开发这块'短板'"。

为了"补好扶贫开发这块'短板'"，2012年以来，习近平几乎走遍了国家所有的贫困地区和贫困村，先后召开了四次专题座谈会，包括2015年2月13日在陕西延安主持召开的陕甘宁革命老区脱贫致富座谈会；2015年6月18日在贵州贵阳主持召开的涉及武陵山、乌蒙山、滇桂黔集中连片特困地区扶贫攻坚座谈会；2016年7月20日在宁夏银川主持召开的东西部扶贫协作座谈会；2017年6月23日在山西太原的深度贫困地区脱贫攻坚座谈会。其中前三次座谈会上，习近平主要围绕"精准扶贫""精准脱贫"，就不同地区、不同类型、不同情况阐释了自己的基本思想观点，比如，"全面建成小康社会，没有老区的全面小康，没有老区贫困人口脱贫致富，那是不完整的。各级党委和政府要增强使命感和责任感，把老区发展和老区人民生活改善时刻放在心上，加大投入支持力度，加快老区发展步伐，让老区人民都过上幸福美满的日子，确保老区人民同全国人民一道进入全面小康社会。""全面建成小康社会最艰巨最繁重的任务在农村，特别是在贫困地区。""要在'精准扶贫''精准脱贫'上下更大功夫，做到扶持对象精准、项目安排精准、资金使用精准、措施到户精准、因村派人（第一书记）精准、脱贫成效精准。要实施'四个一批'的扶贫攻坚行动计划，通过扶持生产和就业发展一批，通过移民搬迁安置一批，通过低保政策兜底一批，通过医疗救助扶持一批，实现贫困人口'精准脱贫'。""东西部扶贫协作和对口支援，是实现先富帮后富、最终实现共同富裕目标的大举措，充分彰显了中国共产党领导和我国社会主义制度的政治优势，必须长期坚持下去。西部地区特别是民族地区、边疆地区、革命老区、集中连片特困地区贫困程度深、扶贫成本高、脱贫难度大，是脱贫攻坚的短板。必须采取系统的政策和措施，做好东西部扶贫协作和对口支援工作，全面打赢脱贫攻坚战。"等等。实践是检验真理的唯一标准，习近平扶贫开发的系列思想，对统一认识、部署行动、交流情况、推动工作，已经或正在产生着重要的指导作用，其具体的思路和举措，也都在实践中已经或正在收到明显成效。

2017年6月23日的第四次座谈会，即习近平在山西太原市主持召开的深度贫困地区脱贫攻坚座谈会，这是一个研究如何做好深度贫困地区脱贫攻坚工作的座谈会，是一个随着扶贫开发的推进，由"精准扶贫""精准脱贫"转向"攻克深度贫困堡垒"，全面打赢脱贫攻坚战的座谈会。习近平说，"今年2月21日，中央政治局举行第三十九次集体学习时，国务院扶贫办准备了一个专题片，反映深度贫困地区问题，看到一些地区还很落后、群众生活还很艰苦，大家感到心里沉甸甸的。因此，我想请省市县三级书记来，研究推进深度贫困地区脱贫攻坚工作"。并明确指出，这次会议"一方面是交流脱贫攻坚进展情况和分析存在的突出问题，另一方面是集中研究破解深度贫困之策"。

"攻克深度贫困堡垒"，反映了习近平关于扶贫开发，"精准扶贫""精准脱贫"思想的纵横深化，反映了习近平大国领袖心系民生的、巨大的政治勇气和强烈的责任担当精神，反映了习近平以人为本、全心全意为人民服务的马克思主义中国化的崇高境界，反映了习近平新时代中国特色社会主义思想的理论维度。

习近平在深度贫困地区脱贫攻坚座谈会上指出，"党的十八大以来，中央把贫困人口脱贫作为全面建成小康社会的底线任务和标志性指标，在全国范围全面打响了脱贫攻坚战。力度之大，规模之广，影响之深，前所未有。贫困群众生活水平明显提高，贫困地区面貌明显改善"。国务院扶贫办的数据也有力地证明了这一点。按照现行国家农村贫困标准（2010年价格水平每人每年2300元）测算，全国农村贫困人口由2012年的9899万人减少至2016年的4335万人，累计减少5564万人，平均每年减少1391万人；全国农村贫困发生率由2012年的 10.2%下降至 2016 年的 4.5%，下降了 5.7 个百分点，平均每年下降 1.4 个百分点。联合国秘书长古特雷斯高度评价说"中国是为全球减贫做出最大贡献的国家"。联合国《2015 年千年发展目标报告》称，中国对全球减贫的贡献率超过 70%。这既是习近平主政以来对党对国家对人民交出的业绩答卷，更是习近平"坚持不忘初心、继续前进，就要统筹推进'五位一体'总体布局，协调推进'四个全面'战略布局，全力推进全面建成小康社会进程，不断把实现'两个一百年'奋斗目标推向前进"思想的践行写照。

习近平在党的十九大报告里进一步指出，"坚决打赢脱贫攻坚战。让贫困人口和贫困地区同全国一道进入全面小康社会是我们党的庄严承诺。要动员全党全国全社会力量，坚持'精准扶贫''精准脱贫'，坚持中央统筹、省负总责、市县抓落实的工作机制，强化党政一把手负总责的责任制，坚持大扶贫格局，注重扶贫同扶志、扶智相结合，深入实施东西部扶贫协作，重点攻克深度贫困地区脱贫任务，确保到 2020 年我国现行标准下农村贫困人口实现脱贫，贫困县全部摘帽，解决区域性整体贫困，做到脱真贫、真脱贫"。这一段话既使我们进一步认识了党的十八大以来之所以扶贫开发取得的积极成就的动力与机制，也使我们进一步明确了当下扶贫攻坚的思路、任务、目标、措施，从而提醒我们"十三五"时期，要在注意坚持"精准扶贫""精准脱贫"，坚持大扶贫格局的同时，把扶贫工作的重点放在攻克深度贫困地区脱贫上来。因为，"深度贫困地区在 2020 年如期实现脱贫攻坚目标，难度之大可想而知。脱贫攻坚本来就是一场硬仗，而深度贫困地区脱贫攻坚是这场硬仗中的硬仗。我们务必深刻认识深度贫困地区如期完成脱贫攻坚任务的艰巨性、重要性、紧迫性，采取更加集中的支持、更加有效的举措、更加有力的工作，扎实推进深度贫困地区脱贫攻坚。"也就是说，"十三五"期间，脱贫攻坚的主要难点是深度贫困地区的脱贫问题。所谓打赢脱贫攻坚战，攻的就是深度贫困之坚，即要将条件差、基础弱、贫困程度深的深度贫困地区和贫困人口作为扶贫开发的重点。

习近平指出，如期实现脱贫攻坚目标，不仅要有平均每年需要减少贫困人口近1100万人的压力，而且越往后脱贫成本越高、难度越大，越要面对那些自然条件差、经济基础弱、贫困程度深的地区和群众，越要去啃硬骨头。为此，加快推进深度贫困地区脱贫攻坚，要按照党中央统一部署，坚持"精准扶贫""精准脱贫"基本方略，坚持中央统筹、省负总责、市县抓落实的管理体制，坚持党政一把手负总责的工作责任制，坚持专项扶贫、行业扶贫、社会扶贫等多方力量、多种举措有机结合和互为支撑的"三位一体"大扶贫格局，以解决突出制约问题为重点，以重大扶贫工程和到村到户帮扶措施为抓手，以补短板为突破口，强化支撑保障体系，加大政策倾斜力度，集中力量攻关，万众一心克难，确保深度贫困地区和贫困群众同全国人民一道进入全面小康社会。

河南是一个农业大省、人口大省、发展中的大省，因此，贫困问题及其解决，无疑是一个制约河南与全国人民一道在2020年全面建成小康社会的抹不过的坎儿。近年来河南省委省政府进一步明确扶贫开发主攻方向，领导全省人民决战脱贫攻坚、决胜同步小康，坚持"精准扶贫""精准脱贫"，重点攻克深度贫困地区脱贫任务难关，确保2020年河南省农村贫困人口实现脱贫，贫困县全部摘帽，做到脱真贫、真脱贫，收到了明显的效果。

2016年末的数据表明，河南省已经有470多万农村贫困人口脱贫，4840个贫困村退出贫困序列，国家级贫困县兰考脱贫摘帽，全省贫困发生率下降到3.7%，脱贫攻坚取得了扎实成效，但整个扶贫脱贫工作任务依然压力山大。前不久，河南省确定卢氏、淅川、台前、嵩县四个贫困县为深度贫困县，1235个行政村为深度贫困村。这些贫困县或是贫困村基本上都是山区、老区和国家级贫困县。像嵩县深山区占了整个县域空间的 95%，剩余的 5% 里边丘陵占 4.5%，平川占 0.5%；卢氏县属于秦巴山余脉，既是革命老区，又是河南省的"三山一滩"区；淅川县作为南水北调渠首所在地，其工业乃至整个产业发展受到某种限制；台前县虽然有可能形成一定的、新的经济地理交通区位优势，但原有经济基础和条件的薄弱性，还一直在拉高着它的贫困发生率；等等。

习近平认为，"实践证明，深度贫困并不可怕。只要高度重视，思路对头，措施得力，工作扎实，深度贫困是完全可以战胜的"。习近平还具体地给出了相应的路径措施，习近平指出，"只要我们集中力量，找对路子，对居住在自然条件特别恶劣地区的群众加大易地扶贫搬迁力度，对生态环境脆弱的禁止开发区和限制开发区群众增加护林员等公益岗位，对因病致贫群众加大医疗救助、临时救助、慈善救助等帮扶力度，对无法依靠产业扶持和就业帮助脱贫的家庭实行政策性保障兜底，就完全有能力啃下这些硬骨头"。习近平强调，区域发展必须围绕"精准扶贫"发力，"在深度贫困地区促进区域发展的措施必须围绕如何减贫来进行，真正为实施'精准扶贫'奠定良好基础。要防止以区域发展之名上项目、要资金，导致区域经济增长了、社会服务水平提高了，贫富差距反而拉大了。深度贫困地区要改善经济发展方式，重点发展贫困人口能够受益的产业，如特色农业、劳动密集型的加工业和服务业等。交通建设项目要尽量做到向进村入户倾斜，水利工程项目要向贫困村和小型农业生产倾斜，生态保护项目要提高贫困人口参与度和受益水平，新型农村合作医疗和大病保险制度要对贫困人口实行政策倾斜，等等。"习近平的这些思想无疑把扶贫开发，攻克深度贫困与地区发展，与产业发展、生态发展、新型农村发展关系的科学思维、政策指向、实践路径，明镜般地说了个透彻，亮了个牌面，把发展经济学的理论和扶贫脱贫工作实践务实地融合在一起，为我们推进扶贫开发指了向、领了航。

习近平指出，扶贫脱贫、"攻克深度贫困堡垒"，还要"加大内生动力培育力度。""扶贫要同扶智、扶志结合起来。智和志就是内力、内因。"习近平还向人们讲述了当年他在福建宁德工作期间提出和实施的"弱鸟先飞"思想。习近平说，贫困地区、贫困群众首先要有"飞"的意识和"先飞"的行动。没有内在动力，仅靠外部帮扶，帮扶再多，你不愿意"飞"，也不能从根本上解决问题。现在，一些地方出现干部作用发挥有余、群众作用发挥不足现象，"干部干，群众看""干部着急，群众不急"。一些贫困群众"等、靠、要"思想严重，"靠着墙根晒太阳，等着别人送小康"。要注重调动贫困群众的积极性、主动性、创造性，注重培育贫困群众发展生产和务工经商的基本技能，注重激发贫困地区和贫困群众脱贫致富的内在活力，注重提高贫困地区和贫困群众自我发展能力。"要改进工作方式方法，改变简单给钱、给物、给牛羊的做法，多采用生产奖补、劳务补助、以工代赈等机制，不大包大揽，不包办代替，教育和引导广大群众用自己的辛勤劳动实现脱贫致富。"

习近平还指出，"要通过多种形式，积极引导社会力量广泛参与深度贫困地区脱贫攻坚，帮助深度贫困群众解决生产生活困难。要在全社会广泛开展向贫困地区、贫困群众献爱心活动，广泛宣传为脱贫攻坚做出突出贡献的典型事例，为社会力量参与脱贫攻坚营造良好氛围"。

从强调"精准扶贫、精准脱贫"，到"攻克深度贫困堡垒"、打赢脱贫攻坚战，习近平扶贫开发的思想既源于实践，又高于实践，是在客观地分析了我国社会主义发展的新阶段做出的新论述，是系统的、全面的，并且是经过实践检验证明了的、具有现实指导意义的理论，是对建设我国社会主义现代化强国提出的一种认识论和方法论，是对马克思主义中国化、新时代中国特色社会主义的贡献和丰富，我们一定要认真学习、深刻领会、把握实质、贯彻始终，也只有这样，我们才能在习近平新时代中国特色社会主义旗帜指引下，进行伟大斗争、建设伟大工程、推进伟大事业、实现伟大梦想。

(2018 年 4 月 10 日原载《应用经济与管理》2018 年第 2 期)

永城市产业扶贫调研记叙

党的十九大把精准扶贫脱贫列为我们国家当前和今后一个时期的三大攻坚任务之一，河南省亦把此作为"头等大事"和"第一民生工程"，正在全力全面贯彻落实中央决策部署，特别是把产业扶贫脱贫作为基本抓手，创新产业扶贫脱贫模式，培育壮大扶贫脱贫产业，走出了一条实现持续稳定扶贫脱贫的路子。永城市把产业扶贫脱贫作为扶贫脱贫攻坚的根本之策，五年来现行标准下的农村贫困人口由6.72万人减少至1.18万人，年均减少1.39万人。农村贫困人口发生率由5%下降至0.57%，年均下降1.11个百分点。截至目前，全市现有建档立卡贫困户5908户12202人，今年圆满完成了2600人的脱贫任务。这两天我们和省政府发展研究中心、省扶贫办的同志一道，在永城市进行的专题调研，现将所见所闻、所感所受记叙如下，一家之言，不吝赐教。

一、永城人有着强烈的、实在的产业
扶贫脱贫意识和作为

习近平说，党的十八大以来，我最关注的就是扶贫脱贫问题。党的十九大，习近平再一次强调并把扶贫脱贫工作列为党和国家"十三五"时期三大攻坚内容之一，且同时提出了乡村振兴战略的统筹发展观，把扶贫脱贫和振兴乡村经济紧密联系在一起，以期形成解决贫困人口脱贫、引导持续增加农民收入的长久路径。怎样打赢扶贫脱贫攻坚战、推进乡村振兴战略？习近平也给出了明确的答案，即乡村振兴战略五个要求中的第一个：产业兴旺，也就是说，要走一条产业扶贫脱贫的路子。拉近永城市的实践，我们感觉到永城市正在实施的"四个发展新突破"，即"加快产业结构调整，打造工业新型之市；加快现代服务业发展，打造繁荣商贸之城；加快农业现代化建设，推进'中原东部大粮仓'转型升级为'中原东部大厨房'；加快中心城区建设，打造生态宜居城市"，正是契合了习近平的脱贫扶贫以及乡村振兴战略思想，特别是"加强产业结构调整，打造新型工业之市""加快现代服务业发展，打造繁荣商贸之城"，以及加快现代农业现代化建设发展的对策方略，说明永城市委市政府抓住了扶贫脱贫的要义和真谛，也正是有着产业兴旺、产业兴城、产业扶贫脱贫的强烈意识和实践，永城市敢于也有实力给村、给户、给人以各类各种财政支持、财政激励。亦如他们讲的，我们心里亮着呢，我们心里都有一根绿色的线——有产业，就有收益；有收益，就有发展的底气；有底气，就有扶贫脱贫的实力。所以，永城产业扶贫的实践告诉我们，政府主导扶贫脱贫，一是要有财源、有实力投资；二是要引导产业投向，引导产业兴旺，产业上不去，没有产业支撑，是谈不上扶贫脱贫的，更不要说什么真脱贫，脱真贫了。

二、永城人有思想，把扶贫脱贫建筑在鼓励发展壮大村级集体经济的关键点位上

相关数据显示，永城市每年拿出近亿元专项资金，用于扶持七百

多个行政村发展壮大集体经济。这一数据彰显出永城市委市政府很有思想主见和发展个性，反映出永城市委市政府在扶贫脱贫攻坚过程中，既认真贯彻了中央、省的相关精神要求，又没有被动、亦步亦趋地跟在别人后边"邯郸学步"，而是着眼于长远，着眼于根本，着眼于通过发展村级集体经济来带动和解决扶贫脱贫问题，着眼于通过发展壮大村级集体经济，促成村级集体经济的扶贫脱贫能力、实现自我扶贫脱贫，抑或说，通过支持发展壮大村级集体经济，形成贫困地区、贫困家庭、贫困人口的一种内生动力，达成村一级平面的自助，自救、自理、自立。为什么一些地方脱贫后又出现返贫？实际上是就脱贫说脱贫、为脱贫而脱贫，结果是脱一时之贫，疏忽长远之策。永城人把钱用在扶持壮大村级集体经济发展上，一方面突出和巩固了社会主义集体所有制的力量（尽管今天的村级集体经济亦不会是原有传统意义上的纯而又纯的公有制形式），另一方面又发挥了社会主义集体所有制的优越性，从而使扶贫脱贫有着一个稳固的、长久的物质与精神的支持系统，有条件来防止和规避返贫现象发生。因此，永城人鼓励支持、发展壮大村级集体经济，以村级集体经济发展实现扶贫脱贫，这不仅能够保证脱真贫，真脱贫，也是一条产业扶贫、政策扶贫的真正可取可行的路子，符合新时代中国特色社会主义的理论与实践要求，这一思路对策的抉择无疑是具有战略意义的。

三、永城人把"中原东部大粮仓"转型升级为"中原东部大厨房"

永城市是著名的"中国面粉城"，几乎每年国家或是大区域性的面粉专业会议都在这里举行，影响很大。我没有考证过永城市面粉产值和收益的具体数据，但我一直认为仅靠加工面粉和卖原粮恐怕没有多大差别，更不会有多少可观的附加价值，从经济学意义上看，并没有什么可资借鉴推广的，不应该提倡。加工面粉，也不如其他来料加工，如服装加工、电子产品加工等，所以我并不看好这个面粉城。但是这次来到永城，我听到也看到永城人要把面粉粗加工转型升级为面粉深加工，力做"中原东部大厨房"，很是兴奋。第一，面粉深加工，产业链拉长延伸，不仅细化了农业由第一产业进入到1.5次产业，更推进了第一、第二、第三产业的融合；第二，有了增加产品附加值的产业基础，肯定会带来更多的可观的经济效益；第三，拓宽了更多的就业岗位渠道，有可能安置更多的贫困人口就业，吸纳更多的贫困人口介入现代产业经济体系中来，贫困人口转换成产业劳动者，身份的更替，就有可能、有条件保证长久性的脱贫。当年临颍县的南街村一开始就是粮食粗加工，麦子磨成面粉，卖给北京，几乎不挣钱，北京则对面粉精细加工赚得盆满钵满。王洪斌后来才感悟过来，引入方便面生产线，自己开始对面粉深加工，从而有了积累。现在永城人观念变了，现代经济意识增强了，要变粮仓为厨房、变单一加工为精细深加工，这是一个跨越。大厨房意味着大产业，大产业意味着大收益，大收益意味着大积累，大积累意味着大发展，那么，扶贫脱贫也就自不言说了。我们有理由相信，永城市提出的2019年全面脱贫目标一定能够实现。

四、需要进一步探讨的问题

当前学习贯彻党的十九大精神，落实中央部署任务，在河南省认认真真、扎扎实实地进行中，扶贫脱贫工作，各地更是按照省委、省政府的具体要求全面推进，但也有一些理论与实践问题还需要进一步的商榷探讨：①驻村第一书记要不要天天蹲"泡"在村里？因为作为第一书记，他必须要加强与外界联系，要跑钱，跑项目，跑大大小小事情的落地，而固守在村里显然是不现实的。②建档立卡已经很明了地反映了贫困与扶贫脱贫相关动态，还需要那么多的图表填写吗？贫困户说，有的贫困户本来就不识几个大字，一见填表就慌张抱怨，就只好找人代填，就出错、出假了，就糊弄开上下了。③如何处理好贫困户与非贫困户的关系。现实中一些贫困户和非贫困户的经济收入差距并不是那么大，只给贫困户补这补那，非贫困户心里自然不平衡，村干部让非贫困户做些什么，非贫困户就不配合，甚至村干部、贫困户、非贫困户之间产生冲突，等等。这些问题是我们在扶贫脱贫工作中应该给予关注和认真加以研讨解决的，不然会影响到整体扶贫脱贫工作的开展。

（2017 年 12 月 11 日于永城市"河南省产业扶贫座谈会"上的发言）

夏邑县产业扶贫脱贫调研记叙

夏邑县属于省定扶贫开发工作重点县，辖 13 镇 11 乡 727 个行政村，总人口 120 万人，其中农村人口 107 万人。全县 2014 年建档立卡贫困村 143 个，贫困户 51980 户、127648 人。截至 2016 年底已完成脱贫退出 64 个村、29632 户、82801 人。2017 年计划脱贫退出 59 个村，目前已完成初步自验，并结合当前动态调整，已核实 2017 年预期脱贫 10277 人，调整退出 177 人，新识别贫困人口 1515 人，返贫 198 人。夏邑县始终把产业扶贫脱贫作为精准扶贫脱贫攻坚的铁抓手，立足自身资源禀赋，发挥优势，扬长避短，围绕扶贫脱贫，发展特色产业，走出了一条以农区农业现代化为支撑的产业扶贫脱贫新路子。这两天，我们随省政府发展研究中心、省扶贫办的同志一道在夏邑县调研，借此谈一些感受。

一、夏邑县在真真实实地扶贫脱贫

来到"华夏之邑"，来到孔大圣人的祖籍地，我们不仅感受着这里的厚重文化，更感受着这里的历史变迁，感受着作为革命老区、农业大区，超越农耕经济，奋力从第一产业向第二、第三产业转化，从就农业说农业向第一、第二、第三产业融合发展转化，推进县域和乡村城镇化建设，摆脱贫困、扶持贫困、"精准脱贫"的态势与旺势。一路走，一路看，从大棚果蔬专业村，到"永震"林业重点龙头企业；从一排排的农家新居建筑群，到一道道的中心村集市街区；从和扶贫脱贫能人、领军人物接触，到进入贫困户家庭与贫困户交谈；给我们留下最为深刻的印象就是，夏邑县在真真实实地扶贫脱贫，或者说是真扶贫、扶真贫，真脱贫、脱真贫。不仅是每到一地，地方的同志能够很精确地介绍到位，包括县委书记也都能如数家珍、娓娓道出个中的一二三来，且毫无夸张和虚构，这说明他们把中央、省、市相关精神要求落地了，真做了。通过眼前的现实，谁还能怀疑夏邑县预期的扶贫脱贫目标不能实现呢。

二、夏邑县在真真实实地发挥着县委县政府对扶贫脱贫的主导和引导作用。

毫无疑问，扶贫脱贫的主导是政府，但是政府的主导并不是政府应该包揽一切，重要的是政府要运用市场的力量来引导扶贫脱贫工作，即在扶贫脱贫中如何处理好政府的主导和引导关系问题。一般来说，政府的扶贫脱贫包括做好三件事情：第一，作为主导，应该有着一定的精准意义上的财力投入，一定的组织保障措施；第二，出台政策、营造环境，吸引产业资本、金融资本、技术资本、人力资本契合于乡村振兴、扶贫脱贫发展；第三，跟踪评价、监督检查，激励约束。夏邑县扶贫脱贫实践中，县委县政府提出了一个本土化的谚语，叫"资金跟着穷人走，穷人跟着能（富）人走，能人（富）跟着项目（产业）走，项目（产业）跟着市场走，市场跟着政府走"。咋一听起来，有些土，甚至与我们现时的大体制机制有些相悖，其实不然，其不仅把整个扶贫脱贫的基线突出来了，而且把扶贫脱贫的工作抓手说得明了清楚，该抓什么，往哪儿抓等，都表达了出来。"市场跟着政府走"，不是说政府对市场的干预，而是表明政府的宏观调节和引导作用，或者说叫更好发挥政府作用——政府从市场机制、产业政策、路径指向等方面对扶贫脱贫工作的引导作为。也正是政府的积极主动作为，政府出台了相应的政策文件，营造了应有的体制机制环境条件，使村镇集体和贫困人口有了扶贫脱贫的方向感、能动性，推动夏邑县扶贫脱贫工作取得了实实在在的绩效。所以说，这一段谚语虽然显得有些土俗，却又很通俗、很有哲理、很有经济学意义，对引导产业扶贫脱贫工作有很大的实践指导价值，甚至也可以说，它是一种认识论、方法论，把扶贫脱贫工作中，政府的主导与引导、主体与客体、规律与遵循、问题与对策阐释得清清楚楚、明明白白。

还有，夏邑县为解决产业扶贫脱贫中的资金约束问题，提出了"政府风险补偿基金＋扶贫再贷款＋金融机构＋保险公司＋扶持龙头企业＋建档立卡贫困户"六位一体产业扶贫脱贫运作模式，以期"撬动金融杠杆，破解资金瓶颈"的思路和做法，也是极具发展经济学理论科学和国家、省市宏观政策指向的。这一思路和做法不仅进一步体现了政府的主导与引导功能，也确实为实现经济新常态下的产业扶贫脱贫攻坚，创出了"政府找到了门路，银行找到了财路，企业找到了出路，贫困户找到了富路"的新视野，值得业界、学界品味。

三、夏邑县在真真实实地推进着扶贫脱贫工作

贫困人口的出现是一个阶段经济社会发展的一定矛盾凸显，其矛盾的焦点是一部分人口的收入低于规定的一定贫困水平标准，而导致

贫困人口收入低下的根本因素，从一般意义上来讲，是失去了就业条件及其收入渠道，或者虽然有一定的劳动就业，但收入低微。因此，解决贫困人口脱贫的长远之计，是为贫困人口所在地区引入能够实现其就业和增加收入来源的产业，或者是让贫困人口到有业可就、有收入保障的产业所在地区实现就业，获取收入。我国的现实是，贫困人口不可能全部进入产业发达的大中城市，只能引导资本下乡，即在实现大中小微城镇化发展中实现贫困人口的就地脱贫。这就要求县级政府必须想方设法在村级、乡镇一级区域内引入产业，以工扶农。又由于历史的、区位的、技术的等因素影响，高精尖产业很难一下子集聚到那些偏远乡村，所以现时期只能靠引入与乡村经济相宜相依的产业，比如夏邑县从山东寿光，江苏徐州、苏州等地引入的大棚果蔬生产企业、养殖企业，以及各种劳动密集型的加工型企业。这些企业与农业、农村经济耦合对接，既有第一产业，也有第二产业、第三产业，实际上形成了一个第一、第二、第三产业发展的，多业并举的交互融合体。动员吸引社会资本与作为农业产业主体的农民，包括贫困户的结合，结果必然是一种经济互动互利的多赢。所谓产业扶贫，是产业资本与贫困劳动力的结合关系，这是一种新的农业生产方式，并经由此改变了的、新的农村农民的生活方式。所以，产业兴旺，产业扶贫是当前扶贫脱贫工作的必由之路和现实选择，更是实现城乡融合、促进农民持续增收的基本方略。

四、几个有待商榷的问题

扶贫脱贫虽然取得了显著的成绩，但也尚存一些值得再商榷的问题。一是"一村一品，一户一业"能不能做到？也需不需要做到？其实，任何一个村子客观上都存在着的是多品而非一品，同时，一户一业，在理论上也是欠妥的。一户为什么只能有一业？一户的几个劳动力为什么不能同时分别从事多业劳动？所以这个提法从理论上值得再推敲。二是个别村子在连片开发的地头建筑了专门的"观景台"，供参访者登高望远、一览全貌。不是说花钱的多少，而是有没有实际意义，弄不好还会产生副作用，使人感觉到摆花架子，故意让人看呢，建议已经建了的也就算了，没有建的，是否就不要再建了。三是要顺应新阶段、新站位，把产业扶贫脱贫同乡村振兴战略、城乡融合发展、美丽乡村建设、厕所革命紧密结合起来，彻底改变目前与新村建设、连片耕作区域不相适应的厕所的面貌，提升扶贫脱贫成果形象。

（2017 年 12 月 13 日于夏邑县"河南省产业扶贫开发座谈会"上的发言）

关于兰考县经济发展的一些思考

感谢我们的组织者，也感谢兰考县委书记蔡松涛同志能抽出时间专门莅临这个会议，征询听取进入新时代兰考经济发展的意见建议，结合着自己的学习认识，与会交流了一点不成熟的思考。

兰考县是习近平总书记第二批党的群众路线教育实践活动联系点，也是国家新型城镇化综合试点县，河南省改革发展和加强党的建设综合实验示范县，政治生态优越，经济发展有力。特别是，习近平总书记关于兰考发展的"三个结合"的论述，对兰考经济社会的发展既有理论指导意义，更有实践应用价值，值得我们认真学习和贯彻。

一、对习近平总书记"三个结合"论述的认识

结合习近平"三个结合"论述及其一系列重要讲话，特别是在兰考、河南调研时的讲话，我认为习近平"三个结合"论述中，强县与富民的结合，强县是手段，富民是目的，是说应该围绕富民来探索强县的路子；改革与发展的结合，改革是起点，发展是落点，是说应该坚持改革促发展；城镇与农村的结合，这是前两个"结合"的逻辑内容与标志，人民富裕起来了没有？经济发展了没有？看什么，看城镇与农村经济社会变化了没有，看工农城乡差别改善了没有，也就是说，

我们是不是真正地立基于满足人民群众对美好生活的需求，实实在在地发展了县域经济，振兴了乡村经济。

区域经济学的实践告诉我们，省域经济的支点在市县，在市县经济有没有活力。看市县经济的活力，则在于看经济的强大增长力和老百姓收入增长力，在于看工农城乡融合及其城镇化综合发展力。所以，习近平"三个结合"的论述是其一再强调的按经济规律办事，河南要打好"四张牌"，实施乡村振兴战略，加快城乡融合发展，推进新型城镇化建设等一系列重要论述，在县域经济运行层面实践的具体化，具有战略性、指导性、引领性，我们应认真学习和深刻领会。

二、客观认识兰考县情和经济特点

进入新时代，要顺应新形势，但是经济的发展总是依着原有的基础而发展，问题是如何注重对原有基础的变革与创新，去获得新的意识、新的手段、新的动能、新的方式、新的组织下的新的边际效应。兰考是一个农业大县，尽管这些年已经有了长足的发展，而从产业结构、经济方式、技术水平现状看，产业虽然有了一定的集聚，但基本上多是些一般传统产业，还称不上是战略性新兴产业。工业或是工业增加值虽然比重接近50%，但大多数主要是依据农产品、林产品发展起来的、被学者专家所称的1.5次产业，即以粮食和其他经济作物为加工对象的食品工业、家具工业，并非真正的，也不能称之为真正的现代工业，如生物、电子、汽车、机器人等，这就是兰考县域经济的特点，这是由兰考的资源条件决定的，这也是进入新时代兰考再跨越的基础。脱离了这个基础，搞大工业、再寻求新的经济架构，或是想发挥区位优势，难度是可想而知的。从地理区位看，兰考处于开封、菏泽、商丘三角地带的中心点上，也是河南"一极两圈三层"中"半小时交通圈"的重要组成部分，但一个县域经济体相对于市域经济体显然是没有竞争优势的，无论是工业，还是服务业。因此，恐怕还是要立足兰考县域资源优势和已经形成的产业基础，探索新时期的经济发展。

三、兰考县域经济发展的"纲"和"要"

从习近平的"三结合"思想认识，拉近兰考县情特点，当前，我们还是应认真梳理出在"十三五"时期，乃至更长的时间，兰考县经济运行的"纲"与"要"。按照上述认识，这个"纲"是否可以概括为"以农业产业化创新发展为主体、尝试建设具有兰考区域特色的国家新型农业现代化样板"，这个"要"是否可以概括为"以农业产业化带动农工贸一体化，创立新常态、新经济发展下的兰考新型农业现代化经济模式"，抑或说，"以人为本，营造良好环境氛围，大力聚集科学家及其团队，构筑国家一级、省一级高新技术和产品研发中心、工程中心、实验中心等平台，聚焦农业产业化、新型农业现代化高标准、大典范建设"，也就是说，未来的兰考经济，要把提升农业产业化层次水平、提升农业产业化科技含量，从而着力建设新型农业现代化作为党和政府的主要工作抓手，使兰考县的经济不断刷新，不断创新，不断超越，走出一条真正的新型农业现代化的路子和模式，那对全国的影响与贡献必然是价值无量的，因为截止到今天，很多地方即使是按照国家提出的一系列指标套着去做，也没有几家真正做出农业现代化样板的，更别说建设新型农业现代化了，包括一些党政决策部门、社会贤达、学者专家在内，其实对于新型农业现代化到底是个什么样子，应该说都是模糊的。而对于一个农业大国、农业大省、农业大县，研究探讨、建设发展进入新型农业现代化境地，其意义该是有多么大呀。兰考现在的产业基础，现在已经发展起来的农业产业化基础，现在的政治、经济、社会、文化底蕴，天时地利人和，一定要摸新型农业现代化这个路子。

新型农业现代化的内容要义从理论上讲，无非三点：第一，粮食的生产和其他经济作物的生产不仅有量的规模、质的品牌，更有时新的生产技术、工艺装备、产业标准、科学组织，即农产品生产与加工的技术含量（技术有机构成）高；第二，农产品生产与加工的社会化、市场化深入融合，农产品的加工、再加工产业链条长，更趋专业化分工协作，即农产品生产与加工的精细化及其附加值大；第三，从事农业产业化的生产劳动者，一般都拥有积极的现代意识、文化素养、专业潜能，即农民农村农业的生产生活环境、条件不断向上，既具有现代产业劳动者的气质风范，又享有现代都市场景人文气息。

四、兰考县域经济发展中的政府作为

就兰考经济而言，现在既要延续发展好已经形成的相应农业产业化的传统产业，还要谋划怎么样来更新、改造、嫁接、提升这些传统产业，实现产业的高级化发展。新型农业现代化的三点内容，对政府来说，可以归结为一点，就是抓人，抓技术人才，抓科学家精英，抓以人为本的新的兰考农业产业化创新提升，建设新型农业现代化的平台及其相应制度、体制、机制变革，这应该是兰考现有经济基础与新时代经济对接的重点。

也是基于这个认识，从接触的一些资料信息看，兰考在新时期还应注意强化做好以下四个方面的工作：一是提升站位高度，把兰考摆在全省、全国大局发展战略层面进行规划，促进兰考经济社会的发展始终走在全省、全国的前列；二是增进科技兴业、科技兴县意识作为加快传统产业改造升级，深化兰考农业产业化发展、建设新型农业现代化经济体系；三是在发展规划或者是在全县功能区划中，突出小麦种植和林木种植面积保有量，这是加强优势产业和农业产业化发展、推进新型农业现代化的根基，应规避目标多中心、多重点，散状发展问题；四是以现有产业为基础，对接周边经济，放大和扩张本土经济的空间效应，顺势发展外向型经济，形成新的经济增长点。尽管兰考与省市经济相比，还不具有相对竞争优势，但兰考也自然有兰考的比较优势，经济的一体化发展是客观规律，兰考还是要在新一轮竞争中找到自己的站位，实现与全省、全国、全球劳动力、资本、技术、土地等资源要素在更大空间的融合发展。

　　一家之言，不吝赐教！

（2018 年 4 月 20 日在蔡松涛同志召开的兰考县经济
发展座谈会上的发言）

乡村振兴战略与县域经济发展新思维

习近平总书记在党的十九大报告中提出的"乡村振兴战略"，绝不是偶然的，而是有着深刻的理论意义和实践背景的。认知"乡村振兴战略"，不仅有益于学习贯彻和推进这一战略的实施，也为发展新时代的县域经济开启了新的思维。

一、在不平衡不充分中推进乡村振兴战略

亦如习近平指出的，中国特色社会主义进入新时代，我国社会主要矛盾已经转化为人民日益增长的美好生活需要和不平衡不充分的发展之间的矛盾，一方面人民美好生活需要日益广泛，另一方面社会生产能力的发展又不平衡不充分，已经成为满足人民日益增长的美好生活需要的主要制约因素。因此，一定要随着我国社会主要矛盾的变化及其要求，在继续推动发展的基础上，着力解决好发展不平衡不充分问题。什么是生产能力发展的不平衡不充分？就是生产能力在部门之间、地区之间、城乡之间、工农之间发展的不平衡不充分。这不仅表现在反映地区生产规模的 GDP 和人均 GDP 水平上，更反映在部门之间、地区之间、城乡之间、工农之间人均可支配收入的差异上。水平差异的存在是客观的，但是，差异长期存在下去却是危险的，搞不好

就有可能带来经济的、社会的、政治的、文化的危机，我们必须注重并认真地采取积极措施，以应对和消除差异。

长期以来，在应对和消除部门之间、地区之间、城乡之间、工农之间差异方面，我们也做了不少工作，但多是从上面发力，比如开放沿海地区，给予特殊区域特殊政策；实施市带县，拉动县乡经济发展；划分主体功能区，发挥地区优势；发挥城市群作用，引领大中小微城市发展；转变城市化观念，把农村包括进来，走新型城镇化发展路子；改革乡镇行政建制，赋予乡镇县级经济权限；等等。这些方略举措也都起到了积极的效应，可是，从整体上看，社会生产能力的发展依然不平衡不充分，甚至有差距拉大的迹象，尤其是农村农业农民的生产与生活方式发展方面还没有得到根本的改变，贫困县、贫困村、贫困户、贫困人口、深度贫困人口、返贫困人口，不仅影响着2020年全面建成小康社会、第一个百年奋斗目标的实现，也将拖累和制约推进社会主义现代化国家新征程及向第二个百年奋斗目标进军的步伐。也是这样，习近平以其统筹发展的科学思想，把振兴乡村的发展摆放到战略层面高度，既是提请全社会关注乡村发展问题，也是动员乡村自身起来革命和建设，更是补上不平衡不充分中的这一个短板弱项。这是我们认识习近平的"乡村振兴战略"的理论和实践意义的一个基本视角点。

二、适应主要矛盾转变，推进乡村振兴战略

习近平在党的十九大报告中指出，"我国经济已由高速增长阶段转向高质量发展阶段，正处在转变发展方式、优化经济结构、转换增长动力的攻关期，建设现代化经济体系是跨越关口的迫切要求和我国发

展的战略目标"。这里,习近平不仅进一步明确了新时期我国发展的战略目标,更明确了如何实现战略目标的路径指向——转变发展方式,也包括转变农业生产方式和农村农民的生活方式;优化经济结构,也包括优化地区经济结构、城乡经济结构、农轻重经济结构;转换增长动力,也包括转换乡村经济创新的动力。围绕于此,习近平还强调了要把农业农村农民问题视为关系国计民生的根本性问题,坚持农业农村优先发展,建立健全城乡融合发展的体制机制和政策体系,"保持土地承包关系稳定并长期不变,第二轮土地承包到期后再延长三十年",深化农村集体产权制度改革、保障农民财产权益、壮大集体经济,培育新型农业经营主体、实现小农户和现代农业发展有机衔接,促进农村第一、第二、第三产业融合发展,拓宽农民增收渠道,培养造就一支懂农业、爱农村、爱农民的"三农"工作队伍,等等。毋庸置疑,这是一个系统的、全面的、科学的反映习近平统筹发展新时代中国特色社会主义经济思想,着力建设现代经济体系的一个重要内容组成,也是实现"乡村振兴战略"基本设计与构想的、从理论指导到实践运作的完整表述。

从习近平的"乡村振兴战略"思想,我们深刻地认识到,新时代、新阶段、新形势,必须要有新的要求、新的作为、新的发展,必须要有一个战略高度的、高层面的、缜密的思维,而不是一味地停留在原有一套条条框框下修修补补、原地打转。特别是要在科学的顶层设计规划、积极政策举措下,引导乡村间的集体、个体动起来,形成一种内生性动力,自主、自理、自立,自我发奋,自我崛起,振兴跨越,经济的动能总是来自于内因,内因力量是根本。所以,可以说,"乡村振兴战略"的重心与支点,一是明晰国家政策和财力对乡村经济的倾斜;二是引领社会资本与乡村经济的耦合;三是促进乡村自身对当前机遇的敏感性和搏击力。

三、以又一次"农村包围城市"之势，
推进乡村振兴战略

"乡村振兴战略"再一次突出了乡村这一经济社会层面的主体地位和作用。经过 40 年的改革开放，特别是党的十八大以来，我们解决了许多长期想解决而没有解决的难题，办成了许多过去想办而没有办成的大事，然而我们依然面临着许多困难和挑战，我们发展不平衡不充分的一些突出问题尚未解决，脱贫攻坚任务艰巨，城乡区域发展和收入分配差距依然较大，这都是必须加快加以解决的。那么突破口在哪儿？按照习近平发展新理念和全面深化改革思想，当我们在重要领域和关键环节改革取得突破性进展，主要领域改革主体框架基本确立以后，就应该着力增强改革的系统性、整体性、协同性，压茬拓展改革广度和深度，其中振兴乡村经济，自然应该被提到重要的具有战略性意义的位置。或者说，当经济进入新常态，当城市经济发展又一次在寻找着新的契机之际，我们亦不妨选择一个薄弱点，切入乡村，再来一次"农村包围城市"式的改革与发展。中国的崛起，没有农业农村农民的崛起，就没有真正的现代化。

在中国共产党的历史上，在新中国建设的历史上，我们曾经经历了三次大的农村包围城市。第一次是在 20 世纪 20 年代，我们党克服了以城市为中心的"左"的激进路线，转向农村，发动农民，实施了农村包围城市的战略和策略，最终建立了中华人民共和国；第二次是在 20 世纪 70 年代末，当改革的大幕拉起，当我们推进和深入到城市经济改革之际，却遇上了理论的、实践的一系列问题，我们在探讨这些问题的同时，把改革转向了农村，1979 年农产品价格的调整，以及农业联产承包经营责任制的实施，农村改革取得成功，1984 年我们又从农村的改革进入到城市；第三次是在习近平新时代中国特色社会主义新征程开启之时。习近平在科学地分析了新阶段、新形势、新任务基础上，果断提出了"乡村振兴战略"，这是对习近平的到 2020 年全面建成小康社会，"精准脱贫"、打好深度脱贫攻坚战，城乡融合发展思想的一个再概括、再提升。

什么是战略？战略就是带有全局性、长远性、根本性的谋划和部署。为什么提出"乡村振兴战略"，这是充分考虑到我国的国情特点、阶段特征提出来的。中国不真正解决好农村农业农民问题，不协调城乡融合发展，不增加农民收入，就很难谈得上真正的崛起，也就很难建设成真正的现代化强国。所以，还要回过头来，从一线基层抓起，从促进乡村振兴做起，以乡村振兴，活跃县域经济，推进省级经济，创立一个区域经济充满生机活力，国家经济繁荣昌盛的欣欣向荣的发展局面。

乡村振兴战略的核心要义是振兴乡村经济，调动农村农业农民的积极性、主动性和创造性，让农民有一种内生动力，在广阔天地里自我奋起，自主发展，自立自强。也可以说，实施新一轮农村包围城市，不是一味地、传统的"进城""农转非"，让"穷人""贫困人口"涌入城市，而是更多地通过振兴乡村经济，使农民都尽快富裕起来。

（原载《应用经济与管理》2018 年第 1 期）

对焦作市乡村振兴战略规划的评审意见

收到发改委同志发来的《焦作市乡村振兴战略规划》，我匆匆忙忙地看了一遍，有一些说不上来的感觉，因为心里想着全省、全国还没有听说，或是看到有哪一个市级单位做出什么乡村振兴战略规划来的，焦作能做出什么来吗？第二天，我用了几乎一整天的时间又仔细看了看，还真不得了，特别是这个规划不仅全面认识、贯彻了习近平乡村振兴战略的基本论述意境，而且把"产业兴旺、生态宜居、乡风文明、治理有效、生活富裕"的任务要求、规划发展与焦作市情特点紧紧地结合到了一起，落足到"走出一条彰显焦作特色的乡村振兴之路"——经过 10 年左右的努力，焦作市实现"两突破三提升一率先"的总体目标，即农业生产经营方式、农业农村改革"两突破"，全市农业产业化集群收入、农村居民人均可支配收入、农村集体经济收入"三提升"，在中西部地区率先实现农业农村现代化、建设成为中西部地区乡村振兴的先行区和示范区。并从近期的、中长期的时空概念上给出了具体的内容重点、战略举措、项目支撑、政策指向。

吸引我静静品味这一规划的还不只是有务实的、接地气的内容，更有令人高兴和欣慰的方面。我发现这个规划没有就乡村振兴说振兴，没有就事论事，而是把乡村振兴战略的实施与推进农业供给侧结构性改革，推进农村经济的高质量发展，建设国家粮食生产核心区、建设现代农业强省等融合在一起，使得焦作市的乡村振兴战略规划既与全面贯彻中共十九大精神、坚持新发展理念、统筹推进"五位一体"总体布局和协调推进"四个全面"战略布局，实现高质量发展保持了高度一致，更使得焦作市有了一个以习近平新时代中国特色社会主义思想为指导的高站位、高起点、高标准，为焦作市委市政府谋划的"四城四区""四个焦作"发展定位及其运作构筑了一个强有力的，来自村、乡、县的合力支撑。

这个规划共九章三十五节，思维逻辑严密、内容体系实在，包括章节题目的推敲，都超脱出原有一般套路，反映和表白着规划的主题思想、起点落点、逻辑关系、方略举措，且整个编写文笔流畅，言简意赅，鲜明真切，若再能进一步完善提升，则有可能成为规划之样本范式，带来规划编制的新示范效应。

玉也会有瑕疵，在改革大潮里，规划的编制从文本范式，到内容重心，也在变革中。如过去编制规划强调供给需求平衡三段式，现在除了坚持这"三段式"之外，更强调了经济方式和经济结构演化创新，强调了吸纳新理念、新技术、新材料、新业态、新模式等新经济发展及其对传统产业的更新改造和转型升级，强调了供给侧结构性品种、质量对提高生产流通分配消费运动效率的时代要求，强调了项目、投资与生态、环境、人们对美好生活需求影响，等等。如果说，规划是对未来生产与生活的部署安排，那么，项目则是现时规划编制的重要载体，也可以说，今天规划的编制，着重在于投资项目、引进项目、布局项目、评价项目，以项目的落地接气为内容标志。一定意义上说，规划编制主要是对规划期内相应支持经济社会发展的项目的部署和安排。这一特点，从理论上修正和补充了经济学中的"需求决定论""消费决定论"，使之与"生产刺激消费论"思想交叉兼修，更接近和趋向于马克思的"再生产理论"。尽管一味安排项目有可能发生生产资料的生产与生产生活资料的生产两大部类生产之间、价值与使用价值之间等国民经济比例与经济结构的失衡紊乱，产生经济波动，但是只要我们选择的项目是改善供给、满足消费需求的，只要是顺应了市场机制动能和政府产业指向的，自然会是波澜不惊的。因此，当今规划的编制，一定要从一个时期的实际情况出发，协调好供求关系，统筹兼顾，综合平衡，科学抉择项目，以项目带动，也会有利于实现经济的稳发展。

就这个规划本身，也还有进一步修正完善的地方，提几点建议商榷，不当之处，尽可批评。

第一，规划期限的统一问题。这个规划的期限是 2018～2022 年，但提出的发展目标是 10 年区间，同时还提出了到 2035 年、2050 年的目标内容，这是不应该的，规划周期的不一，往往容易造成时间与空间部署安排的错乱，模糊了实践的目标遵循。

第二，产业兴旺的范围问题。乡村振兴战略及其促进乡村振兴的基础前提是"产业兴旺"，但"产业兴旺"是否是仅指的农业产业，如粮食种植业、畜牧业和果蔬业。以农业为基础，构建特色农业经济体系，发展现代农业是对的，但是不搞农业产业化经营，不使农业从第一产业向着 1.5 次产业发展，不注重农产品的精细加工、深度加工，不去创取更多的农工贸附加价值，不去放大和提升农业产业的质量效益，恐怕就不会有太多的经济效益和农业积累，农业经济也是不会有稳步发展的。这个规划似乎还欠缺了些农产品加工工业，即缺少围绕农业经济需求而形成的乡村现代工业体系发展的规划内容。实际上焦作市的一些乡村本来就有着各不相同的"乡办工业、村办工业"，而且很有历史厚重感，尽管曾经在 20 世纪 90 年代被"关停并转"，一些企业还是顽强地存活了下来，现在有的已经成为颇具影响力、竞争力的品牌企业，也正是这些乡村工业，成就了乡村经济，支持了农业农村农民的过去、现在、将来，所以建议还是要挖掘一下这部分工业，以促进工业与农业的互动。没有工业的基础，农业的发展肯定是不稳步的，也谈不上推进农村第一、第二、第三产业融合发展。

第三，"产业兴旺"的目的问题。产业兴旺的目的在于以产兴农，搞活产业，增加农民收入。也就是说，既要保证粮食产业发展，也要激活发展非粮食产业。推进第一、第二、第三产业融合发展，也并不完全是指的农字号产业体系。乡村振兴看三点，即乡村经济形势、乡村劳动力就业、乡村居民收入，三点落足在增加农民收入，完全靠农业是增加不了农民收入的。这个规划目标是到2022年全市农产品加工转化率达到80%，农产品加工占农业总产值比为3.1%，太低了吧？建议规划加上几句，如除了农业加工业外，应支持乡村转移剩余农业劳动力，鼓励农民工返乡创业，引进来料加工、来样加工，兴办"村头车间""田野工厂（场）"，真正激发产业兴旺。也可以直接把2018年3月末省委省政府《关于推进乡村振兴战略的实施意见》第20条中"培育一批家庭工场、手工作坊、乡村车间，鼓励在乡村地区兴办环境友好型企业，实现乡村经济多元化……保持农村居民收入增速快于城镇居民"。

第四，规划项目的落地问题。这个规划安排了很多具体项目，意在保证规划的实现。但是发现有两个问题：一是项目主体不明确，是政府投资，还是引入社会资本。这么多项目，靠政府投资，显然是有问题的，许多基础设施、公共产品，政府应该投，但一些带有产业化、经营性项目，还是应该靠市场，或者至少利用PPP模式，不管怎么样，这在规划里是应该明确的。二是项目资金基本上都是估算数，这作为规划项目一般是不应该的，政府也好，社会投资者也好，抉择的项目本来就应该有一个投资概算的，正是有这个投资额度，双方才能"成交"立项，所以项目还需进一步就此做一些补充。包括一些重点项目，也给人感觉有"拍脑袋"的嫌疑。

（2018年6月9日于焦作市人民政府第二会议室）

对驻马店市乡村振兴战略规划的评审意见

    乡村振兴战略是习近平总书记于 2017 年 10 月 18 日在党的十九大报告中提出来的。这一战略的提出，亦如党的十九大报告指出的，实施乡村振兴战略，就是要始终把解决好"三农"问题作为全党工作的重中之重，把农业农村农民问题置于关系国计民生的根本性大问题的高度。也就是要提醒我们，必须充分认识到实施乡村振兴战略目标在于提高农业经济效益，改善农村人居环境，增加农业劳动者收入，缩小工农、城乡差距，走新型城镇化的路子，让农民在农村拥有与城里人一样的都市生产方式和都市生活条件。按照这一思路，我理解的乡村振兴战略规划的基本架构应该是，以习近平总书记关于"三农"工作的重要论述为指导，按照产业兴旺、生态宜居、乡风文明、治理有效、生活富裕的总要求，对实施乡村振兴战略做出阶段性谋划。其重点内容应该是产业发展与科技兴农、生态农业与规模经营、农民收入与农民素质、脱贫攻坚与社保统筹、农村环境与基础设施、乡风文明与乡村治理、城乡融合与都市生活等。拉近现在的这个规划，我看了又看，思想上复杂起来了，有一种说不出来的感觉。我索性把国家的、省里的规划拿来对照着一看，我明白了，这个规划基本上是托着上位规划编制而成的。尽管有着自己的个性内容，也比较充实细腻，但是否要完全仿效，比如说，国家和省里的一般多具有原则性、指导性，是就全国、全省而言的，是一种普照的光，而对于市县来说，恐怕应更注重市县区情和特点，更注重现实操作性、可行性。

目前的这个规划我提前看了电子版，从茫然到释然，给我的印象还是挺好的，就整体印象说，我还是认为这个本子应该说是一个比较成熟的本子；就基本形式说，无论从符合规划编制的一般规律范式，还是从反映驻马店的市情特点看，都是比较有序、有理、有据的；就内容格局说，这个规划有几大亮点：

一是以实施乡村振兴战略、推进城乡融合开始，又以实现乡村振兴战略、落足城乡融合结束，充分贯彻了党的十九大精神，贯穿了习近平关于"三农"发展的重要论述，体现和反映了中央、河南省委省政府关于实施乡村振兴战略的意见要求，呼应了国家和省委省政府乡村振兴战略规划的内容要义。

二是以产业兴旺为规划红线，强调了乡村经济要以产业为基，从数量型向质量型转变，从传统农耕文明向现代农业科技文明转变，从第一产业孤立发展向第一、第二、第三产业融合发展转变，从小生产农业组织向新型大生产农业组织化、标准化转变，有促进全市乡村经济向着高质量发展阶段跨越的指导意义。

三是以乡村振兴为坐标，对农业体系、生产体系、经营体系、开放体系等内容重点、互动关系给予了规划的严谨梳理、明确，使乡村振兴战略的实施，使基层工作者有了实践遵循和运作抓手。

四是以发挥区域优势与统筹区域空间布局，按照现代大农业生产分工协作规律，强化了扬长避短、趋利避害，全面提升新时代乡村经济发展的质量、效率、动能措施路径和政策指向。

历史上，驻马店是中华民族的始祖盘古创世纪活动的核心区域，是轩辕黄帝的夫人嫘祖的故乡，是战国时期闻名天下的兵器制造中心，从而产生盘古文化、梁祝文化、重阳文化、车舆文化、嫘祖文化和冶铁铸剑文化等。进入现代，泌阳、汝南、上蔡、平舆、西平分别被命名为"中国盘古圣地""中国梁祝之乡""中国重阳文化之乡""车舆文化之乡""嫘祖文化之乡"和"冶铁铸剑文化之乡"。同时，享有

"小延安"之称的确山县竹沟镇曾是中共中央中原局和河南省委所在地。显然，驻马店的经济、社会、文化、政治的良好基因与传承，为实施乡村振兴战略铺就了先天的、后天的条件环境。

驻马店属于我国经济欠发达地区，却又是一个年轻、充满活力、发展势头强劲、发展潜力巨大的新兴发展地区。因为是乡村振兴战略规划，我翻看了驻马店市2017年的一些相关经济统计指标。全市2017年全年粮食作物种植面积1084.87千公顷，比上年下降1.89%，其中，小麦种植面积629.87千公顷，增长0.24%。油料种植面积313.03千公顷，增长7.3%。棉花种植面积0.81千公顷，下降19.0%。蔬菜种植面积105.65千公顷，增长0.29%。全年粮食产量662.44万吨，比上年增长0.01%。其中，夏粮426.68万吨，增长2.7%；秋粮235.76万吨，下降4.6%。油料产量124.63万吨，增长1.8%。棉花产量0.08万吨，下降14.7%。全年肉类总产量78.17万吨，比上年增长7.8%。禽蛋产量32.93万吨，增长2.9%。奶类产量3.89万吨，增长4.6%。年末全市农业机械总动力1197.90万千瓦，比上年增长1.7%。全年化肥施用量（折纯）67.75万吨，下降0.3%。农村用电量19.80亿千瓦时，增长6.3%。

2017年，全市财政总收入180.90亿元，比上年增长13.6%。其中一般公共预算收入115.20亿元，增长13.9%。全年城镇居民人均可支配收入26340元，比上年增长9.0%，城镇居民人均消费性支出19476元。全年农村居民人均可支配收入10869元，增长9.4%，农村人均生活消费支出8704元。数据是最好的明证，这说明驻马店市不仅是名副其实的国家和河南省重要的粮油生产基地（"中原粮仓""豫南油库"和"芝麻王国"），而且，整体看其各项指标都在不断刷新，不断走高。特别是1996年被确定为"全国乡镇企业东西合作示范区"以来，改革开放40年经济社会建设发展以来，驻马店市统筹做好稳增长、促改革、调结构、惠民生、防风险各项工作，全市经济保持总体平稳、稳中有进、稳中向好的发展态势，民生保障持续改善，各项社会事业全面发展，决胜全面小康迈出坚实步伐，这无疑为贯彻实施乡村振兴战略，促进城乡融合奠定了良好的坚实基础。

作为一个中期发展规划，该规划分别明确至 2020 年全面建成小康社会和 2022 年召开党的二十大时的目标任务，细化实施工作重点和政策措施，部署重大工程、重大计划、重大行动，确保乡村振兴战略落实落地，成为指导各县区、各部门分类有序推进乡村振兴的重要依据。

我很赞成规划从一开始就针对驻马店市的市情特点、驻马店市面临的国内外经济形势、驻马店市乡村经济社会现状所做的分析，这是有针对性部署和安排未来乡村经济社会发展的前提背景，也是有这样一个分析，规划客观地列示了驻马店市乡村振兴战略实施目前存在的问题：农产品阶段性供过于求和供给不足并存，农业供给质量亟待提高；农民适应生产力发展和市场竞争的能力不足，新型职业农民队伍建设亟须加强；农村基础设施和民生领域欠账较多，农村环境和生态问题比较突出，乡村发展整体水平亟待提升；政府支农体系相对薄弱，农村金融改革任务繁重，城乡之间要素合理流动机制亟待健全；农村基层党建存在薄弱环节，乡村治理体系和治理能力亟待强化。而这些问题的提出，使我们更进一步认识到，实施乡村振兴战略，是解决人民日益增长的美好生活需要和不平衡不充分的发展之间矛盾的必然要求，是实现"两个一百年"奋斗目标的必然要求，是实现全体人民共同富裕的必然要求。

实施乡村振兴战略，是党的十九大做出的重大战略部署，是党的"三农"工作一系列方针政策的继承和发展，是决胜全面建成小康社会、全面建设社会主义现代化国家的重大历史任务，是解决人民群众日益增长的美好生活需要和不平衡不充分的发展之间的矛盾、实现"两个一百年"奋斗目标的必然要求，是新时代"三农"工作的总抓手。这也是我们今天编制规划、论证规划、颁布规划、实施规划的基本意义所在。所以说，这个规划在这一点上是非常明确的。

当然规划也存在有待进一步研讨商榷的地方，我主要就两个方面的问题与大家交流：

第一，关于战略定位的再把握。

这一部分的内容应该说已经很充实了，但从驻马店市本身市情特点看，我还是建议在这一部分内容的前后加两段话，以使定位更鲜明地突出驻马店经济社会发展史的逻辑性、传承性、创新性、跨越性，即前边加上一个"农耕文明与现代农业发展结合示范区"，这是基于凸显驻马店市作为历史上有着 4500 年农耕文明史的农业大市、农业名市，作为有着国家粮食生产核心区建设重要地位影响的"粮仓""油库""王国"，作为现今农业生产经营、农业机械化、水利化、科技化、智能化达到较为先进水平的农业区，作为农副食品产业加工占有一定市场份额的著名大市，在规划的定位上面一定应该有记叙传承过去、进取跨越未来，建设一个既展示农耕文明的延续，又反映与时俱进、不断超越的创新的、新的格局，从而成为乡村振兴战略的一个重要的内容标志，并将其作为乡村振兴战略规划实施的"根"和"源"。

后边加上一块，叫"新型农业现代化示范区"。乡村振兴战略的一个重要预期是实现城乡融合，推进工业化、信息化、新型城镇化、农业现代化"四化同步"，或者叫推进新型工业化、新型城镇化、新型农业现代化"三化协调"发展。从目前学界也好，党政部门也好，对于工业化、信息化、城镇化都有个理论与实践轮廓，都能有个比较完整的认知，唯独农业现代化到现在为止，实际上并没有一个清晰的认识，更没有一个完整的理论概念标书或实践实务轮廓，尤其是在我们国家，许多地方一直在探索着，许多专家学者也在一直探索着，但都没有给出和形成比较成熟的、一致的结论。驻马店市是一个典型的农业大市，也是历史上一个农业名市，特别是改革开放以来，驻马店人做了多种探索实践，已经有了一定的农业现代化的基础、条件，应该说最有优势来进一步尝试推进农业现代化，来破农业现代化到底是什么这样一个局，如果我们能够在推进乡村振兴战略过程中，同时大胆尝试和造就出农业现代化的样板，这个示范意义，对全省，包括对我们整个国家来说，都是一个贡献，都是了不起的。也是这样，我建议规划定位是否可以加进建设"新型农业现代化示范区"这一点。

第二，关于几个概念的再斟酌。

一是规划在分析和阐释目前农业农村发展面临的问题和困难的第一条，即"一是历史欠账较多，农业农村基础不强"，这一条命题很好，问题也找得很准，但接下来论证这一问题的理由需要斟酌。表述的"由于工业化、城镇化优先发展战略，农业农村投入历史欠账较多，农田基础设施条件较差"。这个结论应修正一下。"农业农村投入历史欠账较多，农田基础设施条件较差"是对的，但这并不是因为"工业化、城镇化优先发展战略"造成的，也没有什么"工业化、城镇化优先发展战略"，我们多少年都没有提过什么"优先发展"了，我们一直提的是"四化同步""三化协调"，所以不应该以这样一个莫须有的"优先"来支持这一问题和困难。其实导致"农业农村投入历史欠账较多，农田基础设施条件较差"的最重要原因是人们的意识观念。一些人总认为投资农业周期长、积累低、见效慢，所以，把农业经济与自然经济并拢，宁愿等待"靠天吃饭"，也不愿意扎本投资，长此以往欠账当然越积越多，也使农田基础设施条件得不到改善。我说一句不该说的话，我们的一些市县决策者有时候还不如农民叔叔伯伯们，人家还知道"人哄地皮，地哄肚皮"的道理，而那些地方当政者，硬就是不愿给农业农村经济社会多投一分钱，却还高叫着要"保"粮食"几连增"。

二是关于规划项目的资金保障问题。规划列出了未来时期内的一般项目和重点项目，这使得规划有了实在的支撑。但有些项目是否要说明投资来源？显然，属于公共设施建设的，属于支农、扶贫的，可以由政府投资，但一些生产性、经营性、商业性项目并不属于政府投资范围。规划里有的列明了投资方，有的却没有列明，但这是必须要列清楚的，否则到时候落不了地，尤其是像商贸加工产业园区投资、冷库建设投资等多是亿元以上的，一定要落实投资主体。还有西平县建设"设施农业基地"10亿元的投资，要明确谁投资，怎么保证投资到位。

三是规划提出的示范区、试验区、实验区等设计定位没有问题，问题是还应理清这些示范区、试验区、实验区的区域空间范围概念，是相对于驻马店市，还是相对于河南省，或者是要打造全国、东中西部的一个什么区，明晰了这些，才叫定位、有位，可为、作为。

四是第一篇第一章"发展趋势"这个题目和下面表述的内容有些不符，实际上现在写出的内容表述的是驻马店市发展所面临的形势或发展背景，不是趋势。形势和趋势就其内容，都有外在的和内在的两个方面，但形势和趋势的区别也很明显，趋势相比形势，更多是表述自己的、内在的、预测性的内容。请酌！

瑕不掩瑜，整个规划无论是正文，还是附件；无论是定性叙述，还是项目量化；都反映了驻马店的市情特点，具有可行性、可操作性，是务实的、接地气的，应该给予充分的肯定，包括整体文本的文字语言表述都很精练，鲜明到位。若再根据与会者的意见建议进一步修改完善，则更好。

一家之言，不吝赐教！

(2018年12月28日于驻马店市爱克建国国际酒店)

对郑州市几个省级现代服务业专业园区产业发展规划的印象感识

一、关于河南省国家大学科技园产业发展规划的印象感识

河南省国家大学科技园是由河南省人民政府创建，国家科技部、教育部认定的国家级大学科技园，建园以来，园区采取"多校一园、共同发展"运营模式，已成为河南省高校、科研院所的科研成果孵化转化平台，河南省高新技术企业孵化基地、创新创业人才聚集培育基地、高新技术产业辐射基地、高校技术创业基地。如果从 2006 年园区正式运营算起，已有 10 余年的历史，也已形成了像省发改委"关于开展省级服务业专业园区规划建设"总体要求的"专业化、特色化"服务业专业园区，进入申报程序也是很自然的事情。但是看了这个规划，心里有些不爽，总感觉不像是申报省级服务业专业园区，倒像是园区公司内部的一个整改方案，强调的是加强公司 41 位员工的管理问题。

有关资料显示，我们这个国字号的国家级大学科技园，国家、省先后投资了 20 亿元，还为此出台了促进大学科技园建设与发展的各种政策，包括税负减免等。而从规划上看，到目前为止，主要进驻高校

也还是郑州大学、河南农业大学、河南工业大学、郑州轻工业学院四家，2015 年底拥有省级研发中心 5 个，市级研发中心 10 个，博士后基地 1 个，为企业提供服务 15 次。可见，无论从现有研发机构、中心，还是入驻高校、科研院所，企业数量，还是具体孵化、媒介服务状况，可以说，大学科技园起步快、发展慢，有进步、不明显，实乃令人惋惜。

这个规划有几个缺憾：一是没有认真地对大学科技园十几年发展做一个客观描述，这个层面、那个层面，都不重要，重要的是以编制规划为契机，系统地分析一下大学科技园十几年的发展经验、存在问题、面临形势、同业比较等。现在的规划好像被搁架在一个沙堆上，缺乏实在的根基。二是对十几年发展没有孵化出一个国字号的国家级研发中心、实验室，没有造就出特色的、优势的、品牌的产品和产业，更别说有一个支撑性的主导产业做出任何反思，只管沾沾自喜于有 5 个省级研发中心、10 个市级研发中心，连直面和冲刺国家层面的实验室、创新中心的勇气都没有，整个规划显得暮气忡忡，毫无激情、激励、激越。三是十几年过去了，一个国家大学科技园，不仅没有一家国家"985"研究型大学入驻，产学研合作，进来的企业均是一般小微型非真正科技型的，而这次规划也没有提出要与什么大型企业合作的方面，一个"4＋1"延续了多少年，作为唯一的河南"211"大学的郑州大学，尽管入驻了各院系研究所 16 家 20 个团队，则基本没有什么作为，这次规划更是提也没提。忽略了规划是要对未来做出部署和安排的功能意义。四是云平台、大数据的契合度几乎没有，利用数字化系统升级科技园区的系统空间，"互联网＋"什么也不明显，联系国内外的规划也不见有。

这个规划很多内容实际上是表述的科技园区公司内部改革、员工激励、管理制度等，而从大园区发展怎么突出国字号、怎么做国字号文章非常欠缺，缺乏意识观念，缺对象抓手，缺实质内容，缺关键点，缺着力点。细分产业，实际上是一个产学研选择清单，是一个操作方面的内容，而非战略性的、中期的规划要做的。同时看整个规划，没有按照规划的一般格律范式进行，很多方面标到、点到，但缺乏深度维度，严格地说这不是什么规划。想做大学科技园区规划，就要有你的定位、你的基础、你的优势、你的目标、你的能力、你的市场、你的统筹、你的平衡、你的发展、你的布局、你的项目、你的重点、你的措施、你与现有主要规划的衔接等。规划一定要有站位，要有大思路、大项目、大作为。

二、关于郑州国际文化创意产业园 产业发展规划的印象感识

这个规划总体看，编制得不错，一是系统全面，二是分析到位，三是表达清楚，重要的是整个规划比较规范有序，有实际内容安排，尤其是文化创意产业的宏观经济形势影响因素分析，很务实、很到位、很客观，包括对周边地区文化需求测算都很好。规划是对未来活动的部署安排，就是要分析供给的可能、需求的预测，在综合平衡的前提下做出规划。

我觉得这个规划的内容核心问题是在郑州与开封两市接壤处建国际文化创意产业园区，你凭什么瓜分一个是省会城市，一个是历史名城的文化创意，包括旅游休闲市场？你凭什么优势和资源定位来吸引你的受众对象？你的投资在当前经济新常态、金融银根收紧，对文化产业放贷审慎态度背景下能有几何把握？你的"国际文化创意产业园"中"国际"二字如何问鼎，如何凸显？如何落地？必须有实际内容支撑，不能随意性空挂一个"国际"招牌字号，不具有一点"国

际"的实际内容。

一般来说，或者说从区域经济学理论上来说，一个地区，包括一个园区的崛起，最主要的是实体经济的发展，比如有生产性的、能够形成带来工业文明影响的企业，或基地，或著名的技术研发中心、工程实验室等，以此带动、引导了商务商贸文化的发展；再如也有利用区位和交通优势发展起来的。我们郑州市被人称为火车拉来的城市，我们长期把郑州市叫商贸城，就是说郑州因为交通枢纽、地理区位的优势，形成了得天独厚的商贾云集、商贸流通的集散条件，但也很艰难。我们的工资长期徘徊在全国倒数几位，是因为没有工业，没有先进制造业，所以我们提出要拉长工业短腿，要利用区位优势和交通便捷条件补上工业短板。也就是说，一个园区的兴起，一定要有实体经济，或者叫具有比较资源优势来支撑，一定要有先天的、后天的基础条件来支撑，否则，上马容易下马难啊。

规划里第34页对周边地区文化需求测算很好，但我觉得仅测算人均文化娱乐消费潜力恐怕还不行，还要有人均可支配收入增长的数据。人均可支配收入不增长，加之物价上涨因素，人均文化娱乐消费就不能一直保持在现有的水平，所以建议再加上一个人均可支配收入增长分析，以使人均文化娱乐消费有一个满足条件和持续定力。

还有一个建议是，如何利用园区内外资源，比如以现有汽车制造基地的有利条件，运作工业产业文化游，利用搬迁走的制造业遗址，引导人们进行工业文化史游览、考察、研究、品鉴，亦可以与公司合作，组织消费者参观制造业工艺过程等。文化创意一定要有创意，要有新的时代经典的创意，这是你选择运作园区项目的本然内容，所以这方面规划还需要加强。

三、关于新郑市传化物流小镇产业发展规划的印象感识

从物流小镇视平面看，这个规划编制的内容该有的，该说的全有了，全点到了，整个规划从背景交代，到定位目标，到发展重点等还是很清晰、很通透的。物流小镇所在地的郭店镇是新郑市市域副中心（城市），是郑州市专业市场外迁主要承载地，是以机械制造、建材行业为主导的工贸型名镇等。这个规划对一些相关因素分析很到位，也有一定见地，包括面对北京、武汉、西安等周边城市严峻的竞争形势；物流业发展遭遇工业短板影响约束，没有重大知名的、超亿元的企业；对新郑市物流业发展中缺乏规划、缺乏人才、缺乏策划、缺乏创新等分析都比较中肯。实际上，这个规划总共也就两个方面，一是华商汇，二是传化中原物流小镇自身，应该说是比较简单的，但有些内容和表述还是有进一步完善的地方。

从规划编制的一般规定性看，这个规划有三点需要进一步明晰：一是现在建设这个物流小镇公路港与毗邻的郑州航空港经济综合实验区陆港的关系的处理；二是物流小镇定位范围、金融支点是什么；三是物流小镇区域功能实现的市场依据有哪些。现在给我的感觉这不像是一个园区的发展规划，只是一个村镇自己或者一家公司自己内部经营管理计划而已。反映的四个重点产业（智能仓储物流、物流信息服务、供应链金融服务、家居建材商贸），两大重点项目（华商汇、传化物流小镇），实际上也就是经营范围、业态形式，就像万达、苏宁、五星、丹尼斯等公司在招商，你只是搭了个台，设了个局。提到的金融服务也并没有具体到有哪几家金融机构入驻，哪几家财团入驻。还有一个就是传化物流小镇与紧挨着的华南城之间是一种什么关系也没

有表述清楚。

作为物流小镇发展规划,理论的、国家层面的、其他地方同类型的内容列举了不少,但和传化物流小镇自身及其周边同业的比较很少,特别是传化物流小镇建设的时序期限不明朗,传化物流小镇建设的具体项目不明朗,也可以说,理论性的、叙述性的、拿别人的衬托性的、大而空的、虚的内容太多,大的如物流供给能力与市场份额关系,相应数据分析,现在规划里的一些数据是拿得人家航空港区的,不能作为传化物流小镇的建设依据。具体物流小镇在近三年内建设的可行性、保障性较少。整个规划编制的范式还存在缺陷,如缺乏具体的投资项目,项目供求分析,可行性分析,以及具体资金、装备、技术、人才保障等内容。

四、关于荥阳市健康产业园发展规划的印象感识

健康产业是国家、省、市将在未来时期内全力支持发展的产业,健康产业园区的建设符合国家、省市产业政策指向。荥阳市发展健康产业是一个大布局,既能减缓郑州市健康医疗负担压力,又顺应了郑州都市区、国家中心城市建设大格局的需要。老龄人口、亚健康人口、中产阶级群体,懂得珍惜生命的工薪阶层等,人们的健康意识越来越强烈,从而使得健康产业成为一个新兴的、朝阳型产业,我非常赞同健康产业的发展。

这个规划好的方面,前边几位专家都说了很多,我不再赘述。谈几点意见,咱们商榷:一是关于主题与主体。健康产业与地产是分不开的,但是我们这个规划提出的"健康主题地产"到底是什么?我觉得应该有一个概念性的、实体性的表述。到底什么是"健康主题地

产"，一片商业住宅楼区，楼边上再盖个医院，围绕医院，再建个商务中心，就是"健康主题产业"？这里边有三个地方忽略了，也许就是忽悠：第一，到底是搞房地产，还是发展健康产业？立足点要明确，现在给人的印象就是搞房地产，健康产业只是一个名头。问题出来了，我们别的不说，在荥阳建那么多商住房，有多少买主？即使是将来荥阳实质性纳入郑州市的一个区，像现在荥阳的产业基础、商贸基础等，包括候鸟型人群的集聚度都应该是有限的。尽管规划里提出了一个并不在一个范畴平面的概念，叫"城市在东，生活在西"，恐怕难以经得起推敲，且与省市相关管规划不关联。第二，即便是说荥阳的地产火起来了，医院建起来了，医疗设施也不错，很先进，有多少名医前往坐诊？有多少大家看好的医生去值守？现在是医护人员多，医生少，名医更少。在这一方面荥阳是绝对抗衡不了郑州市区的。第三，看荥阳周边，小的是上街区、巩义市，还有郑州市规划建设的"中原新区"；大的是洛阳市、焦作市等，想从周边夺得一部分市场将是艰难的。所以规划一定要落足到区域性消费群体、消费投向、消费水平、消费规模等。

二是建设一个园区，最重要的是明确其特色的、主导的、支撑性的产业及其发展依托，你的特色、主导、产业是什么？不能笼统地提出一个"大健康产业"，或是"健康主题地产"完事儿。规划必须拉近荥阳市情优势，加强与荥阳总规、郑州总规、省总规，即本规划与上位规划的衔接，明确本园区在省市规划中的地理功能分工及其相应的目标、重点、步骤、措施；加强市场面的分析，将供给与需求做到位。规划里提出的3200万人口、1亿人口市场范围空间依据是什么？现有四院一校的市场份额、比较优势、后发优势怎么发挥和凸显出来；"大健康产业"在荥阳发展的可行性在哪里？你现在规划的"大健康产业"与原有产业的基础联系，与周边产业的发展交叉点在哪里？规划所在的地域经济社会文化政治生态的吸引力、向心力、感召力分析在哪里？规划列出的具体内容，包括现有的、发展中的大项目、大投资商、大品牌家等形成的支持与支撑性在哪里？

值得指出的是，要建设一个园区，发展成为一定影响的，既有着积极的社会意义，又有着务实的经济价值的主体功能区，仅着眼于、落足于荥阳不行，一定要摆到郑州、摆到省会大都市、摆到全省，包括周边区域的大盘中统筹考虑。这一点，规划中不能说没有，但点到了，不是很到位。从而建园依据不能令人信服，特别是与郑州国家中心城市建设、郑州市往西中原新区推进等，还没有具体衔接起来。

三是一些表述显得有些随意，如"荥阳是河南最为宜居的城市"，这个结论从哪儿来的？这是需要有出处的。再如现状描述里的五个方面，离规划荥阳建园区都太远了，而且很虚。还有那个发展方向概括得也很笨拙，不明其意。整个规划的图片性、意念性、理论性表述太多，缺乏具体项目数据支撑。恕我直言，多有冒犯了，望谅！

（2017 年 12 月 29 日于郑州市紫荆山宾馆）

对焦作市康养产业发展规划的几点认识

亦如规划述及的，焦作市作为国家森林城市、中国长寿之乡，北依太行，南邻黄河，夏无酷暑，冬无严寒，更有南太行山水资源、黄河滩涂、湿地资源，还有南太行、云台山茂密植被。有关资料显示，云台山森林覆盖率高达95%，空气中负氧离子含量为每立方厘米1万~5万个；1000余种优质中草药汇聚南太行，64种怀药产品被列为国家地理标志产品，神农炎帝在此辨五谷、尝百草，"四大怀药"药食同源闻名海外；历史上焦作自古就是养生胜地，舜帝时代尹寿子传授长寿之法，竹林七贤在百家岩论道养生，明朝陈王廷陈家沟创建文安天下的内家太极拳，养生历史传承绵延，养生文化底蕴深厚，是名副其实的华北福地。显然，焦作发展康养产业有着得天独厚的优势。

近年来，随着焦作经济的转型，发掘资源优势，发展康养产业，不仅纳入市委市政府发展的战略规划，更具体列入焦作市现代服务业"十三五"发展规划，先后出台了《推进文化康养产业发展实施方案》《推进健康养老产业转型发展实施方案》等一系列政策措施，在财政、土地、人才等保障上给予全面支持，包括组建成立了由国内外13家联合的云台山大康养产业国际联盟，推动全市康养产业发展进入了快车道。特别是成立了焦作市康养产业发展领导小组，以及健康养生、健康医药、健康养老、健康医疗、健康运动、健康食药材六个产业发展专项小组，形成了健全的组织保障体系。可以说，焦作市发展康养产业方兴未艾。

就这一规划本身，我觉得有几个特点：一是规划主题主线明晰，整个内容简洁明快；二是规划编制的语言文字准确练达，质朴通畅；三是规划的时空主次、产业重点突出，相应项目支撑到位，很接地气；四是整个康养产业自然的、经济的、人文的地理布局既反映出特色优势，又表现出与新兴产业的融合对接，体现了发展的气势、态势、大势。就规划编写文本体例上我也有变革创新的感觉，这与过去的刻板的一套相比，很有自己的个性特点，值得肯定。

和任何事物一样，规划也还有可以进一步从内容、结构上提升完善的空间，也有一些可以再商榷的地方。

一是供给侧方面内容资料数据很多，需求侧方面显得略有不足。比如规划内容与未来内容的市场预测方面。规划中提到了未来我国康养市场规模将达到 10 万亿元，但没有给出这 10 万亿元中焦作可能的份额，而且数据来源于中国养老金融发展报告，这和焦作康养产业发展有联系，但不是很直接。规划从老年人口规模进行了分析，但无论是国家老年人口 2030 年占全部人口的比例将达到25%，还是焦作老年人口将达到15%，这与康养产业发展有联系，但在居民收入一定、恩格尔系数一定、意识观念一定条件下，并不一定呈正相关关系。

还有，对焦作市本身现有康养市场供求状况，对焦作市周边康养市场状况，点到了，但基本没有具体的、太深入的比较分析。焦作发展康养产业是对的，这是一个趋势，也是省委省政府规划发展的重点产业指向所列，但重要的是要有康养者，要有入住者，要有市内外、省内外的人来焦作。像旅游业，希望的不是半日游、一日游，而是能住下来，乐于消费和享受焦作的康养"大餐"，慢慢品鉴焦作的康养文化。是产业，就要讲究投入产出，既要讲社会效应，也要论经济效应，所以还是有必要再加强需求侧方面的市场分析。

二是规划点出了许多康养产业发展的省内外典型案例，推进康养产业发展的横向比较研究，这是对的，问题是焦作要向人家学习借鉴的到底是什么，焦作存在的基本短板不足是什么，应有简单概括，而后拉近焦作市情有针对性地提出焦作更新改造、转型升级的中短期计划或中长期计划。

三是规划项目很多，但缺几个元素，比如项目主体、项目周期，特别是项目的资金来源、项目运营的方式等，这些具体的内容要有所交代。这一块给我的感觉，里面很多好像是政府投资，能不能落实，符不符合社会主义市场经济规律等，建议再进一步考虑。

此外，我还认为，规划前面部分应有一些焦作康养产业发展的供需现状概述，不然与后边的一些内容衔接上存在生硬感。

规划中，如土地占用问题、环境生态问题、错位发展问题等，还需与有关部门、上位规划认真对接，否则，即便是政府的规划，也同样会遇到这样那样的麻烦，甚至使整个规划落不了地。

做个参考吧，不吝赐教。

（2018 年 12 月 7 日于郑州市金水路紫荆山宾馆）

《新乡市红旗区服务业发展顶层设计研究》的个人印象和意见建议

"现代服务业顶层设计课题组"所做的《新乡市红旗区现代服务业顶层设计研究》（以下简称《顶层设计研究》），读后深深地为课题组这么认真、这么精细、这么丰富的内容而感慨，课题做到这份儿上，说明下功夫了，字里行间映现着课题组成员的投入与辛劳，我想表达一下我的敬意。

红旗区位于新乡市东南部，从空间分布看，应该是新乡市的政治文化中心区，加之区里、市里这些年坚持打造的小店工业区、科教园区和高新技术产业区等，既发挥了自己的地理的、地缘的优势，创立了自己的特色，也在产业结构调整、经济方式转变中实现了本土经济的再造与跨越。全区 2017 年 GDP 为 173.8 亿元；人均 GDP 为 4.39 万元；一般财政收入为 7.09 亿元；GDP 增长速度为 4%，这就是一个佐证。现在又进行着这么宏大的顶层设计研究，可见区里高层决策者担当、执着、作为之气质、气势、气场，也说明高层非常重视这个研究，并寄予很大的期望。

我的基本印象主要有以下几点：

（1）《顶层设计研究》的个性特点。课题组在这个《顶层设计研究》的序言里指出，"本课题不是规划，不以规划的视角看待此项研究成果。因为，体系和语言组织上没有遵循规划的一般范式。尤其是框架结构和语言组织等方面，个性化特点突出，起与止、详与略、叙与论、收与放等皆随性而为"。"本课题就是秉持这样一种研究理念和学术信仰，坚持研究的独立性，尽可能挖掘服务业外在现象内的实与真，势与利……采取点出不说透，保持描述的宽度，为进行细化和细节研究保留时间与空间"。这两段话不仅率直地说明了这一研究的思路定位和基本风格，而且本真地表露了这一研究的个性特色，颇感新奇。这已经不是经济篇章了，更像是一件硕论经济却又显示出积极的、轻柔曼妙的文化篇章，可是了得！研究者告诉我们，别把它当成规划评论，别把它当成报告述说，完全是自己感知，聊天碰撞，性情宣泄，也可谓耳目一新。

（2）从研究的内容主体，亦即对象来看，建议梳理、精准、明晰两个大思路：第一，从设想建设"中国创新城"和依托郑洛新自主创新示范区发展切入，梳理出服务业发展与整个红旗区区域定位的关系，把服务业发展构筑在红旗区区域发展的总体性定位上，包括与新乡市的总体规划和经济布局相衔接；第二，整个设计研究，似应进一步梳理梳理，包括拉近区情，特别是拉近现时产业基础与第一、第二、第三产业及其各自产业内部结构现状，拉近传统产业转型升级，拉近周边或同类区域，拉近创新驱动、建立现代经济体系，具体地分析、比较出红旗区的定位、坐标，从而提出应有的战略思路与设计，以及服务业发展的方向、目标、重点。没有全域性总体定位，服务业发展就没有遵循。

（3）研究提出的红旗区九个方面的服务业，感觉面铺得有点宽、有点泛、有点散，主次重点不好把握。一般来说，顶层设计研究应该突出顶层的战略思维和规划指向，应该突出区域服务业发展的重点及其路径，应该有一个高的站位，不要纠缠具体的项目等，那是以后的规划内容。一个地区的发展，不可能什么都上，各种资源条件是有限的，既要创新创业，又要顺势而为。关键是一定要拉近区情，首先弄清楚红旗区未来应该抓的主要战略性支柱服务业是哪些？红旗区的整个产业政策怎么跟进？服务业发展的目标和评价是什么？要有一些量化的内容，也就是说，能再精准一些、清晰一些、操作性强一些，则更好。

（4）怎样把典型事例最贴切地借鉴、引用到区域服务业发展的实践中来。这个研究还是很下功夫的，点了美国的、法国的、日本的，还有中国的北京、广州等很多地名，但存在以下问题：一是没有把它们的具体经道概括出来；二是没有结合红旗区做链接与借鉴分析；三是虽然点了那么多地名，我们要学人家的是什么，这些都没有，就直接开出了你的"处方""策略"，包括相应提出的一些设想，感觉显得比较生硬。比如你要在"三角地带"打造一级中央商务区，你的基础是什么？凭什么你要使中央商务区有一个 5~10 平方公里的面积，你的计算依据是什么？这个数据是怎么得出来的？你说要建设 3~5 个服务业集中区，你有什么支撑力和可能性？所以感觉研究缺乏一定的知性与理性，尤其是作为顶层设计。

（5）关于金融业发展。金融是现代经济的核心，产业资本、技术资本、土地资本、人力资本等从来都是与金融资本紧密联系在一起的。现在我们国家经济之所以稳中有变，下行压力增大：一是所有制结构上提出了多种产权混合所有，但实际上在对待和处理国企、民企的事务中还是存在许多偏颇，导致占据中国经济大半壁江山的民营经济处于甚至走向死滞；二是 2018 年 10 月 31 日中央政治局会议强调了解决民企融资难、融资贵的问题。我们这个研究作为顶层设计，应该有所反映。研究提出要把红旗区建设成一个金融中心，也围绕于此罗列了目前有多少金融机构，有多少个人银行网点，银行收入多少。但是这些应该说都是外在的，引进金融入驻，鼓励金融布点，除了金融机构本身考虑的因素外，作为地方政府，最主要的是看你能为地方经济需要投放多少贷款量，你能对地方经济形成多大的支持力、带动性。至于说改革银行的制度办法，别说区，就是市、省都非常有限。

（6）课题组提出现代服务业并非谁都可以搞，它有三个条件：工业化程度、恩格尔系数、居民平均文化程度，这三个条件是否能够成为现代服务业的支点不说（值得商榷，至少是不完整的），其中提出"恩格尔系数无论如何也要达到40～50的小康水平吧"，恩格尔系数主要是说一个家庭或个人收入越少，用于购买生存性的食物支出在家庭或个人收入中所占的比重就越大。对一个国家而言，一个国家越穷，其国民收入支出中用来购买食物的费用所占比例就越大。恩格尔系数是由食物支出金额占总支出金额的百分比来表示的。恩格尔系数达59%以上为贫困，50%～59%为温饱，40%～50%为小康，30%～40%为富裕，低于30%为最富裕。应该说，包括我国、河南省在内，随着经济发展，人们收入的不断提高，这个比例呈绝对、相对下降趋势。研究最好不要落到"吧"上，因为你没有实际的数据，没有比较，从用词上、语气上显得白话了。

此外，是否应该加上一个红旗区与周边或同类区域的服务业发展比较研究，找出短板，提高起点，创造出自己的优势和特色。

尽管这个研究亦如上述那样，无论是研究的逻辑模式，还是语言文字风格，显得有些书生卷气，机械刻板，甚至给人一种讲课稿的印象，但我还是比较欣赏研究思想也可以这样表达、创新的。

交流商榷，一家之言，敬请指教！

（2018年11月29日下于新乡海关大楼）

对中原新区华侨城大型文旅
项目可研报告的几点看法

很高兴参加这个会议，听了前面几位专家发言很受启发，我也谈几点看法。

我觉得这个报告有几个特点：第一，立意新。涉及党的十九大精神，习近平的思想；涉及国家中心城市建设，都市区建设；涉及国家及郑州市房地产市场形势；等等。第二，表述新。一些概念用语，一些句子叙述，既反映出一定的专业性，也表现出自己一定的个性，整个报告的逻辑思维缜密。第三，数据新。不仅大量的数据为 2016 年的，重要的数据还都是 2017 年 1～10 月的；尽显投资者的投入与追求。在今天如此浮躁的社会背景下，做这么一个真切的分析，应该点赞。

但也有一些地方需提出来请教各位。

（1）项目安排 15 年的开发周期是不是长了一点。从可研报告本身看，规划设定这个周期是有道理的，但在考虑到一些相关因素，还是有值得商榷的地方。

第一，整个项目总共用地也就是 4000 亩，而投资的项目除商品房、商务办公房外，多为真正的文旅方面的，而你项目的推进，并不是以商品房等带动活跃文旅，恰恰相反，肯定是以文旅气候带动、活跃商住房，而文旅项目开发建设周期的短平快特点就决定了包括你的商品房等不会慢至 15 年。

第二，有些以点概面。你的可研报告只是就房地产论了房地产，而影响房地产和文旅项目的相关因素基本上没有波及。比如，国家中心城市建设未来十年对郑州市房地产的影响带动；河南自贸区、郑洛新自主创新示范区建设对郑州市房地产的影响带动；郑新融合、平原新区、中原西区的互动发展及其影响带动；郑州市作为净流入人口地区及其作为一二线新兴城市定位对房地产业的刚需性影响带动；等等。作为可研报告、作为规划设计，这些影响带动还是应该有所阐释的，而且不可或缺。

第三，这个项目的主体内容实际上是住宅和商务办公用房建设，按照不景气条件下，郑州市单盘销售 20 万平方米（报告数据是郑州市 2017 年 1~10 月 27.7 万平方米）（报告提出的住宅年去化 20 万平方米）算，商务办公物业按年 4 万平方米（报告数据是郑州市 2017 年 1~10 月 6.9 万平方米）算，住宅总面积 247 万平方米，商务办公总面积 56.1 万平方米，扣除自持 10 万平方米，用不了 15 年的；等等。建议再斟酌斟酌这个周期。

（2）几个小的问题。

第一，你提出的 20 年、40 年折旧期的根据是什么，有政策依据咱不说了，没有确切依据，建议不要那么长，现在 IT 技术、数字经济来临，产品的生命周期实际上在加速，应加快更新折旧的速度，所以这个数据值得再斟酌。

第二，开发周期确定的原则对企业来说以销定期，但这是公司投资方内部的事情，可研报告一般不提出这个问题，你写出来无非是想告诉政府，周期长短不好说，政府心里要有数，反正将来看销售情况，我楼卖不出去，周期就会延长，可研报告里给你说过的，这个不是合作的态度，有点耍小性子、小脾气了。

第三，报告里有一个词儿，叫商务行政，应规范一下。商务和行政不能混用，比如，你第六页最后一行"商务行政向东、文化生活向

— 272 —

西的大战略也将逐步达成"。这一句话有两个地方需再考虑：一是商务行政向东，你是指的省委省政府等行政中心在东边，但不应该叫商务行政，商务是产业经济方面的概念。二是大战略不对，这不是大战略，这是区划功能定位。

第四，一些数据前后不对应，如总投资在43页写的是322.1亿元，52页写的是322.8亿元。包括52页那一段分析结论的表述及其数据恐怕还应该再推敲推敲。

第五，关于这个项目的名称。为什么要叫华侨城？华侨投资？华侨捐赠？华侨集聚？以华侨生产生活为主体主导？历史上就是一个华侨村？它的基本内涵及其定位要有一个确切的概述，至少在前面应有所交代。

瑕不掩瑜，整体这个文本还是不错的。一家之言，不吝赐教！

（2017年11月29日郑州市中原区政府会议室）

新郑市华夏幸福产业新城电子信息产业项目咨询审议发言

　　刚才听了大家的发言，很受感动，很受启发。感动的是各位专家很认真、很投入、很负责、很坦诚；启发的是碰撞了思路、开阔了眼界、深化了认识、提高了层境。今天与会的十一位专家，来自不同领域和专业，无论是资深的总工们，还是年轻的教授们，包括省外的、省内的，都就这个项目从不同的视角给出了自己独到的意见和建议，既展示了我们专家的专业功力与水平，也非常客观地就这两个项目的引进以及未来集聚区引资引企进行了实事求是的研判咨询，我也谈谈我的认识，与大家交流，不吝赐教！

　　我想从政府的站位，从政府招商引资的角度来说几点：首先我们看看政府为什么要引进这个项目，显然有这样几个因素：第一，对新郑市产业结构的调整完善，特别是电子产业的入驻对新郑市来说具有填补空白的意义，这是新郑的一个短板。引进电子产业还不仅改善了第二产业内部架构的低端化状况，而且将提升和促进新郑市从农业向工业、从传统工业向现代工业的跨越。同时，由于引进的电子产业居于产业的中上游链系环节，也有可能会增进区域性生产物流业等商务服务业的发展。第二，贯彻落实了郑州市区域功能定位和调整主导产业布局总体规划部署，即电子产业的引进是围绕新兴产业集聚发展，优化空间格局，建设郑州都市区新兴产业集聚拓展区的现实需要。产业集聚拓展区的要义，一是横向"拓展"，二是纵向升级。也就是要转型，要提高战略定位，既要有战略性支撑产业稳住、保证市域财源，也要有战略性新兴产业顺应、迈向行业前沿，融入世界经济一体化发展。电子产业产品的生产，不仅是符合当下产业政策指向的，也是新郑市所渴望拥有的。第三，对新郑市经济的总体带动性。从引进项目及其两家公司看，它们的基础与规模、它们的历史与现况，特别是它们所具有的一定的新产品研发及其科技势力、市场潜力等，引进来后必将对新郑市产业，乃至整个市域经济的带动，都是会产生积极影响和促进作用的。从这几个方面看，应该支持集聚区引进这个电子项目。

但是，两家公司项目生产过程中存在的废水、废气、噪声，尤其是诸如产生的氮、氢、镍等重金属污染的非环保性，恐怕是一个卡脖子问题，尽管公司会认真对待，政府也许会为此投资建设一个处理中心来应对，可是，作为一个以文化产业和食品产业为经济社会底蕴优势，作为一个紧邻新兴的航空港经济综合试验新区，作为一个未来国家中心城市的空间腹地，作为一个新时代人们更趋向追求绿色生态、良好生活环境的地方，引进两家非环保性生产企业，还是应该认真思考后再做抉择为好。围绕电子产业的重金属污染问题，谨建议：一是该两项目生产涉及的污染物等重金属处理与排放问题，一定要报备到省市环保部门，听取并按照政府意见行事。防治大气污染，是党和国家现阶段，且不只是现阶段，包括相当长的时期内，都属于"攻坚战"的内容焦点，我们至少应该严格执行河南省环保规范要求。二是是否可以首先规划建设防污、治污措施及工程，取得环保部门认可，再做整体项目推进。

项目是好的，问题也是明显的，如若现在处理不好，产业集聚区也好，新郑市政府也好，投资建设的两家公司也好，将来有可能会很被动，甚至导致地方土地资源浪费、引入企业资源浪费，使生产力蒙受损失。

任何一个政府，都要负起推进地区工业化发展的责任，但是，进入新时代，招商引资已不是10年前、20年前那样了。有人称进入招商选商时期了，特别是对于有污染，包括可能产生对生态存在破坏或不利的产业，再能创造GDP，再能为地方挣钱，也不要。还有一种认识是，应重新看待现时的产业梯度转移，并不全是因为政策红利的消失，或是因为劳工成本的看涨，或是发展空间的约束，可能最重要的一个因素是环保不达标、环保出了问题，无法再在原来的地方继续下去了，这是值得注意的。

联系这两个项目的引进，我觉得政府至少应考虑如下几个问题：第一，要把项目的引进放到更大空间，放到新郑市、放到郑州市的大格局中研判和抉择。千万不能就某一个集聚区、某一个小的空间就事论事，就局部说局部，而是既要对应上位专项规划，也要对应整个区域的宏观经济社会发展总规划。第二，要研究投入产出、增加财政税收收入、就业预期。就是要算账，要讲经济学家孙冶方先生的"最小与最大"理论，一定要以最小的投入甚至是不用政府投资，获取最大的收益。运用市场法则，像温州那样，"政府一毛不拔，事业兴旺发达"；像企业那样，追求投资的边际效应。只有规模生产，盈利很低，还有污染，这样的产业再"补白"，也要审慎抉择。第三，要研判引进产业产品的生命周期，要寻求可持续发展。电子产品更新速度超快，有人说从手机问世到现在已经经历了12轮升级换代，大概也就是2~3年就有新品出来，所以，要充分论证产品的生命周期，那么大的投入，那么短的周期，有没有价值可引性？第四，要增强风险意识。为一两家企业投资建设污染处理工程中心，是否那么划算，若后边没有同类企业跟进，加之一般污染物处理工程中心的运营成本又都很高，弄不好政府还会背上一个大包袱，出力不讨好。第五，要有同类产品生产的世界分布、市场占有比较分析。可研报告缺这一块，政府不能稀里糊涂，一定要做到心中有数。政府一定要仔细研判产业的发展现状与趋势，产品的市场供给与需求，本公司市场占有份额，以及同行业产品的比较优势分析等。第六，要看好和引进产业产品的研发、实验中心，工程实验室，研发基地，这是具有战略意义的作为，如果我们通过努力，把一个集聚区建成了这样一个中心或叫区域，那就是了不得的事情了。这是一个趋势，要通过建平台，引进人才精英，引进研发团队。销售学上说，与其引入一个产品生产，不如引进这个产品的研发团队，前者是几年光景，后者是十几年、几十年发展。

在今年 3 月郑州市委、市政府关于进一步明确区域功能定位和调整主导产业布局的通知中指出，新郑市重点发展现代食品、生物医药制造业和商贸物流业、科技服务业、文化旅游业为主的现代服务业，突出培育以集成电路为主的新一代信息技术发展。依托新港产业集聚区，加快壮大生物医药产业规模，建成现代食品产业集群。加快推进华南城、华商汇、传化物流等现代物流园区建设，依托华夏幸福产业新城、航美国际智慧城、电商大厦等产业项目，培育新一代信息技术产业规模，打造辐射中原经济区的区域性商贸物流中心和科技服务中心。以建设现代临空产业新城为目标，充分发挥区位优势、黄帝故里文化优势，整合资源要素，围绕新兴产业集聚发展，优化空间格局，建设郑州都市区新兴产业集聚拓展区。毋庸置疑，引进这两家电子企业是符合这一定位和规划部署的，问题是如何处理好引进产业与规避污染的矛盾。

（2018 年 10 月 11 日于郑州市雅乐轩酒店）

新密市制造业"十三五"规划评述

　　制造业是河南省强力推进并作为四个强省建设的内容之首，被列入河南省委十次党代会报告。从国家层面看，《中国制造2025》以及多个相关发展制造业的文件政策出台，更是表明了制造业在国民经济和社会发展中的地位和作用。一定意义上说，中央高层提出注意"脱实向虚"，防止重大结构失衡，大力发展实体经济，在内容主体上就是要发展先进制造业，加快工业化发展，提升工业化水平。郑州建设国家中心城市，短板在哪里？也是一些省会城市所不服气的地方，就是制造业落后，所以它要融合许昌、融合新乡，也在于增强工业之弱项。新密的工业这些年虽然有一定发展，真正先进的制造业并不是很多，但新密一直在努力，特别是就像这个规划写的，充分开发和利用了本土资源优势，并以此形成了具有新密特色和优势的装备制造产业体系，这个路子是对的，要坚持，我看这个本子写出了这一点很好。

　　我的感觉是这个本子写了一个新密的定位与定力，并以此形成了规划编制的坐标主线：一个是我不只是采煤，我还为采煤的制造提供采煤的现代化装备，而且已经形成了较大的品牌影响和市场份额；另一个是我虽然没有时尚的电子产品装备制造，可我围绕着采煤和耐火材料生产兴起了一个节能环保、消防安全装备制造产业，不仅顺应了国家绿色、生态、大气污染防治的需求大势，且为新密这样一个资源型城市的转型做了一个接续产业铺垫。确实不错，值得点赞！我不喜欢现在的人云亦云，搞雷同，盲模仿，结果是可能什么也做不好。也是这样，我愿意和大家一道研讨评议这个规划。

我个人认为这个规划至少有三个特点：第一，顺应了中共十九大精神。抓装备制造业，促实体经济发展，定位节能环保、消防安全等产业，既符合习近平注重生态、环保的新发展理念观，也符合新一届中共强调的大气污染防治，保卫祖国蓝天工程产业政策指向，从而会使新密产业链条延伸拉长，体现了习近平新时代中国特色社会主义经济思想。第二，契合了国家、省、市"十三五"规划，以及郑州建设国家中心城市大势。节能环保产业等是国家提出的五大战略性新兴产业之一，也是郑州市对新密产业的布局定位目标。第三，反映了新密市的产业基础、特色、优势，并形成规划编制的一根基线。同时，立足煤业和耐火材料生产，建起了节能环保装备基地，形成了比较产业优势，为新密这个资源型城市未来转型，构筑了产业支撑与接续发展链。

具体来说，这个规划的编制建立比较客观，是在对国际、国内，以及省、市产业发展的客观背景分析基础上的，既符合规划产业布局要求，又突出了本土产业基础、特点优势。

《郑州市"十三五"规划纲要》提出要重点改造升级煤矿机械、纺织机械、工程机械、泵阀及成套设备等传统装备制造产品，加快发展轨道交通装备、精密制造和智能装备、通用航空装备、大型成套专用装备等高端装备产业，并明确提出"把新密打造成为中部有影响力的节能环保装备基地"。2016 年，郑州市委、市政府印发《郑州市建设中国制造强市三年行动计划》，明确提出着力发展智能制造装备、通用航空装备、地下空间开发装备、节能环保装备、轨道交通装备，加快建设全国重要的高端装备制造基地。

"十二五"期间，新密依托产业集聚区、米村镇创业园，在全省率先规划建设了环保装备产业园、消防应急装备产业园等装备产业专业园区，在全省乃至全国形成了较强的知名度和影响力。其中，环保装备产业园规划面积 10.7 平方千米，位于曲梁镇，重点集聚发展大气污染防治设备及其他环保装备企业；消防应急装备产业园规划面积 13.4 平方千米，位于米村镇，重点集聚发展消防安全装备制造企业，致力于打造百亿级消防设施基地，创建国家级消防应急产业示范基地。目前，新密市环保装备、应急装备等特色装备产业集群已初具规模，推动了全市装备产业空间布局的集聚化发展。

此外，对尚存在的一些突出矛盾和亟须在"十三五"期间加以解决的问题，进行了务实的分析。提出的产业规模较小、自主研发能力薄弱、企业管理方式落后、"两化融合"水平较低等，很实在、很中肯。

我觉得新密和巩义都有一个共性问题，自然资源利用好，历史技术传承好，但成本代价大，大多数装备企业产品附加值低，科技含量低，产业的高级化程度低，产品研发和创新能力不强。再就是多为家族式传统管理模式，管理较粗放、现代化水平低，加上部分企业负责人知识水平和决策能力偏低，企业管理效能较低，导致企业活力不强、效率受到严重制约。规划中还提到企业对信息化建设的认识水平和重视程度不高，CAD、MES、CIMS、ERP 等信息化技术运用较少，多数企业设备陈旧落后，自动化、信息化水平较低，在智能制造方面亟待提升。

就这个规划的编制，我还想借着这次评审会议谈几点认识与大家交流，也供市里同志们参考。

关于规划中提到的建设"全国重要的高端应急装备产业示范基地"。这个依据和基础是什么，来自哪里？应急装备现在生产状况是怎样的？目前新密市应急装备的技术优势、质量优势、成本优势、品牌优势，特别是市场优势、市场份额等，到底怎么样？规划里应进一步有明确表达。现在整个装备制造这一块在全市工业占比中不到 5%，可见提出发展应急装备产业，无论从规模还是效应等方面也还是值得质疑的。

关于汽车配件产业转型升级问题。汽车行业因为电动汽车的发展，包括我国在内的许多国家近年来都纷纷列出了淘汰燃油汽车的时间表，最快的可能会在10～15年内实现全面淘汰燃油汽车。这就使我们做汽车配件产业的企业要注意面对这一挑战，怎么样把握汽车产业变换时局，顺势转型问题，那么这一点要不要在规划里点到，应予认真考虑。

关于装备制造业发展的资本给力问题。前一段召开的中央金融工作会议也好，中共十九大也好，传递的一个重要信息是防止和化解金融风险，要求金融扭转"脱实向虚"倾向，回归本源，支持实体经济发展。这给我们装备制造业无疑带来一个利好机遇，我们如何利用更多的金融资本，发展壮大装备制造业，把装备制造业发展同金融业投资转向紧密地结合起来，我感觉应该在规划里突出一下这一块内容。

关于未来装备制造业发展的人才支撑问题。现在一些规划既从物质要素方面做部署安排，更注重从人才与科技方面进行部署安排。任何产业的发展都是人的作用力的推动，产业竞争、区域竞争，说到底是人才的竞争。过去的产业带头人如今多已迈入老年行列，加之知识老化，非常需要中青年接力。从实践看，现在的一些产业不济，区域发展缓慢，根本的是人才问题。新密市的装备制造业这么一个规模，是人才的约束。所以建议一定要把人才规划写出来，要引进人才，更要注重培养本土人才，要有自己产业研发的精英及其团队，要有自己的国字号工匠队伍。为了吸引人才，要不惜血本建设研发基地，研发基地是产业发展、产业集聚的重中之重，还要建各类各级实验室，工程中心，要引进各类各路人才，人才兴、事业兴。

装备制造业发展的实体性内容有了，但怎么样形成持续发展？尤其是研发中心、工程实验室等，领军人才、精英团队等，现在规划编制中，很多地方都加进了这一块，没有人才和团队，没有新产品研发，没有实验基地，就不具有长期的战略性发展。

关于体制机制和民营经济发展问题。我们现在经济运行过程中的很多问题出在体制机制上，所以体制机制这一块还是要有的。比如要有装备制造产业发展的时间空间、范围领域支持政策，要让市场对资源配置起决定性作用，等等。这一点很重要，直接影响着投资者的投资行为。要按照市场的法则，挖掘社会资本力量，鼓励民营经济进入装备制造产业。民营经济已经成为发展我们地方经济的重要力量，改革开放前、改革开放后，新密市的民营经济都是走在前头的，曾经是各地各业学习的样板，今天我们发展装备制造业，同样也离不开民营经济融入，关键是看怎样规划，怎样引领，怎样协调。规划不只是机械地摆一堆项目，规划一定要给人先知先觉，给人以启发引导。

顺带说一句，规划里有一个地方，说国家中心城市发展战略将推动装备产业加快发展，批准建设国家中心城市与提出一个发展战略是两个不同的概念范畴，国家中心城市建设不是一个战略，这个字眼要调整过来。

(2017 年 10 月 31 日于新密市市政府会议室)

第四章 引领教师砥砺前行 忠诚党的高教事业

做一个富有素养的高校教师

我很喜欢与年轻教师交流，今天借此机会，我想给大家说说高校教师的一般素养，比较肤浅，不当的地方尽可批评。我总认为，高校教师要有高校教师的范儿，也就是要有高校教师应有的素养。街坊邻居评价看待高校教师是说他有没有学问，有没有品位，有没有给人一个高校教师的那种感觉；社会业界评价看待教师，是说他有没有学识，有没有理性，有没有层次，有没有给人一个高校教师与其他普通老百姓不一样的那种印象，其实根本的是说其有没有高校教师的那种基本的素养。

一个高校教师不能理论，总是和一个老城街道胡同里的市民一样整天骂骂咧咧，和一个大桥下面那个扛着大锹找活干的民工一样整天争争吵吵，或是做一个东家长西家短的怨妇婆婆妈妈的唠叨不休，就麻烦了。所以我们一踏入高校这个被称为铸造人类灵魂工程的、圣洁的地方，就一定要从思想意识到言谈举止、行为规范，注意修炼，努力做一个富有素养的高校教师。

我个人的认识是，高校教师至少应具备三个素养——政治素养、专业素养、人文素养。现在就我的认识与大家交流。

一、做一个富有政治素养的高校教师

我遇到一些教师总是说，咱不愿意参合政治，只讲咱的课。那么，你对现实总在发牢骚，总在评头品足，是不是一种政治倾向的反应？是不是在参合？还有我们的一些在国外待了半年、一年，或几年的"青年才俊"，大谈资本主义好，鼓吹用西方经济学改造中国，是不是参合了政治？说白了，在这个花花世界里，一个没有政治倾向的人几乎是不存在的。

什么是政治素养？就是爱党、爱国、爱岗、爱人、爱家。没有共产党就没有新中国。一些人甚至说是共产党耽误了中国现代化的发展。我看一个资料说，当年李光耀去欧洲，几次过安检因为籍贯上载明的是中国，被骂骂咧咧地拉出来排到最后给予放行，当1949年，毛泽东在天安门城楼上宣布中华人民共和国成立的时候，特别是中国人民志愿军抗美援朝把美国鬼子赶到了三八线外以后，李光耀再次赴欧过安检时，又被安检人员拉出队列，高喊着"往前来，让中国人先过"，李光耀从惶惶不安到昂首挺胸、从被羞辱到受到尊重地过安检，心里只有一个念头，即新中国的诞生和朝鲜一战，树立了中国人在世界的地位影响，国人的腰杆才挺立起来了。

我们中国从封建国家进入殖民国家，再进入家族国家或者说富人国家，再进入新中国，抑或说进入中国共产党领导的国家，进入改革开放的新时代，大家可以比较一下，什么时候像今天这样我们扬眉吐气地穿行在世界的任何一条繁华大街上？短短70年，可谓"换了人间"，我们真的是从毛泽东的"站起来"，到邓小平的"富起来"，到习近平的"强起来"了。没有什么可说的，证明中国共产党的领导是正确的，我们应该爱党、爱国。

当然，共产党历经近百年，不可能没有错误，没有问题。一部《人民的名义》就表白了这一点，说明我们没有回避，而且我们在改善着，《八项规定》《三严三实》《全面从严治党》《全面依法治国》，刚刚播过的《巡视利剑》，不是在说明这一切吗？爱党，就要爱社会主义，就要用马克思主义理论指导我们的实践，因为我们的党是以马克思主义理论武装起来的党，我们正在沿着马克思主义所憧憬的"自由人联合体"，实现着民族的复兴和伟大的中国梦。也是这样，习近平提出要坚定理论自信、制度自信、道路自信、文化自信"四个自信"，这是有根有据的，我们每一个国民，尤其是我们"80后"、"90后"、"00后"的年轻人，我们大学教师们，都应该仔细思考思考、品味品味。

爱国，是一个国人的起码素养。爱国就是要多看国家发展的主体、主流、主导；多看我们改革开放的变化；多看我们在世界上的影响。一个13亿人口的国家，一个人口多、底子薄的农业大国，现在是世界第二大经济体，有关资料报道我们每三年就再造一个英国，我们的GDP是日本的4倍，是俄罗斯的11倍。中国道路，中国方案也许正在逐渐成为今天的世界道路、世界方案。郑州航空港的E贸易，已经变革为举世瞩目的EWTO。10天前，徐平总裁被邀请在瑞士WTO总部宣讲这个EWTO，这意味着什么，将来世贸运营规则、程序、机制要按照咱们郑州的一套路数走。就在昨天，我们的一位职工还非常激动地说到我国和美国的差距多大多大，而大家对此却都没有做声，而沉默并不等于赞同。中美之间起点不同，发展的长度不同，美国有将近三百年的历史了，中国到今年也只有68年的时间，差距是有的，但我们在缩小着，问题是首先应该看好自己，不要总是自己瞧不起自己，不要说再过68年，再有二三十年，中国不超过美国，也会与其坐在同一张椅子上的，正是看到了我们的发展，我们在许多方面或是将要在许多方面已经或是正在超过它们，它们羡慕嫉妒恨，它们一直在打压我们。

爱岗，就是热爱自己所在的单位和所从事的岗位工作，叫敬业爱岗。爱岗才能有动力、有激情、有作为、有奉献。老百姓说，行行出状元，是说你只要投入了，你一定会做出成就的。大国工匠不就是一个制造工艺过程中的技术工人吗，可他为什么受人尊敬，为什么得到国家的赞誉和推崇，是他默默地在平凡的工作岗位上做出了不平凡的业绩。我们一些人总是抱怨这抱怨那的，总是觉得单位对不住自己，其实你没有想开，假如你离开了这个单位，假如你没有这个单位的平台依托，假如你不是凭借着这个单位的名义，你也许什么也不是，你可能什么也做不成，是这个单位给了你这样的身份，是单位这个平台助长和推拉了你的地位和影响。我看群里发了一个短文，叫"善待你所在的单位"，很有意境，很为感动。短文是这样写的：

如果你是小草，单位就是你的地。如果你是小鸟，单位就是你的天。如果你是一条鱼，单位就是你的海。如果你是一只狼，单位就是你跃马驰骋的战场。家庭离不了你，但你离不了单位。

没有单位，你，什么也不是！

单位是你和社会之间、和他人之间进行交换的桥梁。单位是你显示自己存在的舞台。单位是你美好家庭的后台。单位是你的竞技场、练兵站、美容室、大学校！单位是你提升身价的增值器，单位是你安身立命的客栈，单位是你和你的另一半对峙的有力武器，单位是你在家庭和社会上的发言权。

在单位要学会珍惜：

一是珍惜工作。工作就是职责，职责就是担当，担当就是价值。感谢那些让你独当一面的人，感谢那些给你压力的人，感谢给你平台的人。因为那是机会、是信任、是平台、是发言权。

二是珍惜关系。单位的各种关系一定要珍惜，宁可自己受委屈也尽量不争高低。一个人只有能够处理好和自己有工作关系的关系才叫能力。没有工作关系的关系，只是吃吃喝喝、玩玩耍耍，那不属于单位关系。

三是珍惜已有的。在单位你已经拥有的一定要珍惜。也许时间久了，你会感到厌烦。要学会及时调整自己，使自己在枯燥无味的工作面前，有一种常新的感觉。你已经拥有的，往往失去了，才会感受到价值；而一旦失去，就不会回来，这往往让人抱憾终生。

在单位最忌讳三点：

一是把工作推给别人。工作是你的职责，是你立足单位的基础。把属于自己的工作推给别人，不是聪明，而是愚蠢，除非是你不能胜任它。推诿工作是一种逃避，是不负责任，更是无能，这会让别人从内心深处瞧不起你。

二是愚弄他人。愚弄别人是一种真正的愚蠢，是对自己的不负责任。尤其是对那些信任你的人，万万不可耍小聪明。长期在一起共事，让人感动的是诚恳，让人厌恶的是愚弄和虚伪。

三是沉不下心来。沉不下心来是在单位工作的大忌。单位不是走马观花，而很有可能是一生的根据地，是一个人一辈子存在的证明。要沉下心慢慢干，有机会了也不要得意忘形。没有机会或者错过了一个机会也不要患得患失，最后的赢家往往是那些慢慢走过来的人。

单位无论大小，一把手只有一个。那些能够在一把手面前推荐你，说你好话的人是你生命中的贵人。在单位要克勤克敬、兢兢业业，而不是耍赖撒泼、妄自尊大。单位的本质从来不按年龄的大小排序，而是按职务排序，谁以自己的年龄大小来说事，谁就是真正的傻瓜。没有一个人会因为你年龄大而从内心深处敬重你。那些对年龄的尊重只是一种表面的应酬。

在单位老年人有老年人的优势，年轻人有年轻人的优势。万万不可互相轻视，那是自相残杀。在单位能多干一点就多干一点，总有人会记得你的好。在单位千万不可以带一个不好的头，不要破坏单位的规则。那样就是拆一把手的台，也就是拆自己的台。一定要把属于私人的事限制在私人的空间。否则，关键时刻没有人认可你。在单位要尽量远离那些鼓动你不工作的人，鼓动你闹矛盾的人，那是在让你吸毒品。

在单位永远不要说大话，没有人害怕你的大话，大家只会瞧不起你。维护自己的单位，维护自己的工作，维护自己的职业。如果你仅是为了玩耍，请你不要在单位里。你若是单位的草，那单位就是你的地。单位离开谁都能运转，但你离不开单位，你要努力证明，你在单位很重要。

爱单位，必然爱岗位，一个爱岗敬业的人必然要受到领导和同事们的尊重，包括我们大学教师，必然会在党和国家的教育事业里大有可为，大有作为。

爱人，一个不知道去爱别人的人，是得不到别人对他的爱的。人一辈子活的就是一个"情"字，人与人之间的不了情、同学情、同事情、战友情、老乡情、夫妻情、父女情、母子情、兄弟姐妹情等。相逢是首歌，唱的是人与人之间的情缘、情分、情爱。郁闷，想不开，除了二人世界，别人一概不屑一顾，二人一闹翻，跳楼了，自杀了，因为他没有其他的人的爱。

我们工作中，你对他人有一分爱，你同样就会得到他人对你的一分爱。"爱河"不只是恋爱婚姻的专属概念，也是大家同事之间相互尊重、团结互助、乐于爱慕的气场和气息。只有心中充满爱的人，生活才有快乐，工作才有快乐。

还有爱家庭。家从来都是你依靠休憩的港湾。为什么要"常回家看看"？我一直不理解一些人那么呵护狗狗，几乎是无微不至，细心周到至极，但是对生他养他的那个家，那个爸、那个妈却嫌弃厌烦？有人说这是人文素养问题，我则把它与政治素养连在一起，因为，国家国家，爱国一定应该爱家，有家之爱心，才有爱国之心，爱国和爱家是不可分的。人们总是说一个人一定要有"家国情怀"，就是既要爱国，又要爱家，把国家当成自己的家，把自己的家融入国家这个家，并形成一种割舍不下的情怀与情结。

二、做一个富有专业素养的高校教师

高校教师的专业素养太重要了。总的来看，我讲的专业素养是指一个人能不能以专业的视角看待经济社会的发展，看待教育教学的常规秩序和改革变化。我想说，在今天这个时代，如果我们不注重提升自己的专业素养，从而提升我们认识问题、研判问题、解决问题的能力水平，还是一个教案讲 30 年，肯定是不行的。现在的大学生整体素质并不高，但他们的要求则并不低。学生为什么不愿听讲，你不要总是抱怨学生，恐怕首先应该反思自己。不能更新知识，不能适应形势，我们可能面临的是淘汰出局。

高校教师专业素养至少应该包括以下几个方面：一是你拥有的相关学科理论基础。原河南省作协主席田中禾给我讲亚当·斯密，讲资本论，讲马克思，特别是现在多学科交织融合，你从一本教材弄两段就上课了？不行的，一门课没有七八本不同的教材版本研读，是讲不出什么的，而且就某一学科看某一学科，也是不行的，还要看相邻的、相关的，叫融会贯通。二是你拥有的专业知识基础。过去的一些经济学家能随时说出那段话，那句话，那个观点出自哪一个人写的，那一本书，那一页，那一行，我们现在扪心自问一下，我们读了多少专业原著，我们与多少权威、大师、名家进行过多少次交流，我们能提出多少个经济社会现实问题的成因、思路、对策。三是你拥有的教学表达和演讲能力基础。光心里亮，不行，要通过你的讲，让别人、让学生心里亮，才是好样的。既要有专业知识，也要有语言文学知识，要能写能讲。过去说君子动口不动手，应改为既能动口，也能动手，说不成，写不成，耽误你一生的发展。四是你拥有的与专业教学相连的实践感性基础。20世纪90年代末期，我做科研处长，提出要专业教师对口到相应机构和企业实习或挂职，就是要增强教师的实践感性能力，从学门进学门，从书本到书本，教师讲课肯定是缺乏底气的，以其昏昏使人昭昭啊！

具体来看，高校教师的专业素养就是要按照2016年国家教育部颁布的《关于深化高校教师考核评价制度改革的指导意见》提出的"师德为先，教学为要，科研为基，发展为本"来完善自己。也就是说，今后考核高校教师，就是要按照这四个方面进行，我认为这也是高校教师应该具备的专业素养。"师德为先"，是说要有政治觉悟，要为党、为社会主义育人才，不能出现党和国家办的大学，培养的学生毕业了，反起党来了，反起社会主义来了。这叫什么，自己当了自己的掘墓人，自己给自己挖了个坑，这是不允许的。"教学为要"，是说咱就是教师，咱就是要搞好教学，连学都教不好，还谈什么呢（工作立身，工作第一）？"科研为基"，是说科研对教学的作用力的问题。一个不能做科研的教师，其教学也一定是一般般的。"发展为本"，是说自己发展、教学发展、学校发展，且要把自己的发展目标同学校的发展目标链接一体，才叫自由的、全面的发展（我始终认为，学校发展了、学校影响大了，我们走在大街上都是趾高气扬的）。

三、做一个富有人文素养的高校教师

人文素养本质上是一个人的文化底蕴及其理性状态。所谓文化底蕴，就是指一个人的知识层次、劳动态度、社会责任、道德水准、言谈举止等；所谓理性状态，指一个人追求经济的、社会的动能目标和价值观念的现实性、可行性。

一个人一定要有文化品位，言谈举止，交差共事，处处表现了你的文化品位、文化层次、文化修养。

一个人一定要有人文雅量，要有包容心，要与人为善，看不惯别人少看两眼，说不到一块儿少说两句，和为贵。一个人一定要诚实守信（整天想着弄虚作假，最终非把自己做成孤家寡人，做出局，做进去），一个人要有互助友爱、团结众人之情结（习主席在杭州演讲，引用一句非常经典的话："以金相交，金耗则忘；以利相交，利尽则散；以势相交，势败则倾；以权相交，权失则弃；以情相交，情断则伤；唯以心相交，方能成其久远"）。

合伙做事也好，人际交往也好，都应珍惜缘分，珍惜时光；以善为念，学会感恩；以诚相待，以心相交！与高者为伍，与德者同行，必得善果！谦受益，满招损！

一个人一定要懂得感恩，感谢父母，感谢家庭，感谢组织，感谢单位，感谢与我们相处的每一个人，是他们给了我们的一切；一个人一定要有人文情怀，要有大爱，要像诗人一样充满激情，要像农民一样诚实做事……

一位伟人说得好，世界是你们的，也是我们的，但是归根结底是你们的。你们年轻人，朝气蓬勃，就像早晨八九点钟的太阳，希望寄托在你们身上！

让我们以富有的政治素养、专业素养、人文素养，期待明天，拥抱明天。为了我们的国家，为了我们的财院，也为了我们自己，拼搏，加油，砥砺前行！

（2017 年 10 月 10 日与郑州财经学院青年教师培训班学员交流）

高校教师的科研价值取向

感谢有这个机会与大家交流，感谢各位领导、老师们放弃其他，齐聚这里。借此我谈一些认识，不当之处，敬请批评。

我想跟大家交流四个方面的认识：一是关于这个命题的意境概述；二是关于大学教师应有的科研价值取向；三是关于大学教师做"教书匠"与做专家学者的认知；四是关于大学教师的一般科研工作常态。

和年轻人在一起，我的话就多一些，这次交流大约需要 100 分钟。

一、关于这个命题的意境概述

这两年，我受邀到一些学校新进教师入学教育的学习班上交流，我讲了一个题目，叫"坚持——致青年教师"，我强调了青年教师是学校的未来，要坚持理性心态、干事状态、生命常态，坚持爱校、爱岗、敬业、奉献，坚持科研修炼、提高内涵，坚持从一般项目研究做起，坚持持之以恒，久久为功。对于年轻人来说，坚持很重要，坚持就是成功，坚持就是希望。华为之所以有今天，就是任正非说的，在于 28 年来对着一个城墙口持续发起冲锋。大学教师尤其是青年教师，要想有作为、有成就、有地位、有影响，就一定要肯坐从十年冷板凳，方走沧桑人间道。

坚持，就是要克服现时的漂浮躁动，急功近利世俗。我们从一名大学生变成了一名大学教师，无论你是普通本科生，还是研究生，我们面临的是角色的转换，如何实现华丽转身，如何担当起教师的责任，如何承载起教师的称号，特别是让自己学生时代的一些遗憾不再，备好课、教好书、育好人，首先的、基本的应该是实实在在地把自己的专业重新捡起来，重新熟悉起来，重新深化起来，因为虽然我们上了多年学，其实在毕业的时候基本上都又还给老师、还给学校了，加之本科教育阶段存在的种种问题，可以说我们相当数量的同学很多真学问并没有学到手，我们的专业基本理论、基本方法并没有真正学懂弄通（晚上散步你听听那些卿卿我我的男男女女们在一起说些什么，"不挂科就行了"，不行了就补考呗），因为对本科教育的松懈与忽略，我们读研究生、做博士也自然感觉很吃力，本科不牢嘛。也是这样，国家教育部提出了要坚持以本为本，本科教育要实现"四个回归"，这是具有战略意义和现实意义的。

那么作为教师，怎样认识这一大政，怎样融入这一大潮，怎样跟进这一大势，在推进"以本为本""四个回归"中做出自己的贡献，我觉得教育部的文献里有这样一句话，给我们点出了个中主旨，值得品味。这就是强调"要加快建设高水平本科教育、全面提高人才培养能力"。全面提高人才培养能力，是说给谁听的？主要是说给教师听的，教师是教育教学的主体主导。全面提高人才培养能力，主体的、主导的，首先是指全面提高教师人才培养能力。能力来自哪儿？来自科研素质、科研能力。有人说，今后不再强调科研了，这是不对的。教育部的文件里有这样一段话，"加强教育教学业绩考核，在专业技术职务评聘、绩效考核和津贴分配中把教学质量和科研水平作为同等重要的依据"。注意，这里强调了两点：第一，把教学和质量紧密联系在一起，不要泛泛地说教学，而是强调教学质量；第二，把教学质量和科研水平作为对教师考核的同等重要的依据，强调要重视教学质量，但绝没有否定科研之意。没有科研水平的支撑，是不会有什么教学质量的。没有科研能力水平的教师，就不可能，也谈不上"回归常识、回归本分、回归初心、回归梦想"。所以我把今天交流的主题定到了以教师的良好科研素质推进本科教学"四个回归"上。

二、关于大学教师应有的科研价值取向

在全国教育大会上，习近平指出，高校（全国普通高校 1243 所，新建 702 所——2000 年以来）没有三六九等，关键是能不能办出特色，在不同学科不同方面争创一流，能培养出创新型、复合型、应用型人才。李克强总理也指出，高校应着眼培养适应就业、能够创业、勇于创新的现代化建设需要的人才。那么，靠谁来办出特色？靠谁来争创一流？靠谁来培养出希望之才？主体的、主导的当然是教师，靠教师的什么？靠教师的辛勤付出，靠教师的教学质量，靠教师的科研素养。教学与科研是互动的，教师科研素养是基础、是支撑性的，没有真学问，是育不出真人才的，也是谈不上能有什么特色和一流的，所以我们要有一个高的站位，把做科研与专业特色打造一流学科建设，培养领袖们、社会上希望的应用型、创新型人才连接起来，绝不只是为了完成岗位任务考核，为了评定职称需求，为了面子上不被人小觑，更不只是为了备好课、讲好课，所以有一个价值观的问题。

（一）从做个满腹经纶、让学生深刻记住的"好老师"看教师科研价值取向

百年大计，教育为本。教育大计，教师为本。"努力培养造就一大批一流教师，不断提高教师队伍整体素质，是当前和今后一段时间我国教育事业发展的紧迫任务"。这是习近平总书记在 2014 年 9 月 9 日第 30 个教师节来临之际，在北师大座谈会上讲的。"教师为本"，强调了大学建设与发展的主体力量和教师在教育教学中的基本地位。习近平指出，"教师重要，就在于教师的工作是塑造灵魂、塑造生命、塑造人的工作。一个人遇到好老师是人生的幸运，一个学校拥有好老师是学校的光荣，一个民族源源不断地涌现出一批又一批好老师则是民族的希望。国家繁荣、民族振兴、教育发展，需要我们大力培养造就一支师德高尚、业务精湛、结构合理、充满活力的高素质专业化教师队伍，需要涌现一大批好老师"。

我说要做个满腹经纶、给学生留下深刻记忆的好老师，因为在我看来，学生幸运地结识一位好老师，甚至能够终生记住这位好老师，在于他做到了教书育人，在于他的满腹经纶武装了学生、启迪了学生、改善了学生。何谓满腹经纶？俗话说叫肚子里有"水"，知性一点说，叫有研究、有思想、有个性。"水"从哪里来？从对讲授学科专业的深度研究来，从对教学与科研关系的把握来，从对日常社会大政的观察、研究、日积月累来。只讲不研究，你的课是讲不好、讲不清，也讲不活的。现代学生都有积极的自学能力，照本宣科，或者是仰赖 PPT（骗骗他），学生是不买账的。讲好课、当个好老师，不做研究是不行的，一定要在观念意识上和教学实践中处理好教学与科研的关系，也就是一个大学教师应该拥有的科研价值观的问题。

"好老师"这个概念，过去我们也讲，但是并没有真正去研讨和认知它的内涵和外延，习近平在北师大再一次提出来以后，我们才开始再一次认真地品味起来。怎么样算是好老师？习近平给出了他的认识。习近平说，每个人心目中都有自己好老师的形象。做好老师，是每一个老师应该认真思考和探索的问题，也是每一个老师的理想和追求。好老师没有统一的模式，可以各有千秋、各显身手，但有一些共同的、必不可少的特质。

第一，做好老师，要有理想信念。不能想象一个没有正确理想信念的人能够成为好老师。唐代韩愈说："师者，所以传道授业解惑也。""传道"是第一位的。一个老师，如果只知道"授业""解惑"而不"传道"，不能说这个老师是完全称职的，充其量只能是"经师""句读之师"，而非"人师"了。古人云："经师易求，人师难得。"一个优秀的老师，应该是"经师"和"人师"的统一，既要精于"授业""解惑"，更要以"传道"为责任和使命。传道，就是激励学生的理想信念，引领学生去追梦。好老师心中要有国家和民族，要明确意识到肩负的国家使命和社会责任。也就是说，要有家国情怀，责任担当。

第二，做好老师，要有道德情操。习近平说，老师的人格力量和人格魅力是成功教育的重要条件。

第三，做好老师，要有扎实学识。扎实的知识功底、过硬的教学能力、勤勉的教学态度、科学的教学方法是老师的基本素质，其中知识是根本基础。学生往往可以原谅老师严厉刻板，但不能原谅老师学识浅薄。"水之积也不厚，则其负大舟也无力。"知识储备不足、视野不够，缺乏对课程和专业的研究，教学中必然捉襟见肘，更谈不上游刃有余。

国外有教育家说过："为了使学生获得一点知识的亮光，教师应吸进整个光的海洋。"在信息时代做好老师，自己所知道的必须大大超过要教给学生的，不仅要有胜任教学的专业知识，还要有广博的通用知识和宽阔的胸怀视野。好老师还应该是智慧型的老师，具备学习、处事、生活、育人的智慧，能够在各个方面给学生以帮助和指导。

第四，做好老师，要有仁爱之心。教育是一项"仁而爱人"的事业，爱是教育的灵魂，没有爱就没有教育。好老师应该是仁师，没有爱心的人不可能成为好老师。高尔基说："谁爱孩子，孩子就爱谁。只有爱孩子的人，他才可以教育孩子。"教育风格可以各显身手，但爱是永恒的主题。爱心是学生打开知识之门、启迪心智的开始，爱心能够滋润浇开学生美丽的心灵之花。老师的爱，既包括爱岗位、爱学生，也包括爱一切美好的事物。

习近平说，"三寸粉笔，三尺讲台系国运；一颗丹心，一生秉烛铸民魂"。今天的学生就是未来实现中华民族伟大复兴中国梦的主力军，广大教师就是打造这支中华民族"梦之队"的筑梦人。

作为筑梦人，既要影响和引领学生去做实现中华民族伟大复兴的中国梦，更要影响和引领学生以扎实的专业理论基础知识，去融入社会，去观察社会，去研究社会，去解析社会，去助力社会，去让梦想成真。打铁先得自身硬，我们没有教学研究能力，没有理论研究能力，没有应用研究能力，何以谈当学生的筑梦人呢？自身硬，硬在哪儿？硬在教师生涯中的科研能力，硬在教师科研水平对其教学质量水平的支撑能力、边际效应。

（二）从国家对高校教师评价标准看教师科研价值取向

国家教育部 2016 年 6 月 21 日出台《关于深化高校教师考核评价制度改革的指导意见》提出，高校教师要坚持"师德为先，教学为要，科研为基，发展为本"，这既是对高校教师职业岗位、综合能力的具体要求，也是对高校教师考核评价的具体依据。这四句话，"师德为先"是作为人类灵魂工程师的教师的灵魂所在，教师岗位职业、职责、职能所在；"教学为要"是要求一个高校教师应把履行岗位职能——教好书、育好人作为第一要务；"科研为基"是强调高校教师学科知识、专业素养及其不断提升的源泉动力指向，即高校教师必须具备从事科学研究的能力，并且要把科研作为教学素养之基；"发展为本"是考核评价高校教师的内容标志，既包括教师本人的发展，也包括教师本人发展对学校发展的贡献。这四句话之间既是相对独立的，又是互通互动、一体不可分的，其中，"科研为基"，反映着高校教师应有的基本岗位观念和职业作为，是高校教师做好本职工作的一种普遍性、基础性前提条件，科研能力、科研基础、科研成果、科研影响，直接关乎和体现着高校教师的师德修行境界、教学质量效应、科学研究水平、服务社会能力、文化传承发展诸多方面。高校教师必须要有独立研究某一学科理论和相应专业课程、现实经济社会生活的科学态度、能力基础，这也是社会和学校考核评价一个教师最基本的点位。

（三）从国家开展教育思想大讨论看教师科研价值取向

2018年6月21日，教育部在四川成都召开新时代全国高等学校本科教育工作会议，无论是推出新时代高教40条（关于加快建设高水平本科教育、全面提高人才培养能力的意见），还是部长们的讲话和成都宣言，我个人认为强调的都只有一个主旨思想，就是坚持"以本为本"，推进"四个回归"。这次会议传递的最重要信息有两点：一是强调了要把本科教育放在人才培养的核心地位、教育教学的基础地位、新时代教育发展的前沿地位，加快建设一流本科教育，为我国高等教育强基固本。二是要坚持以本为本，把"回归常识、回归本分、回归初心、回归梦想"作为高校改革发展的基本遵循，激励学生刻苦读书学习，引导教师潜心教书育人。我的认识，第一个是对这些年来轻视和忽略本科教育教学的一个矫正；第二个是对本科教育教学在新时代的思维观念、方式方法、发展路径等的一个再梳理、再定位、再要求、再评价。

什么叫回归常识、回归本分？就是还要从基本理论、基本方法等本然的、最初应该学习掌握的内容施教。读研究生，进入博士阶段甚至开展博士后研究，许多基本的概念范畴、基本的思维逻辑、基本的解析路数不通、不懂，这是为什么？在读也好，参加工作到岗也好，很多文书材料写不下去，很多研究选题持续不下去，深入不下去，这是为什么？一个重要的因素就是对本科时期的专业基础理论知识，特别是一些基本的理论概念、基本的方法应用没有把握住。就像我此前讲到的，比如我们做经济学教学研究的，说不清经济、管理的概念，说不清经济学与管理学的关系，说不清什么是体制、什么是经济体制、管理体制，也弄不清、分不出经济学研究的内容层次，就是因为本科阶段对概念学习的模糊性，导致思维、思路、思想的混沌空白，就是因为缺乏常识性的、本然性的、最基本的概念认知等（一位本科生回答"白领工人"是白干活不领工资的人），所以你抄我，我抄你，抄来抄去都是云里雾里不知南北东西。本科不牢，地动山摇。所以全国教育工作会议提出要坚持"人才培养为本"，教育部会议提出坚持"本科教育是根"的我国教育教学体制改革的主线与遵循。

本科是让学生进行基本理论、基本方法的"双基"知识的学习，对于未来继续学习也好，就业工作也好，太重要了。而深层追究一下，学生没有学好，完全是学生的问题吗？有学生的问题，但最关键、最重要的还是老师的问题，因为包括我们许多老师在内，缺乏对教科书及其相应学科专业的深度研究，缺乏一定的科研能力，因为自己就对许多概念、术语没有学好、领悟，更没有深入研究把握，没有应用感性体味，自己就是模糊的，教出的学生又能有几多清亮？

回归初心，这个初心怎么理解，就是说你必须要教授给学生些什么？就是你的教育教学目的预期。最起码应该是既授人以鱼（使他将来靠所学知识实现就业，能养家糊口），又授人以渔（给他传授将来发展的思维、方法、思想、路数）。

回归梦想，我们点燃起了学生的梦想了吗？没有，否则不会临毕业季跳湖了、跳楼了、割腕了，别说梦想了，他顾及到国家为培养一个大学生耗费了多少人力物力财力了吗？他顾及到学校教职员工、上上下下为了他能够有一个良好的学习环境氛围条件所做的种种努力和付出了吗？他顾及到父母家人把他养育这么大花费了多少心血、寄予了多少希望了吗？

所以现在提出"四个回归""强基固本",我太赞成了。我甚至觉得强基固本，不能只是简单地停留在强本科这个基来固本科这个本，还要注意定位到老师这一主体及其应有的科研基础提升上来固本科之本。也就是说，强基固本，应该以老师科研素质对教学质量的提升为抓手，推进本科教育的发展。教育大计，老师为本。老师的基和本就固不上去，怎么好谈整个本科教育回归强基固本呢？推进强基固本，振兴本科教育，教师是主体与主导，教师的科研能力及其对教学的影响是关键。

（四）从教育部提出要抓好建设"金课"、淘汰"水课"看教师科研价值取向

国家教育部党组成员、副部长林蕙青 2018 年 11 月 1 日在 2018 ~ 2022 年教育部高等学校教学指导委员会成立会议上的讲话中指出，要建设高水平专家队伍，为全面振兴本科教育提供有力支撑，要引导广大教师把精力投入到本科教学中来，潜心研究教学、投入教学，引导高校把资源配置集中到振兴本科上来，完善提高人才培养能力的保障机制。这其中他提到了两个概念：一是每年遴选推荐一批在本学科专业领域叫得响、影响大、有示范意义的"金课"；二是要解决目前高校一直存在着的不少内容陈旧、轻松易过的"水课"。这个主要思想是对大学生合理"增负"，提升大学生的学业挑战度，合理增加课程难度，拓展课程深度，扩大课程的可选性，把"水课"变成有深度、有难度、有挑战度的"金课"，并很具体地提出要加强对毕业设计（论文）选题、开题、答辩等环节的全过程管理，提高毕业设计（论文）质量，要为本科生参与科研创造条件，推动学生早进课题、早进实验室、早进团队，将最新科研成果及时转化为教育教学内容，以高水平科学研究支撑高质量本科人才培养。

深度、难度、挑战度，来自哪儿？以什么来提高毕业论文质量？

怎样以高水平科研支撑高质量本科人才培养？毋庸置疑，来自教师的教育教学素质，教育教学素质来自哪儿？来自教师对专业课程、学科内容的研究程度，要给学生以真学问，自己就没有真学问，以其昏昏，使人昭昭，谈什么淘汰"水课"，建设"金课"。

什么是"金课"？教育部高教司给出的标准是"两性一度"：高阶性——培养学生解决复杂问题的综合能力和高级思维；创新性——课程内容反映前沿性和时代性；挑战度——老师备课和学生课下有较高要求。这将成为今后具体衡量教师教学质量的依据，各位想想，我们怎样才能达到这个"两性一度"？就是看科研，看教师的科研能力和素质，我们教师的科研、科研能力素质必须适应跟进。

（五）从为祖国文化史册上留下灿烂的一页看教师科研价值取向

教师一直还被人们称为"文人"，即有文化、有学问的人。只能照本宣科，只能做一个留声机，或者说只能上课，不能或是不愿研究，君子动口不动手，即使有点碰撞联想，有点认知感悟，也行不成文字、转换不成论著，那就太遗憾了。我们过去一些老教师就是这样，以至于到退休了，还没有被评上个副教授、教授，这是值得我们思考吸取的教训。在学校，尤其是在大学，当老师的，我们混个啥？到最后连个高级职称都没评上，什么都不说了，对不住自己啊。其实一个人，能讲，讲得好，一定是对讲的内容有研究，就是因为有所研究，才具有了一定的深度，才有了一些名句、名著、名气。一所大学有名正是在于有那么几个、十几个、几十个名人、名家、名专业、名学科。

不要以为当大官、当大师才能名垂青史、流芳百世，做一名普普通通的教师，善研究（有学问涵养）、讲得出（有演讲才赋）、有质量（有教学质量）、成"明星"（有粉丝挂记，成为学生一辈子都念念不忘的好老师，此"明星"非娱乐圈"明星"），照样是有为，是影响，是永垂不朽。大学是文化的传承体，教师是传承体里的文化人。

学校是你实现人生价值与梦想的地方，当你抉择投身这所学校的那一刻起，你就已经与学校融汇成了一体，你的进步增添着学校的荣光，学校的发展无不映现着你的贡献。问题是你要在学校建设和发展的史册上怎样来书写自己。其实，我们内心一定要知道，一个精明的学校经营者，从来都是把学校建设与发展的支点，或者说依赖的主体力量放在自己现有的教师身上的，也就是说，他一直会去努力地打造自己的、本土的精英及其人才队伍，所以说，我们都有机会的，不过这些机会总是赐予那些有准备者的。按照我的思路，所谓有准备，应该主要是指有正确的科研价值取向，有科研动能、科研基础、科研影响，从而不断提升教学质量水平的人，为学校建设与发展做出积极贡献的人。学校的高层决策者，倾力投入打造硬件条件，每年以每人数百元的绝对数增资，各方网织的浓郁校园文化，其实一切在于为了教师，使教师有满满的精神的、物质的享受，从而全身心地做好教学科研。

（六）从妻子、儿子、票子、车子、房子、面子看教师科研价值取向

科研工作及其成果，不仅展示和反映出一个人的专业修养、学识水平，更与职称、收入、面子（我们是一个拖着封建主义的长长的辫子进入社会主义的国家，人们依然很讲面子，甚至死要面子活受罪）紧紧相连在一起。职称需要教学与科研成果的支撑，职称是一个人的教学科研工作得到社会认可的标志，更与一个人的生活联系在一起。在高校，拥有哪一级的职称，就会得到相应哪一级的薪酬。亦如上述，在延续了几千年、现在依然还没有超脱出来的封建主义社会国度里，我们沿袭了死要面子活受罪的哲理，你自己无所谓，但妻子、儿子、家人则很有所谓，需要你的社会地位得以荣耀，需要你能挣来更多的

票子过好生活，需要你能不断增加收入，与别人一样有好车开、有好房子住，需要你有一定的殊荣使子孙脸上总是泛起红晕、使家人很有面子。

是的，也有像最近成为网红的湖南师大的另类人物龚德才，32年老讲师，他的观念是"现在唯论文的学术状态，我自己不认可，所以我也不参与，这是我自己的选择"。但是他坚信"教师必须要做的研究，应该是让学生如何更好地学习"。之所以学生爱戴他，他的讲课总是堂堂爆满，是因为他把自己的追求全放在了"那些他曾经读过的诗句里"，不断地研究和寻觅着给学生以"真学问"的真理性的东西，如果他没有研究，则可能不是现在的情形了。

此外，一些人认为，现在评职称不唯论文著作了，不唯项目奖励了，这里没有明白一点，这是相对于过去的绝对化、极端化所做出的一种调整，但是，都不开展科研、不写论文、不出著作、不做项目、不与地方经济社会需要联系，我们学校的精品课程、一流专业、一流学科、百千万人才、省管专家、国管专家，以及国家、省市各级工程实验室、研究基地等怎么申报？凭什么当选？我们的本科教育凭什么进入研究生教育，凭什么取得硕士、博士授权？我们的合格评估、水平评估、"211""985"拿什么做依据评选形成？对个人、对学校，科研及其成果始终都是硬通货、大标志。前几天，我们的常务校长急匆匆跑到我办公室，问我看没看最近一家评价机构发布了全国民办高校排行榜（竞争力评价研究报告），我是科研处长，我肯定很关注，我肯定要看了，只是觉得没有做好，没有吱声罢了。我们学校排名第43位，尽管河南上榜的没有上几家。这是怎么排的，四个一级指标，论文、课题、专利、奖项全都是科研指标，所以我说，科研成果是硬通货。

三、关于大学教师做"教书匠"与做专家学者的认知

（一）当"教书匠"，更要当业内专家学者

我一直认为，我们既要当好一个教书匠，更要当有教学研究、理论研究、应用研究能力的学者型、专家型老师。进入大学，做一名高校教师，不能仅满足于教授一门或两门课程，一定要有科学研究的素养内涵。没有科学研究能力素养的教师就不是合格的高校教师，更谈不上教好课，以及能有什么教学质量；没有科学研究能力素养，就没有对相应学科、专业、课程的深化把控；没有科学研究能力素养，就没有得以形成、作为比较优势的学科、专业、课程的学识底蕴；没有科学研究能力素养，就没有可能做到自己岗位职能所从事的学科、专业、课程的普及传承与文理创新。所以要提出科研为基，就是要强化科学研究对提升高校教育教学质量、培养出"真人才"的重要支撑力，强化科学研究在一个高校教师的成长发展过程中的重要性和决定性。

我们不可能要求每一位教师都必须把科学研究，把做学者专家、成名人大师，固化为自己一生的社会生活内容方式和追求，但是，不能从事科学研究，缺乏科学研究能力素养的教师，尤其是在高校这个培养高等级人才的府邸，则终将是不会有大的作为和发展的，即便是当上一名副教授或教授，在社会、在业界、在乡里乡亲、在同学朋友、在父母孩子那里也自然是缺乏底气、缺乏自信、缺乏交流的。教授贬值，草包教授，职称型教授欠缺在哪儿？就是欠缺在没有科学研究能力素养，欠缺在没有科学研究能力基础，欠缺在没有真学问，这是值

得我们每一位高校教师认真思考的，这是高校教师的一个缺憾、一个痛点、一个隐忧。

在现时社会里，为了提高收入，甚至不惜一切去争取职称，为了凑足条件，抄袭的、挂名的、公开买卖的，无奇不有，理解吧。可是，评上了副教授、教授，一定要补课，要按照副教授、教授的资格条件认真补课，你是教授了嘛，大家也好，学生们也好，各位亲们也好，对你的看法、要求就不一样了。所以要补撰写论文的课，要补研究横向、纵向项目的课，要补提升教学深度、广度的课，要补能够高水平给学生"授业，解惑"、传导真学问的课。

（二）拥有真学问，育出真人才

习近平在北师大座谈时指出，陶行知先生说："出世便是破蒙，进棺材才算毕业。"这就要求老师始终处于学习状态，站在知识发展前沿，刻苦钻研、严谨笃学，不断充实、拓展、提高自己。过去讲，要给学生一碗水，教师要有一桶水，现在看，这个要求已经不够了，应该是要有一潭水。要与时俱进，要深化课程内容，要研究新时代、新要求、新内容，要充电，要积累，要提高。因为教师教学素质及其质量水平取决于教师对教材、对课程、对专业、对学科、对理论、对实践的认知和研究程度。没有这一点，教书匠也当不好。

（三）构筑社会主义意识形态和政治站位的科研底蕴

我国社会主义大学，一定要坚持为社会主义培养德智体美劳的接班人大目标，要坚持学术研究无禁区，课堂宣讲有纪律，包括撰写论文、项目研究、编著教材等都要贯穿"四个自信""四种意识"，把好政治观，传播正能量。我们现在一些青年教师，对马克思主义、对社会主义、对为什么要走中国特色社会主义道路，并不真正理解，往往人云亦云，跟着人家跑，没有自己的主见。英国学者伊格尔顿说过一句话:"连一行马克思的书都没有读过的人都敢嘲笑马克思。"如果能真正翻开马克思的著作,看一看马克思主义在东西方的不同流派和延展,你就会发现,西方现代最著名的思想家,如萨特、福柯、马尔库塞、哈贝马斯等,无不深受马克思主义的影响。进入新千年,马克思被英国、印度最著名的媒体评定为千年伟人。

如前所述,"教师做的是传播知识、传播思想、传播真理的工作,是塑造灵魂、塑造生命、塑造人的工作。教师不能只做传授书本知识的教书奶奶,而要成为塑造学生品格、品行、品位的'大先生',一定要把真善美的种子不断播撒到学生心中"。

(四)像专家学者那样,保持一个科研的基本心理定势

(1)静下心做学问。应该把做学问形成为生活的自觉的一部分。浮躁、自满,到处游荡,静不下来,就学不进去,就做不成学问。冷板凳还是要坐的,圣贤书还是要读的,国学,很大成分上就是圣贤思想的集大成,华夏优秀文化的传承。

(2)沉下去补短板。每一位教师,你只要愿意学,你会越学越发现知识的贫乏,知不足而学不厌。尤其是在当今,学科的更新、学科的交融、学科的深化,都要求我们不只是弄懂弄通自己的学科领域,还要跨界把握相应学科的内容。要拉近专业教学科研,找差距、补短板,特别要注重看原著、读原文、明原意、获真经(我们和政府或是其他单位在一起调研、做项目、参加学术交流,接触得越多,感觉自己缺乏的、短板的东西就越多)。

(3)俯下身跟着走。什么叫和着时代的脉搏,怎么能不断刷新教案内容,把新理念、新词汇、新方法、新体系贯穿到讲课中,就是一定要跟着感觉走,注重时事大政,注重理论前沿,注重现实热点。地方高校搞纯理论研究没有多少优势,要把着眼点放在应用经济、应用管理、应用技术的研究上,才有生机与生命力,所以你不注重课堂和

书本以外的内容就把不住这些。

（4）动下脑勤思考。思考什么？要思考你的专业学科领域的基本理论、基本方法；思考你专业领域的新提法、新概念、新动态；思考你与专业学科相连的经济社会现实问题；思考你怎样参与到咨询智库中去；等等。我为什么一直提醒大家一定要多看地方主流媒介，《河南日报》《郑州日报》头版头条，看省长在干什么？市长往哪儿去了，他们说些什么，关心些什么，都与你的教学、你的研究有关，都是你引入汲取的活生生内容。

（5）记下来多积淀。每个人都要有自己的知识的数据库。积淀、积累、集成，处处留心皆学问，皆是我们有用的内容，皆是我们要记下来、装进去的东西，像文学一样，需要时间与耐力，要一种功夫。

（6）立下志勇往前。走自己的路，这是一个竞争的世界，企业间竞争，地区间竞争，国家间竞争，难道人与人之间不竞争吗？只是没有那么激烈和白热化罢了，但都在暗暗地较着劲儿。所以，我们应该排除外界干扰，不要怨恨外界怎么不适应，也不要抱怨国家、学校怎么对不住自己，更不要愤青而懈怠自己。

四、关于大学教师的一般科研工作常态

具体内容如下：

（1）听看读写（听广播、听报告、听讲课；看电视、看报纸杂志、看权威论述；读原著、读美文——怎么文言表述，怎么起笔落笔；写感悟——抓写、追写、多写，把看到的、听到的、想到的写出来，写日记、写论文、写教案，做真君子，既能动口，也能动手）。

（2）面点兼修（一本教材、一个 PPT 不行，扩开视野，博览群书，而后聚焦）。

（3）入围进圈（有可能、有机会多参与一些研讨论坛活动，一是碰撞思路，获取新知；二是接触同仁，建立联系；三是结盟合作，互助互通，慢慢使自己在业内有一席之地）。

（4）逐成常态。新颖的思想及其渊博的学识是不断学习、汲取、积累、积淀出来的，是饿出来的，是逼出来的，是在卫生间里憋出来的，做学问看上去有时候就是傻傻的、呆呆的。陈景润最后摘下哥德巴赫猜想的王冠就是把自己关在一间 6 平方米的斗室里，执着地赢取的。

一个没有科学研究能力的高校教师，是没有可塑性和发展前景的高校教师；一个没有科学研究实力的团队，是没有战斗力和持续发展前景的团队；一个没有科学研究活力的高等院校，是没有也不可能真正推进高等教育"以本为本""四个回归"的。

（此系于 2018 年 11 月 27 日受邀与郑州财经学院及河南部分
高校教师所做的专题讲座演讲稿）

晋级教授与做项目研究

理事长让我给评了副教授，或是即将要评定副教授的老师们讲讲，加加油，继续拼搏，争取申报正教授。我很感动，我从来没有见过像这样如此关心、热切大家职称申报的投资者。要知道规模一定条件下，高级职称人员越多，办学成本就会增大。但是亦如他多次给我说的，职称上来了，老师们工资就提高了，我们教师队伍结构也改善了，整个学校的建设发展也就加快了。他是把教师—教师职称—个人收入—学校发展联系在一起所思、所想，统筹谋划的，这是一种担当，这是一种情怀，这更是一种远见卓识，所以我很感动。

其实，想想，我们就职于大学，我们做一名大学教师，除了为实现我们的价值、实现我们的理想不懈努力外，不就是追求一个职称吗？职称就是我们搏击人生的标志，就是我们的工作得到社会认可的标志，就是我们辛劳作为的目标、动力、效果的标志。我们就应该不断递进我们职称的台阶，晋级了副教授，还要想着教授，当了教授，还要想着四级、三级、二级、一级。个人从来都是与集体分不开的，学校为我们创造了条件和机遇，我们要为学校贡献出青春和力量，我们进步了，学校也就发展了，学校发展了，我们走在大街上都是雄赳赳、气昂昂的。

今天我想与各位交流两个方面内容：一是融入新时代新要求，晋级一个有责任有作为的教授；二是从提升项目申报及其研究层级再出发，供参考吧。

一、融入新时代新要求，晋级一个
有责任有作为的教授

随着改革开放 40 年的发展，随着我国社会主要矛盾已经转化为人民日益增长的美好生活需要和不平衡不充分的发展之间的矛盾，随着我国经济已由高速增长阶段转向高质量发展阶段，我们进入了新时代，新时代有着新的要求。从我们高校看，全国教育工作会议、成都高教工作会议、全国高教指委会会议等都传递出国家对新时代大学教师的新的要求，期望新时代有新作为。

最近我们都在进行教育思想大讨论，这场讨论的落点就是，强化"以本为本"、实现本科教育的"四个回归"，即"回归常识、回归本分、回归初心、回归梦想"。"回归常识"，就是说本科教育要使学生掌握基本的常识性东西，什么是常识性东西？就是围绕专业教学，使学生弄懂弄通相应的基本理论和基本方法。那么我们做教师的扪心自问一下，咱自己本身真正就把握了这些基本理论、基本方法了吗？你别说你是硕士、博士，你也并没有真正弄懂弄通。所以，你现在当教师了，你要有回归意识，使自己补足常识、给学生传授常识。"回归本分"，就是要教授给学生是什么、为什么、干什么等一些原本的、本然的知识。"回归初心"，就是要使我们明白我们的教育教学目的、预期是什么，我们应该培养出什么样的人？我们一定要有明确的目的预期，而且将其贯穿于整个教育教学的全过程。"回归梦想"，习近平说"教师重要，就在于教师的工作是塑造灵魂、塑造生命、塑造人的工作。"也就是说，我们不仅要给学生传授知识，更要激励引领学生成才，我们做到了吗？增强"四个回归"意识，以本为本，强基固本，国家这一举措既是具有战略意义的，也是具有现实意义的。

教育思想大讨论的指向主旨就是教育部强调的"要加快建设高水平本科教育、全面提高人才培养能力"。全面提高人才培养能力，是对谁而言的？主要对象当然是教师。习近平说，百年大计，教育为本，教育大计，教师为本。教师是教育教学的主体主导。全面提高人才培养能力，主体的、主导的，首先就是指全面提高教师人才培养能力。能力来自哪儿？来自科研素质、科研能力。有人说，今后不再强调科研了，这是误解。你注意教育部文件是这样说的，"加强教育教学业绩考核，在专业技术职务评聘、绩效考核和津贴分配中把教学质量和科研水平作为同等重要的依据"。这一段话阐明了两个内容：一是强调要把教学和质量紧密联系在一起，不要泛泛地说教学；二是强调要把教师教学质量评价和教师科研水平评价作为对教师考核的同等重要的依据。这句话很明确，就是要像重视科研素质水平那样重视教学质量，把教学质量与科研水平放在同等重要的位置上。这不是要否定教师做科研，不做科研，没有科研水平的支撑，就不会有高素质的教师，就不会有高效应的教学质量，整个学校的建设与发展也就难以有所大的进取，大学教师、教学质量、科研水平、教师职称是连接在一起的。

最近上面确实有一个文件，说的是不要唯论文、唯职称、唯学历、唯奖项的，这个文件当然是对的，这是相对于原来的绝对化、极端化所做出的一种矫正。但是，都不去做科研，不发表论文，不出版著作，不做项目研究，我们一流专业、一流学科、精品课程、百千万人才、这专家那专家，还有工程中心、实验室、研究基地凭什么申报？凭什么当选？我们凭什么本科教育进入研究生教育，凭什么取得硕士、博士授权？我们的合格评估、水平评估，包括对那些"211""985"的评价拿什么做依据评选形成？所以，我还是认为，对个人、对学校，科研及其成果始终都是硬通货、大形象。

前几天庆阳校长突然跑到我办公室，让我看最近一家评价机构发布的全国民办高校排行榜（民办高校竞争力评价研究报告），这个排行榜把我们学校排到了第43位，尽管河南上榜的没有几家。这是怎么排的？论文、课题、专利、奖项比较排出来的，这四个一级指标全是科研方面的，所以我说，科研成果是硬通货。

11月初，一位教育部长在国家教学指导委员会换届成立大会上传递了一个信息，说要对大学生合理"增负"，提升大学生的学业挑战度，合理增加课程难度，拓展课程深度，扩大课程的可选性，把"水课"变成有深度、有难度、有挑战度的"金课"。深度、难度、挑战度，来自哪儿？毋庸置疑，来自教师的教育教学素质，教育教学素质来自哪儿？来自教师对专业课程、学科内容的研究程度，要给学生以真学问，自己就没有真学问，谈什么淘汰"水课"，建设"金课"。

什么是"金课"？教育部高教司给出的标准是"两性一度"：高阶性——培养学生解决复杂问题的综合能力和高级思维；创新性——课程内容反映前沿性和时代性；挑战度——老师备课和学生课下有较高要求；这将成为今后具体衡量教师教学质量的依据。各位想想，我们怎样才能达到这个"两性一度"？首先是看教师有没有解决复杂问题的综合能力和高级思维，教师的教学内容具不具有前沿性和时代性，教师备课的高层次、高水准，而基本的依然是来自于教师的科研能力和素质，否则什么也谈不上，所以，我们教师的科研、科研能力素质必须适应跟进。

"师者，所以传道授业解惑也。"这是韩愈在他的《师说》里对教师的一个定义，就是说，什么是老师？传授道理、教授学识、解答疑惑的人。"金课"要求的"两性一度"，实际上就是对我们当教师的一个现代要求和诠释。

这位部长还具体谈到了要加强对毕业设计（论文）选题、开题、答辩等环节的全过程管理，提高毕业设计（论文）质量，以什么来提高毕业论文质量？我们的毕业论文质量怎样？我想大家心里都是清楚的（毕业论文不管哪一个层次的，国家和省教育行政部门都要组织专家抽查评估，抽出来不合格的，取消指导教师资格，通报全国）。

说到这儿，我又想起习近平在全国教育工作会议上说的一句话，他说，高校（2000 年以来，全国普通高校 1243 所，新建 702 所）没有三六九等，关键是能不能办出特色，在不同学科不同方面争创一流，能培养出创新型、复合型、应用型人才。特色、一流、创新型、复合型、应用型人才靠什么？靠我们教师，靠一代有研究、有思想、有担当的副教授、教授，靠全体教师。我们一定要做一个名副其实、实至名归的副教授、教授，为着我们自己的进步，为着我们学校的跨越，为着我们都有一个灿烂绚丽的明天。

教授要争取，但是教授荣誉背后是付出，是具有真才实学，是具有教学与科研素养。2016 年 6 月 21 日国家教育部出台《关于深化高校教师考核评价制度改革的指导意见》强调，高校教师要坚持"师德为先，教学为要，科研为基，发展为本"，这是对一个高校教师职业岗位、综合能力的具体要求，也是对一个高校教师进行考核评价的具体依据。其中"师德为先""发展为本"不用说了，我说说"教学为要，科研为基"。"教学为要"，是说我们要以教学为中心，不断提高教育教学质量水平；"科研为基"是说大学教师必须具备科学研究的能力，这是提高教学质量，也是作为一个大学教师应该具有的能力基础。没有这个科研能力基础，就谈不上备好课、讲好课，就谈不上能有真学问、能育出真人才。

习近平为什么强调大学教师都应该争取做一位"好老师"（2014年 9 月 9 日第 30 个教师节在北师大座谈会上的讲话）？什么是"好老师"，"好老师"就是能使学生终生记住的人。学生为什么能铭记你一生，能对你留下那么深刻的印象？是你给他传递了真知，是你使他有所感悟，从茫然趋向了理性。真知从哪里来？既是从教本中来，更是从你具有的对专业理论研究和给他有滋有味的讲解中来——实实在在地传了道，授了业，解了惑。

但专业研究的功力水平不是一蹴而就的，是要下气力的，是要积累积淀知识结构和知识素养的。习近平说，过去是要给学生一碗水，自己要有一桶水，现在一桶水都不够了，要有一潭水。我曾给我们的年轻教师说了一句话，叫"肯坐板凳十年冷，方走人间沧桑道"。

职称背后是你的教学数量与质量，是你的论著数量与质量，是你的科研素质水平和层级影响，都是杠杠的硬条件。民间一直流传有一个说法，叫给多少钱，干多少活，我觉得应该反过来，叫什么岗位，什么职务，什么收益，就应该具有什么水平的素质层次和评价要求。你是副教授，大家对你是一种要求和评价，你是教授，大家对你又会是一种要求和评价。

我也曾给我们的年轻人说，一定要超脱浮漂浮躁，急功近利的世俗。你从一名大学生变成了一名大学教师，你本科生也好，研究生也好，你面临着角色转换，华丽转身，即要考虑怎么承担起教师责任，教师称号的问题。我提出，为了使你在学生时代的一些遗憾不再，比如说，哪个老师讲的根本就不想听，哪个老师就几乎没有什么教学方式方法，哪个老师就是在照本宣科等，我们今天也做教师了，就要变，就不能还是那样了吧？我们要认真备好课、教好书，育好人。怎么做到？我说，你要把你的专业重新捡起来，重新熟悉起来，重新深化起来，我们虽然名义上读了好几年书，上了好多年学，用同学们自己的话叫，"一下课、一放假、一毕业，学的那一点都又还给老师、还给学校了"，可以说我们相当数量的同学很多真学问并没有学到手，我们的专业基本理论、基本方法并没有真正学懂弄通。我们没有意识到吗？由于本科阶段的懈怠，后来读硕士、读博士，就总感觉很吃力，为什么，就是本科基础没有打牢。也是这样，国家教育部提出了要坚持以本为本，本科教育要实现"四个回归"，这确实是具有战略意义和现实意义的。那么这些只是年轻人才考虑的问题吗，不！在我们这些相对年长的群体里，也还是存在着、要考虑的。

我这两年为什么提出副教授、教授"补课论"？就是感觉大家教学科研积极性、主动性都很高，很有激情和热情，但有点不得要领，有点沉不下来，一个重要原因就是原有的专业基础不是很牢，加之现在知识过河跨界、交叉融合，我们不认真补课，不认真充实，欠缺的、短板的东西就会越来越多，慢慢也就有心无力了。实际上并不晚，一方面我们要为职称拼搏，另一方面就根据职称要求条件去看、去写、去研究、去提高，这就行。

我说补课，补什么？补你的专业学科短板，补你的教学课程短板，补你的教育教学短板，补你的科学研究短板。是不是补课了，补课结果检验的标志是，进教室能侃侃而谈，讲得有理有据，使学生若有所思、思之百千，使学生终生记住你；进会场能娓娓道来，讲得理实结合，给听者产生共鸣、引发碰撞，使听者留下深刻印象，乐意和你交流；进书房能悠悠自得，激扬文字、挥斥方遒、书写出传世华夏文章，使人们赞叹、赞誉、赞扬。这叫上台能讲，伏桌能写，遇事能做。虽然这样的人并不很多，但我们应有这样一个标杆，去追求看齐。

评上副教授、教授了，就要当一个习近平眼中的"好老师"，就要不断提高培养人才能力，就要满足国家对大学教师"师德为先，教学为要，科研为基，发展为本"的考核要求。我们应该做的不仅是上一门课，重要的是有研究能力、有学问底蕴、上好一门课。所以科研与职称、科研与教学、科研与学校发展是密不可分的。

冲刺副教授、教授，既是为我们自己，也是为我们学校，既是为我们的未来，也是为我们学校的未来。所以，不仅要努力冲刺，而且还要以自己真实的学问学识做一个名副其实的副教授、教授。

二、从提升项目申报及其研究层级再出发

　　我始终认为，项目的存在是客观的。一个大学教师，想教好书，想融入社会，想为学校和社会做些有益的事情，想把自己的聪明才智奉献给社会，就要有项目意识，就要学会做项目，在做项目过程中，锻炼自己、提高自己、创新自己、重塑自己。

　　我做科研处长、做研究生处长，和老师们、同学们讲得最多的就是教师和项目研究、研究生和项目研究关系问题。我总是强调只有在不断地进行的项目研究中，才能深化你的专业、教化你的理论、转化你的认知、细化你的课程，真正提升你的教育教学素质层境和学术思想品位。一个没有研究能力、一个做不好研究工作的教师，是谈不上上好课，谈不上教出真知识和真人才的。特别是主要从事本科教学的教师，不注重学问学识的研究积累，不注重在研究中弄懂弄通教本，传的道和授的业必然是干瘪的、没有营养的，对于学生学习中的惑也是不会有很清晰地解说的。

　　怎么做项目？首先是怎样写项目申报的论证材料。现在大多数撰写论证材料都只是静态地、囫囵吞枣地列示一些网络上的东西，而没有具体评委或是上峰想看的、关注的内容，尤其是选题的现时背景，为破解焦点、热点问题的思路对策、政策建议等，也就是没有说明为什么要研究这么一个选题，没有展示这一研究的技术线路和逻辑内容，有的创新点一写写了五六个。所以，要么立不上项，要么立上项做不下去项，要么稀里糊涂结了项，对自己教学科研没有什么正向影响和提高，这是没有把住项目研究的基本的规定性。

　　按照一般范式，做项目应该主要把握以下几点：

第一，选题。选题可以是规定题，也可以是参考题，或者是自选题，这主要是指纵向项目的申报立项。其实无论哪一级项目，即使是规定性命题，也都是可以做一定微调的，关键是选题要选具有自己专业基础优势的，选自己前期已经有了一定成果积累的，选当下各级高层决策者关注的（看地方主流媒体，听政府报告或主要领导调研视察讲话），选有着团队力量、合作条件优越的，选应用性、操作性强的等。

地方高校尤其是应用型高校，一般不要选基础理论的，从全国看，基础理论研究多为北上广或是南京的高校，就是在河南，基础理论研究项目往往也主要是落户于河南大学、郑州大学等。当然不是绝对的，国家和省社科基金规划项目就属于基础理论研究和应用理论研究的，省政府发展研究中心决策招标项目属于应用性的（按照自己学科专业领域，每一个人都可以直接通过官网，找到对口国家部委，搜索申报项目，如国家发改委、国家统计局、国家资源部等，直接联系，直接申报，掌握好申报时间节点，不用向谁请示，学校科研处配合；建议多申报国家社科基金项目和教育部的各种项目，应该说这比申报省里的可能会更简单一些，没有那么多俗情俗事夹杂在里面）。

有了一定的意向，就要联系现有的基础和认知，进行浅层次的方向性、目的性，以及内容、观点的酝酿构思，以便提炼、精准题目。为什么有的项目做出来以后，一评审，被专家批评内容与题目不联系，文不对题，就是一开始对题目的内涵外延没有真正掌握，我最近参与的几个部门的项目评审和结项，也是这样，我感触很多，也很深。

第二，项目申报论证材料的撰写。这是申报项目或研究项目的重心所在，也是选题、立题、做题、结题，以及整个研究的基本内容要义所在。通过论证，使人知道你为什么要研究这个项目，包括它的研究背景需求，它的理论意义、它的实践价值；研究的基本内容思路和逻辑架构，要表达的基本观点；研究的方法和技术线路；研究的个性与创新性；还可以（尚待）后期继续研究的问题等。

第三，项目申报的专业优势、前期积累、团队组成。前述项目选题决定于申报者的专业基础和研究优势，包括前期相应成果积累，且积累的成果层次、社会反响，包括团队组织架构。像一些应用性研究项目，团队成员既要有大学的，也要有研究机构的，还要有政府部门的、企业单位的等。还要讲究职务职称结构、学科专业结构、人员背景经历结构等形成对项目研究的多维支撑，保证立项效应。具体如项目主持人及其团队的专业基础和研究优势、前期相关成果积累的宽度与广度。这一点尤其是对于申报省部级、国家级项目来说更为重要。与申报项目的专业有距离，又没有一定的前期成果，一般来说，即使是报上去了，在匿名评审过程中也可能就被刷下来了。现在匿名评审是严格公正的，因为你不知道谁的，即使知道个题目，但申报同一题目的每每都是几个人或是几十个人，你根本搞不清楚谁是谁的。很多评委对前期成果、参与研究的经历看得很重。

第四，成果的社会反响与认可。现在申报项目要求在结项时必须有反映阶段性研究成果的论文发表，过去是一般刊物就行了，现在要求是核心期刊，教育部和国家的项目要求是 CSSCI 期刊源期刊以上，越来越严格了。一些人对此总有不解，认为做项目就做项目，为什么还要发论文？很伤脑筋。其实这是没有搞清楚项目与论文的关系。有些项目就是前期某一论文的深化扩充，而有些论文则是项目研究中的某些精华观点认知的先期表白。有论文，就有可能延伸为项目，有项目，就必定会有论文发表。

做项目关键是套路，弄清路数。我们说项目论证，选题背景写什么？写最新的理论说法和最新的形势表述下这个选题对当前此一问题研究的必要性和现实性。如针对民营经济融资难、融资贵的问题，急需开展对民营经济在国民经济中的地位作用问题的研究；围绕 2020 年全面建成小康，应深入研究扶贫脱贫和破解深度脱贫问题等。

理论意义写什么？就是你的研究内容与相关学科、相关理论的关系，也就是说，研究的内容有什么样的学科基础、学科支撑，把它拉近到某一权威理论上，说明它的理论来源、理论根据，从而证明选题研究的理论意义所在；基础理论研究项目要简单概述出这一选题的理论依据，应用研究项目要概述出通过选题研究对相应理论的佐证性。前者如前一段兴起的纪念马克思 200 年诞辰与《共产党宣言》问世 170 年、新时代中国特色社会主义理论研究等；后者如开展的"四个自信""构筑世界人类命运共同体"研究等。

实践价值写什么？写你研究的内容与经济社会热点、难点、焦点、重点问题的关系，写与党和政府高层决策、战略部署、中心任务、政策策略的关系，写与相应时空间的纵横左右联系及影响关系等；如乡村振兴战略研究、自由贸易区研究、实体经济发展研究等。

基本内容写什么？写围绕主题要研究和得出的基本思想观点，写以此形成的大致内容板块和体系架构。重要的是，不能写流水账，列摆一些题目放上完事儿，一定要突出内容重点，重点节次，要阐释出预期研究的基本思想观点。

研究条件基础写什么？写主持人学术背景、学术经历、学术成就，写团队主要成员相关学术情况，写前期相关研究成果。前期成果的填写，不一定非要按时间序列填写，而是要按照与选题相联系的紧密度和成果层次级别依次填写，即使是这个成果并不是主持人的，只是团队成员的，都是可以的。填写申报表也是有技术技巧的，包括我们申报职称填表，有的成果够了，能填成不够的，有的可以算作为两条的，结果只按照一条填写了，很亏。

创新点写什么？写最想表白的、最具个性的、与目前研究相对更深入的，一个或两个就行，不要多，更不要海口，自我抬高；很多人总喜欢写我采用了什么什么方法，"用的方法与别人不一样"，或是写"目前尚没有发现有人像我这样表述的"；等等。其实，创新点最主要是围绕选题写出你就相应观点的不同看法和认知，或是围绕主题研究形成的新的研究思路、研究结果等。

做项目也是一门科学，要入门，更要讲究科学，更要在实践中不断有所感悟。

还有两个非常重要的，也是我们做研究应该拥有的思维意识和职业精神。第一个是在一个领域坚持下来，持续研究，形成专家很重要，打一枪换一个阵地，今天弄个这，明天弄个那，终究弄不出什么来。我常说，大学教师和党干校培训中心教师不同，大学教师要求的是专、精、深，一辈子讲好一两门课程，相联系有兴趣的也就是两三门课，重在把它讲深讲透，有所系统研究。

第二个是做研究一定要讲究站位，树立站位意识。我们的老师项目也好，论文也好，总是感觉泛泛的、平平的，就是缺乏站位。站位很重要，写东西一定要讲站位。研究郑州市的，你就把自己当成是郑州市的市委书记、市长，以一个市的当家的来审视问题、分析问题、破解问题；研究河南省的问题，你就是省委书记、省长，你就是发改委主任，你就是财政厅长，就是要站到他们的位置上来看问题，解问题。要有他们的层次、有他们的气质、有他们的视野、有他们的担当、有他们的理论和政策思维与作为，才能有所思、有所谋、有所为，才能想出很多问题、写出很多问题。

此外，做理论研究的，要规避堆积一些不沾边的小零碎、白话句，一定要注意应用专业术语，学术语言；做应用研究的，要规避堆积很多理论的东西，要有针对性、操作性，什么现状、什么问题、什么成因、什么路径、什么措施等，有一个规律性。注意不同项目有着不同的言辞表达范式路数，理论研究可以是做秀才文章，表现出学者、学理、学院风格韵味；应用研究要穿进官方语言，要体现官样风格，要应用一些党政官员们眼熟、耳熟的字眼语句，契合于官场需求。现实中理论实践两张皮，谁不买谁的账，就是语言障碍问题挡路了。

我还是要啰嗦地和大家说两句话，千万不要以为评上副教授了、当教授了，就什么都行了。职称上去了，同行、同学以及社会上对我们的看法评价就不一样了，要求就不一样了，下一步实行科研工作量考核标准也不一样了（这两年肯定要开始实施的，享受副教授、教授待遇，就要承担相应的责任，要完成一定的科研工作量），所以要把副教授、教授做实，名副其实。这样我们教学也好，我们研究也好，我们与别人合作也好，我们参加业内研讨论坛也好，才有底气，有内涵、有影响。

　　　　　　　　　　（2018 年 12 月 6 日于郑州财经学院和欲申报副教授、

　　　　　　　　　　　　教授的教师们座谈交流演讲）

从西湖大学施一公院士讲话想到的

媒体消息说，杭州西湖大学开学了，施一公校长发表致辞，我很激动，也很期待，诚祝西湖大学旗开得胜，马到成功，为我国的教育体制改革，为真正地能够造就出一代新科学家，解了"钱学森之问"，闯出一条路子来。

我更被施一公院士的致辞所感染甚至浮想联翩，尤其是致辞中那"八个字"——求知、探索、厚德、担当。我觉得简简单单的"八个字"，既诠释了科研工作及其科学家的基本概念、特征、内涵、价值，更提出了科研工作及其科学家从事科研的坚守、坚定、坚持之信念与抱负，我们这些社会科学界的人，都应该认真、仔细地品味品味、思考思考。

施一公院士说，求知，就是"你要学习前任积累的知识和技能，熟悉领域前沿动态；同时，要特别保护你的好奇心，一定要培养你的批判精神思维的习惯和能力"。这其中提出了几点内容要义：你努力了吗？你熟悉了吗？你还保有那份"好奇心"吗？你还拥有那种痴迷于大千世界的十万个、百万个"为什么"吗？你还有那种"执着劲儿"及"精神头"吗？我突然脑子中闪现出一对人物景象，也发出一声叹息——这世道既需要精明钻机、苦心经营商业帝国的马云，也需要看上去呆呆傻傻却能把哥德巴赫猜想王冠摘下的陈景润啊！遗憾的是，相比之下，现在像陈景润这样的科学家太少了。

毋庸置疑，我们每一个人的知识、能力、视野都是有限的，但我们每一个人的发展空间却是无限的。当教师，怎么讲好一门课，那是求知欲下积累起来的前人的知识和技能，以及对专业领域前沿动态的把握熟悉的传承与传播，那是教师自己智慧与知识的表白和涌流，而绝非把一本教材上的内容粘贴转移到 PPT，或是添加上几幅图画就完结了事儿的事情。最近我看电视，好像先是浙江台，后是央视，它们把 20 世纪 80 年代版的《红楼梦》剧组的部分演职人员邀聚一起，其中都谈到了当年拍摄《红楼梦》，并不是去了就开拍的，而是先参加了三个月的培训，请"红"学专家权威，请历史学家、文学家等名流大家授课，品鉴原著、学习交流、研讨深化、增强认知。期间，剧组所有人员还要去实地感悟受动，了解人物背景特点，并经过试演试镜、反复考察，方得确定演员人物角色，进入开拍。也是这样，所以三十年过去了，人们还是那样依久的喜爱、赞美、获益。为什么？就是因为从编剧到导演到演职人员、到歌曲旋律等对原著、对剧本、对人物、对事件的深刻把握，是拍摄前的培训体验，是主创人员和一般演职人员的倾情投入、责任担当。也就是说，他们下功夫了，深入进去了，出神入化了，成为经典了，因为经典，自然传世。相比之下，现在的电影、电视剧，人们几乎是过目即忘，除了背反于历史、不真实、演职人员素质较差外，就是没有至少可以说缺乏《红楼梦》拍摄那样的认真、严谨精神与态度。

今天，我们一些年轻教师一报到，就安排课程上讲台了，学校安排是一回事儿，自己把上课当一回事儿了吗？认认真真备好课了吗？再说，我们做调研，围绕调研选题我们从理论到实践、从学校到调研单位、从调研教师之间交流到与调研单位人员交流等，我们准备好了吗？我们从学科专业理论到对调研对象单位，到底心里有多少底儿，多少了解，多少把握？我们研讨酝酿了多少次？我们的调研提纲及技术路线有没有经过反复论证？一说调研，就找单位找人开始了，不是那回事儿，什么都需要有准备，有个好奇心，有个执着劲儿，有个科学的态度。

好奇心，求知欲，太重要了。别说做科研，你就是做一个纯天然的教书匠，也要考问一下自己，你的求知欲、你的执着劲儿几何？我们做讲师，当副教授、教授，本专业领域你到底弄通弄懂了几个问题？特别是多学科交叉融合的现时代，你对学科过界关系有着几分把握？你能不能有理有据地解惑学生提出的一个个问题？你能不能与同行面对面侃侃而谈，你能不能像河南大学的王立群教授上到"百家讲坛"？你能真正做到传道、授业、解惑、讲段子吗？我们现在受整个大环境影响，比较浮躁，静不下来，坐不下来，听不进去，学不进去，说到底还是缺乏一种求知欲和不断探索的精神境界。所以，我认为今后我们应增强对知识、对事物、对问题的求知意识、求知动能、求知效应。

施院士认为，"求知是为了知道知识的边界，探索则是为了跨越边界；科研工作者的使命就是进一步拓展人类知识的前沿和边界"。探索应该是一个动词，探索未知，预测未来，进入新知识、新领域、新境界，以新的思维、新的路径、新的对策、新的模式，创造新的天地，用知识、用科学唤醒人类、造福人类。探索，也是一种精神，一种愚公移山、挖山不止的精神，秉持执着，恒心，毅力，久久为功。探索，不一定都会有结果收获，不一定都能成功满意，发现了秘密、发表了论著，高兴；没有发现、没有发表，不要气馁，自我欣赏。做科研要有十年冷板凳的心理健康状态，耐得住寂寞，受得了煎熬，甚至不被人理解、遭遇横对压抑，像屠呦呦、袁隆平等。

施院士提出的"厚德"，是强调做学问、搞科研，不要受外界干扰，不要跟着别人跑，"做诚实的学问，做正直的人"，排除和超脱当今充满诱惑、千变万化的社会困惑，立德立言，矢志不渝。

担当，就是"以天下为己任，义无反顾地在最前沿的科学研究领域取得突破"，为人类社会的文明进步做出自己的一份贡献，在祖国的发展史册上留下绚丽的一页。

我一直强调大学教师不要满足于做一个教书先生和教书奶奶，要做学者、当专家，要有科研的素质功力，要习惯于做研究，要能讲、能写、能纵览通识书本、能说道解析现实。教师当然以教学为中心，但教学的基础在科研，不做研究、没有研究能力的人，是谈不上什么做好教学，或是提高教学质量效应的。如果说，教学是一个知识的普及和传播，是一个教师的专业素质展示与表白的过程，那么，科研是使教师有足够知识普及、有生动内容传播、有专业素质层级的前提支点。

　　我为什么多次提出评上了副教授、当了教授要补课，就是说你的职称上去了，不等于你的科研能力、教学效果，你的副教授、教授水平就有了，就同步上去了。你一定要懂得，你与副教授、教授的教学科研水平要求，你与同学们对副教授、教授授课或是培养研究生的要求，你与学科建设、学校建设要求，还存在着不小的距离，这还不说在业界影响，我们要实至名归。坦率地说，现在的职称是"够条件""够"出来、"评"出来的，人们追求高一级的职称，既是为了名誉，更是为了谋取跟职称相联系的薪酬收入，评职称并非为了一种学业、学问、学识的追求，而是为了收入（当然这也无可非议）。不像过去，教授是因为你在某一方面、某个领域有建树、有影响，被邀聘担当。美国200万人的科学家队伍，便称雄世界科技创新与发展的霸主地位，我们数倍于，也许是近十倍于美国的教授、研究员队伍，却无法与其相提并论，除了航空航天等极个别领域，几乎所有的方面都在原地打转。近期的中美贸易战，卡住我们的实质上就是一个科技进步及其知识产权问题。

　　补课，不只是对民办高校而言，公办高校一样。一些高校总是津津乐道于其招生一本线高出国家线、省定线多少多少，二本线高出国家线、省定线多少多少，这很值得炫耀吗？这只是说明你的某些专业迎合了经济社会、劳动就业的需求，而这些专业的教学质量就一定非常高吗？你的教学质量、教师素质、教学管理等在那儿摆着呢。你有多少教授、博士，只是满足统计指标而已，关键的还在于你的教授里，有多少真正的教学名师、学者专家、院士、大科学家、著名大师？所以，现在我们要特别强调，每个高校都要注意加强对教师素质修养的培育，要出台政策，激励教师自我奋起，提升素质层次，把教师职称晋级与教师素质层级紧密结合为一体，促进同步提升。

从西湖大学施一公院士讲话，我想到的太多了，感受与感悟也太多了，概括一句话，就是怎么样去认知和深化施院士的这"八字经"，能不能以此来规划我们的职业生涯，来增进我们的责任与担当，来书写我们的现在与未来，以使我们在进入暮年之际，对我们的祖国、我们的岗位、我们的教授称谓，没有太多遗憾，我们静静地、安详地、微笑着老去！

（2018 年 9 月 18 日与郑州财经学院部分项目调研人员的座谈交流）

高校转型的主体是教师

从"驻马店共识"到国家做出决策，高校要从原来的象牙塔走出来，与火热的现代化发展对接，要从原来的之乎者也的纯学术型教学科研办学路子走出来，探索走一条应用性、技能型、开放式办学的路子，也就是大家所称的高校转型，办应用型大学。中华人民共和国走过了大半个世纪，当我们迈进习近平新时代中国特色社会主义之际，终于悟出来了，终于有感知了，终于意识到，教育还是要面向现代化，大学还是要围绕着推动社会生产力来建设与发展。也开始明白，高等教育不仅要向社会输出各路精英、大师和科学家，更要造就一批批的大国工匠，以及创业创新的高水平、高技能的产业劳动者。我们应该为之点赞，我们应该积极融入和推进这一伟大变革潮流。

习近平在致中国人民大学建校 80 周年的贺信中强调，当前，党和国家事业正处在一个关键时期，我们对高等教育的需要比以往任何时候都更加迫切，对科学知识和卓越人才的渴求比以往任何时候都更加强烈。为此，我们一定要"解决好为谁培养人，培养什么样的人，怎样培养人这个根本问题""扎根中国大地办大学"。当然，总书记这里首先讲的是要把思想政治工作贯穿高校教育教学全过程，培养具有新时代中国特色社会主义思想的人。但是我们也一定要认识到，总书记期望的具有新时代中国特色社会主义思想的人，本身就包括了要造就一代不仅有思想，还能够把这一思想付诸于实践，让理想变为现实，使梦想成真的人。"空谈误国，实干兴邦"，大学必须培养新时代中国特色社会主义伟大事业需要的又红又专的人。

高校转型是一个现实的、理性的选择，是我国高等教育发展的一个大趋势。现行体制下，高校转型取决于国家教育制度体制机制的变革，政府应是高校转型的第一推手，但政府只是起到一种谋划与引领作用，只是给一个高校改革与发展的战略性、政策性的指向，而真正走向转型、实现转型，则在于高校自身，在于高校教师，也就是说，高校转型的主体是教师。

一、为什么说高校转型的主体是教师

首先，从教师是学校教育教学的主体，看高校转型中教师的主体作用。学校建设与发展，根本的、主导的是两个基本要素，一是教师，二是教材。拥有什么样的教师，编著什么样的教材，从而决定了学生能够接受什么样的教育及其培养出什么样的人。教材是教师编的，也是教师教的，所以教师在学校中的主体地位是客观的。然而，长期以来，我们高校的教师队伍，不仅保留着一支庞大的"书本型"教师队伍，随着高校的扩张，包括源源补充进来的成规模的青年教师，也几乎全部是从书本到书本，没有实践经历，缺乏感性认知者。尽管一些学校也提出了要求专业教师应到对口部门单位或企业实践锻炼，增强理论感性认识，却由于教学任务重，课头多、课时多的压力，往往流于形式。教师没有一定的实践应用基础，教师教学总是理论来理论去，何以培养出应用型人才？以其昏昏、使人昭昭，高校教师不转型，就谈不上高校的转型，因此，高校转型，应该从制度体制机制方面，采取积极措施，促进教师的转型。

毋庸置疑，我们的高校为经济社会发展提供了大量的专门人才，国家发展中的任何一个成就和进步，都映现着教育的贡献与力量。但是，多少年来存在的教材教案与实践内容之间的脱节，专业建设与产业发展之间的脱节，重点（特色）学科群与产业群、城市群发展之间的脱节，学校培养的人才的应用型能力与经济社会需要的人才的应用型能力之间的脱节，导致大学生毕业即失业（不否认存在的其他因素），使高等教育发展身处困惑与窘境。而解决这些问题的根本点是教育行政部门和高校领导集体的观念变革，体制机制变革——怎么样调理高校教师实践感性知识欠缺和实施专业教育、职业教育，培养应用技能型人才之间的矛盾，明晰高校定位，再造高校办学思路、办学途径、办学模式，以及人才培养方式和素质结构体系，并聚焦和促使每一位教师的岗位目标与学校、与国家定位目标的趋同衔接，让教师发挥和释放出自己应有的动能与力量，不断增强高等教育事业运营的生机与活力。高校的生机与活力，也就是高校教师从事高等教育教学、完善学科建设与专业设置、参与经济社会重大课题攻关研究的积极性、主动性和创造性，即教师潜力、能力发挥的程度，这是由高校教师居于高等教育教学的主体地位和作用决定的。教育也是生产力，教师是教育生产力的第一要素，因此，高校转型发展，突破所处困惑与窘境，发展教育生产力，自然应该着眼和落足高校教师，促进教师的转型。

其次，从教师是履行高校功能定位的实践者，看高校转型中教师的主体作用。高校转型的一个基本预期，就是要进一步强化高校真正能够履行其功能作用，也就是要促进高校更好地服务经济社会，满足经济社会对高等教育的需求。高校的功能定位，无论是培养人才还是科学研究，本质上都是要服务社会、实现文化传承。而高校功能最主要的又是通过教师的作为来实现的。教师的思想观念、教师教育教学的着力点、教师从事应用教学和应用研究的能力水平，包括以办学历史相对较长、转型向"专业教育"，或是2000年以来新建本科院校转型向"职业教育"的地方高校的教师，能不能注重多方面、多层次考察和拉近地方经济社会实践，参与地方政府和企业决策咨询、应用研究，新技术、新产品、新工艺、新装备开发等，无不影响着高校的转型，影响着高校的功能发挥。从这一认识出发，当前的转型中一些学校把教师的工作评价与实现高校社会服务功能定位结合起来，构筑起以教师为转型主体的高校转型发展新体制、新机制、新环境、新目标，是值得肯定的。

最后，从教师是教书育人的直接责任人，看高校转型中教师的主体地位。学校是教书育人的平台，教师是站在这个平台上教书育人的第一责任人。教师既是传授知识的教者，也是甘当园丁的育者，直接与学生接触在一起，教师便成为教书育人，培养应用型人才、高校转型的关键。国家教育部 2016 年 8 月颁发的《关于深化高校教师考核评价制度改革的指导意见》，强调高校教师要做到"师德为先，教学为要，科研为基，发展为本"，既是提出了对教师岗位考核评价的一个标准，也是在于强调教师的责任与担当，强调教师从学科、专业，以及思想上对学生应有的影响和导示。教师一方面要指导学生读"圣贤书"，使学生掌握一定的学科理论和专业基础，另一方面更要指引学生多看、多听、多接触、多了解经济社会现实生活，注重理论与实际相结合，具有积极的实践研讨和动手能力，以真正培养出国家各项事业发展需要的应用技能型人才。

二、怎么样推进教师的转型

教师从原有的注重理论教学，转向注重应用教学，需要一个过程，但这个过程必须加速。在当前，这个转型需要从政府教育行政部门、高效管理层和教师自身同时推进。

政府教育行政部门应在继续宣传和舆论推进高校转型、强化高校教师转变观念、应对转型的同时，加强对现有高校教师资格和任课条件等进行调整完善，特别是对不同年龄段、不同学科背景、不同专业课程的教师，提出不同岗位实践经历的时间内容要求，新进教师更要规定一个期限的实践锻炼要求，使教师通过一定的考核评价，取得担任课程的资质条件成为一种制度。

与高校转型相适应，今后地方高校招聘教师，应改变旧的从学校到学校的单一进入模式，实施学校、机关、企业、科研单位和社会贤达多渠道、多视角、多层面、多形式的选择、聘用教师机制，把那些有着丰富实践经历、经验，有较高能力素质，且愿意从事高等教育事业的人吸纳进高校，改善高校教师队伍结构，增强高校应用性、技能型教育教学的师资力量。同时，应对那些申请进入高校却没有相应专业实践经历，不能从事课堂案例教学，不能指导学生实习实训，不能开展专业或职业理论研究和应用教学的人，要有一定的条件与规模控制。

高校自身应制定出具体的教师应用教学科研能力提升办法措施，从各方面创造条件，改善目前的教师上完课"夹包走人"状况，鼓励和支持教师与学生建立密切联系，帮助指导学生做好职业规划发展；鼓励支持教师到对口专业部门单位进行实践知识再学习；鼓励支持教师积极投身地方经济社会实践需要的应用型课题研究；鼓励支持教师踊跃参与各类各级智库咨询活动；鼓励支持教师在岗创新创业；鼓励支持教师牵头以自己及其团队的专业优势与企业或研发单位合作共建新专业；鼓励支持教师兼职兼薪；增强教师专业理论教学的感性认识和实践应用能力。

教师自身应主动围绕提升实践教学与应用研究能力，重新规划自己的职业生涯，转换思路、转换定位、转换教案、转换方式、转换自我评价体系，积极融入高校转型大势，认真研讨、调整、完善新的教育教学模式，重组应用型大学生应形成的基本理论、基本方法、基本能力、基本素质结构，对于定位在"专业教育"性质的地方高校教师而言，应努力培养出经济社会需要的高层次应用型人才；对于定位在"职业教育"性质的地方高校教师而言，应努力培养出高水平职业技能型人才。

值得指出的是，目前河南省54所本科高校中，超过一半甚至更多的是在2000年以后陆续专升本的高职高专学校，鉴于此，应该说河南省的高校转型大部分应走职业教育类应用型本科高校发展的路子，这也是除了"985""211"高校和部分省属重点高校外，大部分高校转型应该走的路子。国家把职业教育提升至本科层面，适时适度规模的本科职业教育，有利于提高职业技能人才素质水平，也是符合人民群众对高层次职业教育需要的，更是与我国工业化、信息化、城镇化、农业现代化发展的阶段性特点相适应的。但是，一定要明确，"职业教育"类本科高校必须应把学校建设与发展的思路定位置于服务地方经济社会需求上，置于产学研、校企合作、产教融合上，置于提升学生就业创业能力上，置于引领本校教师的实验、实习、实训、实际操作能力，做理论教学与实际应用教学双双胜任的"双师型"教师发展上。

（本文系在郑州部分地方高校经济与管理学院（系）
院长（主任）2017年会上的发言）

大学生成长与当代国家发展

习近平在中共十九大报告中指出，青年兴则国家兴，青年强则国家强。青年一代有理想、有本领、有担当（"三有青年"），国家就有前途，民族就有希望。中国梦是历史的、现实的，也是未来的；是我们这一代的，更是青年一代的。中华民族伟大复兴的中国梦终将在一代代青年的接力奋斗中变为现实。

曾经20世纪五六十年代的人担忧20世纪七八十年代的人能不能接好班，当祖国需要的时候，能不能顶上去。现在看来还真是门缝里看人，把人看扁了。我们的航空航天领域，我们的高新技术产业领域，我们的基础设施建设领域（高铁、高速公路等），我们的公务政务领域，不仅穿梭着的基本上多是20世纪七八十年代的人，且都处在重要的、关键性的工作岗位，20世纪七八十年代的年轻人正在成为当代国家发展的脊梁和有生力量。

现在倒是20世纪七八十年代的人又开始担忧90后、00后了，因为感觉一样的独子独女，相比他们，从小被更加宠爱、溺爱，不能吃苦，不能受累，却总想享受优越生活，甚至和他们中间的个别人学习，不惜牺牲个人高颜值，找富婆、嫁大爷，确实存在着这些问题，也应该引起全社会的关注。

我倒认为没有必要过虑那么多，担子没有压到他们身上，到哪个岗位上，他肯定会努力的，会做出那个时代的事业的。但我们应该思考研讨怎么促进90后、00后理想地、理性地搏击未来，这其中重要的就是做好在校大学生的教育，包括理想信念教育、国家发展教育、专业应用教育、创业创新教育等。也是基于这一思考，我今天和同学们交流的题目是：大学生成长与当代国家发展。选这个题目，是想激起同学们把握大学生活，为祖国而学习，能够学而论道，学而践行，报效我们的祖国，释放与放大我们的价值和能量。

我想讲这样几个方面的内容：

一是一定要有理想信念。我认为，我们在校大学生应该像当年毛泽东和那些五四青年一样，有一个恰同学少年，风华正茂，激扬文字，指点江山、粪土当年万户侯的野心、雄心，以及火热的、跳荡的心，关心国家发展，把校园读书和校外态势结合起来，深化学业学识，坚定理想信念，蓄势未来发展。而不是只要不挂科、混个文凭，置地买房娶媳妇，生儿育女，传宗接代。你要记住，我们的父母把我们带到人世间，绝不甘愿就这么让你惶惶一生，每个父母都希望他的子女能够光宗耀祖，担当大任，成就伟业，否则含辛茹苦送你读大学干什么呀。

二是一定要关注国家发展进步。也就是说，要把国家发展进步作为自己发奋学习的动力，激励自己和着时代的脉搏，以扎实的学科基础和专业知识，有内涵、有能力、信心满满地迎接祖国的挑选。"新飞"冰箱对他的员工有一个管理理念，叫"今天工作不努力，明天努力找工作"，我们今天不好好珍惜这么不容易得来的学习机会，将来你肯定会后悔的（我要求报我、做我的研究生，应是要准备考博的，不然不要报。我不是非要你考博，但我觉得你一定要做考博的准备，现在不努力，毕业了，没有合适的工作，再想着考博，晚了，如果你准备了，到时有理想工作就就业，不合适，考博，多了一条路子）。（我喜欢双休日或是每天晚上站到那些考研的同学们学习的教室看一看，停一停。我甚至有时感动之下想进去给他们鞠上一躬或是敬个礼，同时又为那些廊道树荫下抱在一起卿卿我我的男男女女们感到遗憾。我不反对谈恋爱，恋爱时节嘛，控制一下情绪，一周热恋上一次，可能更有滋味，更有亲切感，小别意酸酸，相聚心甜甜。一定要以学习为重，现在好好集中精力学习，考研读博带帽，将来天都是你的，游走天下啊）

三是一定要融入国家发展。大学转型、实习实训、创业创新、众创空间，都是干什么呀？是国家战略和政策指向，是为你科学引路领航，你现在就要明白。读书就是要当官、学而优则仕，在今天变了，大学既要培养有良好专业优势的精英、大师、科学家，也要培养有良好职业优势的大国工匠、工艺技师、劳动能手（日本产业劳动者将近80%多都是大学生、硕士、博士），教师要从象牙塔里走出来，不能从书本到书本，要与经济社会实践结合，融通，把重心放到培养应用技能型人才上面，更要引领同学们利用自己的专业知识，科学规划自己的职业生涯，创业创新，走一条自己的路子。

一、大学生一定要有理想信念

以中共十九大的召开为标志，国人沸腾，世人欢腾，大家一个声音：厉害了，我的国！厉害了，中国！（尽管我对这个提法有些不太赞成，但它毕竟有着激励和激越的一面）我们是幸运的，我们生活在今天这样一个伟大的国家里。从毛泽东的中国人要站起来，到邓小平的中国人要富起来，到习近平的中国人要强起来；从我们跟着人家跑，到和人家一起跑，再到现在有可能领着人家跑；从"一带一路"国际合作高峰论坛，到金砖五国厦门会议，中国高铁，珠港澳大桥，中国首艘航母，银河二号，亚投行，919大飞机，天眼探空，嫦娥探月，蛟龙探海，毛泽东的"可上九天揽月，可下五洋捉鳖"不仅有着诗情，更有了画卷。

一个 13 亿人口的国家，一个人口多、底子薄的农业大国，现在是世界第二大经济体，确实值得骄傲。我看一个资料说，我们每三年就再造一个英国，我们的 GDP 是日本的 4 倍，是俄罗斯的 11 倍。最近，英国一个纪录片大赞中国，说中国每两周就建一个罗马，16 周发展一个希腊，25 周造一个以色列。

我们郑州航空港的 E 贸易，已经变革为举世瞩目的 EWTO。最近，徐平总裁被邀请在瑞士 WTO 总部宣讲这个 EWTO，这意味着什么，将来世贸运营规则、程序、机制，要按照咱们郑州的一套路数走了，出了"郑州方案"了。

中国在全球经济不景气的形势下，显示出中国力量和中国道路，甚至可以说中国正在影响世界。刚刚闭幕的中共十九大，回顾十八大以来的五年，我们砥砺前行，硕果累累；中共十九大又开启和进入了习近平新时代中国特色社会主义，实现三步走，跨越两个阶段，建设社会主义强国，这些都是注定要载入中国历史史册的。

理想信念来自哪里？就是从国家发展中酝酿、认知、形成的。正是国家发展，使我们看到我们党、我们国家欣欣向荣与复兴希望，使我们恨不得马上就想投入这如火如荼的大改革大发展中，和大家一起推进新时代中国特色社会主义。我们要为国家发展而骄傲、而激动、而鼓舞、而去思考自己将来怎样也为国家发展做出贡献，做新时代中国特色社会主义弄潮儿。

习近平在致中国人民大学建校 80 周年的贺信中强调，当前，党和国家事业正处在一个关键时期，我们对高等教育的需要比以往任何时候都更加迫切，对科学知识和卓越人才的渴求比以往任何时候都更加强烈。为此，我们一定要"解决好为谁培养人，培养什么样的人，怎样培养人这个根本问题""扎根中国大地办大学"。总书记讲的就是要把思想政治工作贯穿高校教育教学全过程，明确为谁学习？学成了要为谁服务？毫无疑问，学校当然要培养具有习近平新时代中国特色社会主义思想的人，我们要做习近平新时代中国特色社会主义的有为青年，代际传承人，这就是理想信念。

中共十九大进一步强调了以人为本的思想，昭示了我们坚持沿着马克思主义所憧憬的"自由人联合体"，实现着民族的复兴和伟大的中国梦的方向前进。实践证明习近平提出的坚定道路自信、理论自信、制度自信、文化自信"四个自信"，是有根有据的，我们这一代年轻人真是赶上好时候了，未来我们的天不仅会更蓝，而且我们的地会更阔，我们的智力和体力的发展，将会更自由、更平等、更充分，更能实现我们每一个人的价值。

二、一定要关注国家发展进步

"为祖国而学习"，讲的是大学生应把大学生活和社会生活联系起来，把大学学习和祖国的发展联系起来，为着将来报效祖国而努力学习。怎么样联系？我个人认为就是要在大学学习期间，关注国家发展，把握国家发展，融入国家发展。大学学习期间，要关注校园外边的事情，要关注国家的变化发展，要研讨和拉近国家发展的难点、重点，攻读专业，为祖国需要而学习。当年一位进入清华大学历史系的学生，一年以后，正值 1931 年 "9·18 事变"，这个热血青年拍案而起，发出一声呐喊，我要造飞机大炮，我要转学物理系。可是对于一个文科生，一个高考时物理卷子只考了 5 分的学生，物理系当然拒绝了他，但后来物理系主任经不住他软磨硬缠，答应他旁听一年，至此，他发奋研读，最后成为中国力学的缔造者、一代世界级力学大家，这就是中国"三钱"之一的钱伟长。北大才女王帆博士说得好，过去是人拉着国走，现在是国推着人走。我们这一代年轻人生逢其时，我们享受这个时代发展带来的便利和荣光，也理应肩负起国家发展之大任，脚踏实地，砥砺前行。所以只有把握国家发展的大势，对现实经济社会形势有一个基本认知，才能明智地选择去向，就业报国。

还有，就是在校期间最好就能够通过实践实习接触一些单位、企业，做到从容就业，或是按照自己的意愿实现自主创业。无论怎样，大学生如果与火热的国家发展事业脱节，漠不关心和接触经济社会，不仅不利于成长，还会对就业产生不适应状况，甚至有的因为过于理想化，产生心理压力和抵触。

我们现在的大学生也真是两耳不闻窗外事，你问谁是省长？不知道；你问"三区一群"是指的哪三区一群（郑州航空港经济综合试验区、河南自贸区、郑洛新自主创新示范区，中原城市群）？不知道；你问"四个强省建设"是什么？不知道；你问要打造哪三个高地（科技创新高地、对外开放高地、文化高地）？不知道；你问"一带一路"，不知道；你问金砖五国（印度、巴西、中国、俄罗斯、南非）？不知道；更有甚者，这学期过去了，上几门课？哪个老师讲的？不知道。所以临毕业季，开始做毕业论文了，慌了神儿了，不知道选什么样的题，不知道做哪一块研究，到网上粘贴都没有章法，现在都要进入2018年了，还把2013年、2014年的东西拿来当新鲜。

一些考研的、能够坐下来学得进去的同学还好一些，那些整日只是应付考试"过了"、不"挂科"的同学，更是着急上火，而个别整日迷恋于谈朋友的小女生们，或因论文不会写，或因与男朋友分手，用情太专、太痴、太浓，甚至极端地走到另一个世界，而假如平常多关注一些国家发展，形势大势，或是树立一些自己为国家发展而追求的目标，恐怕也不至于出现不该出现的事情。

三、一定要融入国家发展

就说就业吧，只有就业才能有条件去作为，但是现在的形势是什么？经济新常态，产业转型，脱贫攻坚，国企改革、防范金融等社会风险发生等。别说本科生，研究生、博士、留学生归国，都呈现就业难。什么是经济新常态，就是经济不景气，经济形势不好，不好的经济状态，不可能有好的就业形势；什么是产业转型？就是原有产业不济，要从传统产业向现代产业转型，向高新技术产业转型，转型过程肯定就要排除一部分人，高新技术产业由于技术有机构成高，需要的劳动力就少；脱贫攻坚是中共十八大以来党和国家的一个重大部署，关乎全面建成小康目标的实现问题，需要驻村第一书记，但有限啊，也不是说谁都能够马上胜任做党的书记的，即使有机会，还看你是不是党员呢；国企改革，是说国企整体上发展向高精尖、高效率、高收益，所以实际上在收缩，在排除或是转移剩余员工；防范风险，主要是来自金融和资本市场的无度发展，金融脱离本然，背反与实体经济的天然联系，一味耦合于虚拟经济、房地产经济，导致整个国民经济运行走向畸形，实体经济走弱，国民收入走低。所以中央工作会议、中央金融工作会议就是要解决这个问题，这表明，今后银行这一就业路径也是有规模限制的，除非你去推着小车上街卖金融卷，更别说马云弄的那些新奇事儿，对银行的压力，一部手机走天下，不要银行都行了呀！进机关是一条路子，但逢进必考，且需求甚少，没有点真能耐、真本事，即使是进去了，也难受，干不成事儿，别说别人有看法，自己都觉得不好意思了。

那么我们如何毕业，顺利融入社会呢？这就要注重大学期间的专业基础学习，应用型知识的积累，同时深层认识创业创新，先行接触了解相关就业渠道和可能，以便顺利实现就业。还有一点就是要转变毕业就业观念，独立的，或是组合同学们一道集体创业，成立自己的公司，干自己感兴趣的事业，闯出自己的一片天地，无数师兄师姐的经历和成就无不提醒你，你也是可以的。

一位伟人说得好，世界是你们的，也是我们的，但归根结底是你们的。你们年轻人，朝气蓬勃，就像早晨八九点钟的太阳，希望寄托在你们身上！少年勤学，青年担纲，中国青年，国之栋梁！

努力学习吧，新时代，新征程，新形势，新天地，实现中华民族伟大复兴的中国梦，在召唤我们！

谢谢大家。

（2017 年 10 月 25 日给郑州工业应用技术学院商学院学生作的一场专题报告）

把"两学一做"教育
贯彻到经管教学科研全过程
——在河南省高校经济学与管理学
学院(系)院长(主任)
2017年峰会上的发言

中央和省委最近先后下发了《关于推进"两学一做"学习教育常态化制度化的意见》(以下简称《意见》),该《意见》开宗明义地指出,党章是管党治党的总章程,党规是党员思想和行为的具体遵循。习近平总书记系列重要讲话是中国特色社会主义理论体系最新成果,是当代中国马克思主义最新发展,是我们党推进具有许多新的历史特点的伟大斗争、党的建设新的伟大工程、中国特色社会主义伟大事业的强大思想武器,是各级党组织和全体党员必须始终坚持的行动指南。做合格党员是对每名党员的基本要求。我们应该深刻认识、理解,并坚决贯彻到我们的教学科研全过程。

我的理解,学党章在于要求党员遵规守纪、不忘初心、牢记誓词,做一个名副其实的、合格的共产党员,坚持四个自信(理论自信、制度自信、道路自信、文化自信),坚持四种意识(政治意识、大局意识、核心意识、看齐意识),坚持全心全意为人民服务的基本宗旨。

学讲话,在于认清中共十八大以来,以习近平同志为总书记的党中央,历经中共十八届三中、四中、五中、六中全会精神,进一步理清和明晰了"两个一百年""实现中国梦"的思路、方法、目标、措施，尽管进入经济新常态，遭遇国际经济政治恶环境，"十二五"我们依然稳健地走了过来，"十三五"的开局则已被国内外人士所看好。

学讲话，一定要正确认识和看待我们面临的形势、大势、态势。

经济方面，亦如专家学者们指出的，正在从 L 形的一竖向一横过渡，2016 年 GDP 增速为 6.7%，2017 年要保持在 6.5% 左右。

社会方面，"十二五"时期稳增长、保态势，凸显在安置了 1300 万人口就业。

政治方面，深化治国理政和治理能力现代化，加大反腐力度。一部电视剧《人民的名义》，既使我们看到了腐败几乎渗透到了高至国字号大老虎，低至地方基层单位小苍蝇，又使我们看到了我们党反腐倡廉、惩治腐败的决心、信心、狠心。

文化方面，从中央到地方，都非常强调文化建设、文化传承，打造文化高地，厚重文化底蕴，以文化唤起民众的社会主义向心力、凝聚力、生产力，泱泱国众爬坡过坎，实现复兴与崛起的斗志已经化为一股强大的中国力量。

全面深化改革，更加对内对外开放，"一带一路"建设的推进，日益提振和带动着我国乃至整个世界经济与政治，这说明我们这几年的路子是正确的，我们要沿着这个路子不断向前。

做合格党员，就是要通过"两学一做"，坚定理想信念，坚持中国特色社会主义市场经济发展，不仅自己要做好自己应该做好的事情，还要影响带领人民群众一起做好大家都应该做好的事情，从我做起，乐观向上，忠于职守，创造创新，积极奉献。

做合格党员，就是要与以习近平同志为核心的党中央、人民政府，与省委省政府，与各级党委政府保持高度一致，全面贯彻执行上级决议，维护大局利益，创造大好形势，巩固大好形势，发展大好形势，增强中国社会主义生机活力。同时，也是最重要的，一定要把这些理念、这些精神、这些要求，贯彻到我们高校的教学科研全过程，包括我们的教师和学生，我们的教材和课堂，我们的研讨和交流，坚持传播正能量，收获正效应。做到该讲的一定要讲，不该讲的一定不能讲；该写的一定要写，不该写的一定不能写；该参与的一定要参与，不该参与的一定不能参与。

我们高校是培养人的地方，培养什么样的人，为谁培养人，一定要保持清醒的头脑，一定要慎独慎德慎心，一定要为中国社会主义事业培养有理想、有抱负、有才干的，党和人民群众放心的人。

今天，我们来到大别山，来到红军的发源地，来到干部学院，就是要净化一下我们的灵魂，追忆昨天、珍惜今天、拥抱明天，把缅怀革命先烈，深化"两学一做"，教学科研实践，紧密结合起来，启迪新感知，发掘新动能，勇创新局面。

（2017 年 5 月 12 日于新县大别山干部学院）

"'两学一做'学习教育与经济管理教学科研相融合"研讨会综述

由河南省经济学学会主办的"河南省高校经济与管理学院（系）院长（主任）2017年峰会"日前在新县大别山干部学院举行，来自全省高校经济学院（系）、管理学院（系）、商学院（系）的院长、系主任近百人与会围绕"'两学一做'学习教育与经济管理教学科研相融合"的主题进行了激烈的研讨交流，具体内容综述如下：

一、赞赏和支持"两学一做"学习教育常态化制度化

院长主任们普遍认为，中央和河南省委最近先后下发的《关于推进"两学一做"学习教育常态化制度化的意见》（以下简称《意见》），有着现实的、历史的意义，亦如《意见》开宗明义指出的那样，党章是管党治党的总章程，党规是党员思想和行为的具体遵循。习近平总书记系列重要讲话是中国特色社会主义理论体系最新成果，是当代中国马克思主义最新发展，是我们党推进具有许多新的历史特点的伟大斗争、党的建设新的伟大工程、中国特色社会主义伟大事业的强大思想武器，是各级党组织和全体党员必须始终坚持的行动指南。做合格党员是对每名党员的基本要求。我们应该认真学习、深刻认识、

理解《意见》精神，并坚决地贯彻到经济与管理教学科研全过程。

大家指出，高校承担着培养高等级人才的重任，能不能培养出拥护共产党，拥护社会主义制度，跟党走，听党话的人，应成为当代中国大学建设与发展的第一评价标准。"两学一做"传递和要求的就是要使我们的教师与学生能够充分认识到指导我们思想的理论基础是马克思列宁主义，领导我们事业的核心力量是中国共产党，坚持中国特色社会主义政治经济学的重大原则，从理论和实践上推进和不断完善社会主义生产关系及其制度体制；充分认识到党的十八大以来的路线方针政策的实践性、正确性、科学性，坚持道路自信、理论自信、制度自信、文化自信"四个自信"，坚持全面建成小康、全面深化改革、全面依法治国、全面从严治党"四个全面"战略布局，从理论和实践上推进供给侧结构性改革，处理好应对经济新常态、跨越中等收入陷阱等问题。大家一致认为，只有把"两学一做"学习教育常态化、制度化，才能增强党性观念，维护党的利益，和党保持一致；才能内化为忠诚于党、忠诚于社会主义、忠诚于人民教育事业的自觉性；才能形成一种巨大动能和创新力量；才能与人民群众一道实现民族复兴和伟大的中国梦。

二、高校教师应成为"两学一做"学习
教育常态化制度化的促进派

与会院长主任们指出，"两学一做"学习教育，就是要强化和坚持马克思主义的指导地位，共产党的执政领导地位，人民群众的经济社会政治地位，因此，我们所做的一切，都应该立基于这个坐标主线，作为高校教育工作者更应该起到示范带头作用，做"两学一做"学习

教育常态化制度化的促进派。院长主任们说，"两学一做"学习教育是新时期加强思想教育工作的有力抓手。多年来，我们的一些课堂教学甚至与中央公开唱反调，严重的还成了西化、自由化思潮、反华反共势力的舆论阵地，不仅误导了我们的年青一代，更使大学生心灵遭受极大创伤，这就告诫我们一定要树立阵地争夺意识，要有落点措施，要把未来加强高校思想教育与"两学一做"学习教育常态化制度化紧密融合起来。

院长主任们强调，评价教师的讲课效果，最重要的，也是首先应该注意的就是教师的讲授内容是不是和党的指导思想、党的路线方针、党的部署要求、党的声音话语保持了高度的一致性。站在共产党领导的社会主义讲台上，无论是共产党员，还是民主党派，无论是专家学者，还是一般教师，足踏着共产党的阵地，诋毁着共产党的形象，再好的教育教学效果都是大逆不道的，都是不能允许和容忍的。

院长主任们指出，学校建设与发展，一是抓教师及其队伍建设与发展，二是抓教材内容导读建设与发展。教师既要有深厚的学科专业底蕴，更要有积极的政治责任情怀，尤其是党员教师，一定要认识到"两学一做"学习教育常态化制度化，就是要坚持传播马克思主义哲学、政治经济学、科学社会主义理论内容，就是要坚持拥有中国共产党领导下的社会主义事业感和政治责任心。任何时期，教材都具有着极为鲜明的政治特性，反映了现时代执政党和国家政府的意志追求，编著什么样内容的教材，传递什么样的声音指向，是对我们高校教育教学职能任务、建设目标、质量效果的最基本考量，从这一意义上看，"两学一做"学习教育的常态化、制度化不仅是必需的，而且是带有战略性、根本性的。有的院长提出，"两学一做"学习教育常态化制度化影响着教师与教材，而教师与教材决定着党的领导，党的声音"入耳入脑入心率"的高低。

三、把"两学一做"学习教育常态化与
高校教学科研全过程融合起来

一些院长主任指出，我们老师上课现在实际上是很多元化的，但要有一个非常多元化的价值观，允许老师有不同的思想碰撞，但那应该是在学术研讨交流中的场合进行，而不是在课堂上，叫学术交流无禁区，课堂授课有纪律。你毫不顾忌地说一些无组织、无原则、不负责任的话，对年纪只有 18 岁、20 岁左右的大学生来说，那就是一种错误引导，引导不对，就有可能我们自己培养了自己的掘墓人。有的院长主任认为，信息时代、互联网经济社会的发展，慕课的兴起，拓宽着大学教育教学的方式空间，我们面对的不仅是校内的学生，还会传递给社会各界，因此，大学教师一定要注意自己的身份形象影响，一定要传播正能量。不管你是不是党员，你只要是一名教师，只要你站到讲台上，就不单是传道授业，一定要引导学生如何正确看待经济社会现象和问题，而不是胡言妄议，非理性的信口开河。

院长主任们一致认为，"两学一做"学习教育常态化制度化，具体贯彻到高校的教学科研全过程，就是要使我们的教师和学生，教材和课堂，研讨和交流各个方面、各个环节、各个场合都要坚持传播正能量，收获正效应。做到该讲的一定要讲，不该讲的一定不能讲；该写的一定要写，不该写的一定不能写；该参与的一定要参与，不该参与的一定不能参与。

院长主任们反复强调，教师是人类灵魂的工程师，培养什么样的人，为谁培养人，一定要保持清醒的头脑，一定要慎独慎德慎心，一定要为当代中国社会主义事业培养有理想、有抱负、有才干、有作为的，党和人民群众满意放心的人。

院长主任们还纷纷表示，来到大别山，来到红军的发源地，来到干部学院，就是要净化一下我们的灵魂，追忆昨天、珍惜今天、拥抱明天，把缅怀革命先烈，深化"两学一做"学习教育，学校教学科研实践紧密结合起来，启迪新感知，发掘新动能，勇创新局面。

（该文被《人民日报》、社会科学网等摘要刊发，2017 年 5 月 25 日）

"改革开放 40 年与河南高校经管类学科发展" 研讨会综述

——河南发展高层论坛第 76 次研讨会暨河南省高校经济与管理学院（系）院长（主任）2018 年峰会会议综述

2018 年 10 月 20 日，由河南省社科联、河南省经济学学会、平顶山学院主办的"河南发展高层论坛第 76 次研讨会暨河南省高校经济与管理学院（系）院长（主任）2018 年峰会"在平顶山学院湖滨校区举行。来自河南省内高校经济与管理学院（系）的院长（主任）80 余人与会围绕"学习贯彻省委十届六次全会精神，让中原更加出彩——改革开放 40 年与经济管理类学科发展"这一主题，就高校经管类学科建设与服务地方经济社会发展、经管类专业应用型人才培养模式创新、经济转型背景下经管类专业产学研深度融合机制等内容开展了激烈的研讨交流。

与会院长主任们一致认为，当前，就是要把深入学习贯彻省委十届六次全会和省委工作会议精神，与高校经济学、管理学的教学科研工作紧密结合起来；把贯彻落实习近平总书记对河南提出的"四个着力"，打好"四张牌"，以及"三起来""三结合"论述要求，与开展应用理论研究，服务地方决策提供智力支持紧密结合起来；把以党的建设的高质量推动经济发展的高质量，与培养地方经济社会一线需要的高质量经济管理人才紧密结合起来；把实现中原更加出彩、人人争做出彩河南人与高校经济学、管理学教师满腔热情地融入、助推紧密结合起来。大家畅谈了改革开放 40 年来，河南省经济学、管理学专业与学科建设不断创新发展的新的思想与观点，实践中的优秀做法与典型经验，以及未来河南省高校经济管理类专业、学科、人才培养、服务社会的目标方向，措施路径等。

院长主任们认为，培养什么样的人，怎样培养人，培养的人为谁服务，有一个立场、观念问题，即一个意识形态、政治导向问题。因此，应深刻认识习近平总书记提出的"意识形态工作是党的一项极端重要工作"的论述，把能不能为社会主义培养出有用的、合格的接班人，上升到关乎党的生死存亡，国家的长治久安，民族的凝聚力、向心力的高度来认知。当前高校意识形态领域存在的主要问题，一是对意识形态领域问题的认识不到位，还没有把它提到关乎国家政权安全的高度来认识；二是高校意识形态工作缺乏针对性、实效性，没有结合青年学生的思想实际来解惑实际问题；三是高校阵地的"守土有责"问题，如一些报告会、论坛研讨会没有事先报批，发言人没有严格把关等；四是社会主义意识形态进教材进课堂进头脑方面的问题；五是网络意识形态方面存在的问题。为此，会议强调，作为人文社科类的经济学、管理学教学科研领域，一是要推动习近平新时代中国特色社会主义思想往深里走，往实里走，往心里走；二是要加强高校党建，特别是基层党建及大学生的思想政治工作；三是要坚决打赢网络意识形态的斗争；四是要壮大主流舆论，特别是高校要防止宗教渗透；五是要坚持学术研究无禁区，课堂宣讲有纪律，包括撰写论文、项目研究、编著教材等都要贯穿"四个自信""四种意识"，把好政治观，传播正能量。

院长主任们指出，改革开放 40 年，河南高校与全国一样，经济与管理学院的发展非常迅速，成为最大的一个学科，老师和学生数量占到 1/6 以上，也产生一大批学者、专家，培养了很多人才，为河南经济社会发展服务方面做出了积极的贡献。成绩是昨日的事情，重要的是懂得明日做些什么，做好什么。地方高校经管类学科建设、专业发展，只有坚持了为地方服务才有生命力，服务好地方经济是地方高校经管类学科建设的目标定位与必然选择。河南经济发展增速持续保持高于全国1个多百分点，正在从农业大省向新兴工业大省迈进，河南振兴、中原崛起被世人所看好，也正是河南高校蓄势待发、大有作为的时期，所以，我们要从学科布局、学科创新、引进学科人才、拓展校地交流等各方面贴近地方经济需要，重视和加强与地方政府、工商业界的交流合作，构建服务平台；积极"走出去，请进来"，建立地方高校经管类学科建设适应地方经济发展的人才运行机制；建立适应地方经济发展的本科特色专业；高度重视组织工作，建立地方高校经管类学科建设适应地方经济发展的办学体制；进行顶层设计，建立地方高校经管类学科建设适应地方经济发展的人才培养模式。

院长主任们提出，地方高校的学科建设，一是要顺应国家和地方发展趋势抢占先机，较早谋划，组建团队，引进人才。二是重视人才，重视科研，重视社会服务，重视国际化视野。为此，需要进一步提升师资的教学科研素质，特别是应用研究的能力水平。有院长倡议，应共谋经管类学科高质量发展，助力中原更加出彩大规划、大工程，有效有序推进平台搭建、教学科研、人才队伍制度体制机制改革创新。平台建设上包括科研服务平台，如围绕全面建成小康，打好"三大攻坚战"，加强与地方政府、业界联手建立相应专业研究机构或重点研究基地，开展应用经济研究；教学科研活动，要拉近省市战略决策规划，拉近经济方式转变，拉近产业结构调整，拉近信息经济、网络经济等新经济传道、授业、答疑，使经济理论转化为现实生产力，更接地气；人才队伍建设上重在突出以人为本，尊重知识、尊重人才、尊重劳动，从注重引进高等级人才和发掘、用好本土人才两个方面形成干事创业的人才队伍支持系统。

就"经管类专业的应用型人才培养模式创新"问题，有院长从高等学校重科研轻教学、重职称申报轻能力水平的"短期功利主义"教育观与发展观的批判出发，强调了高等教育的真正本质和根本目的是教书育人，是传授思维方式与思维能力。经济学教育最重要的是教会学生经济学的逻辑思维和掌握经济学分析问题的方法。我国高等教育所培养的学生与美国发达国家相比，一是知识和技能方面平均水平比较高，但杰出人才、拔尖人才及在各个专业领域具有世界影响力的人才太少，由此导致创新不足，对未来我国经济转向创新驱动非常不利。二是人格素养、价值取向方面平均水平较低，易遭国外诟病。因此主张在育"才"的方面保持均值、提高方差，培养更多的拔尖人才；在育"人"方面提高均值、缩小方差，使我们的学生具备良好的素养、健全的人格。具体到经济学教育，要从课程体系的改革入手，一方面要强化基础课程，另一方面要多开选修课程，鼓励差异化，鼓励学生的个性发展，为学生成长创造自由宽松的环境，从重"培养"转到重"培育"（培养更注重直接扶持，培育更注重营造环境），激发学生的好奇心和想象力。增设通识课程，强化通识教育，以提高学生的素养，提升学生的文明程度。学校教育改革任重而道远。

有院长主任建议，从经济学创新型人才的培养理念的创新、培养模式的创新、支持系统的构建三方面打造经济学创新型人才，构筑起以学生为主体、以技能开发为抓手、以实习基地为创新培养主课堂的创新型人才培养模式。有院长主任指出，应大力推进"经管类专业的实践能力培养与产学研融合"开展实践教学和应用研究，让经济管理学者走向企业，让企业家走上讲台，促进虚实沟通交流，全面实现专业与产业对接，学科建设与社会需求对接，理论与实践对接，政产学研结盟，服务地方经济发展。有院长"以行业学院建设推进经管类专业产学研的深度融合"为题，介绍了依托该行业学院，不断强化产学研的深度合作，不断拓展合作单位、合作领域、合作形式等，特别是注重合作育人，请行业专家进课堂，参与专业建设与人才培养方案研讨，共讲行业课程、共建育人基地、共作科研课题；同时，让学校教师进企业，到相应专业岗位挂职锻炼，增强实践教学科研能力。

与会院长主任们还饶有兴致地听取了会议承办方、平顶山学院校长苏晓红教授就平顶山学院近年来坚持立足地方、服务地方，紧紧围绕平顶山市"三城两地一区"发展规划和主导产业发展需要，不断优化调整专业结构、持续推动河南省示范性应用技术类型本科院校建设与发展的情况，走访了其中国六所之一的陶瓷发掘和创新工程实验室，感受了平顶山学院人坚韧不拔、奋力进取的真情、激情、豪情。

（2018 年 10 月 31 日）

第五章 发挥高校优质资源 积极推进智库建设

智库的定位是开展经济社会
应用性问题研究

很高兴参加这个会，很愿意与各位学习交流。刚才听了前边专家的演讲，很受启发，获益匪浅。我也说说我自己的一点感想，不吝赐教。

智库建设我觉得最重要的是两个问题：一是智库的库头及其团队，也就是能不能有一支敏锐智慧、特别能干活的队伍；二是智库的定位及其所形成的相应的研究优势和特色影响，智库是干什么的，应该干些什么。我今天只就第二点与大家交流。

一、智库应明确自己的定位

最近国务院发展研究中心吴敬琏直率地抨击了当下学界时弊。吴敬琏说，国家养那些只会"造词"的专家有什么用？吴敬琏指出，现在中国经济研究存在两个大的问题：第一，历史经验中找"雷同"，拿日本、韩国的某一时期的历史与中国经济比较，并把它作为未来中国经济的趋势。其实，那是一段弯路，一个教训，我们却捧为经验，当成历史必然。第二，翻阅教科书，从中找一些名词儿，当时髦，用它述论中国经济。

吴敬琏说，拿历史比对，特别是拿失败、教训，当经验趋势，很讨厌。为什么它们的昨天，一定就注定要是我们的明天？它们的今天，一定就要是我们的未来？还有那些整"词"的，除了显示你"学问深"，你有提出解决问题的具体方案了吗？"整词儿"不能代替解决问题。

日本原来走金融资本主义道路，摧残扭曲了日本经济——银行给企业贷款，企业长期使用银行贷款，呆账坏账严重，导致银行资金链出现问题，加之企业间交叉持股，危机蔓延，传导感染，最终拖垮了日本经济，这个教训就是日本过分的金融市场化，自由化造成的。但是在中国很少有人提出或是承认这一点，也在鼓吹这个模式，这也是今天中国经济现实的悲哀，中国经济研究的悲哀——理论到了无视现实的程度。

吴敬琏的话虽说是一家之言，却也值得我们品味。实际上，做历史比对也是无可厚非的，历史是一面镜子，问题是生搬硬套，拿失败、教训当经验，做未来模式，就不行了。所以说，要读书，但不可读死书。大学里面要有一些书呆子的，但都去搞纯理论研究，搞基础学科研究，不搞应用发展研究，不行。尤其是地方大学，我们应该书而不呆，应该着眼地方经济社会现实需求，你培养的人、你的研究成果才有可能有用、有为、有贡献，事实上搞基础理论研究，地方大学怎么也搞不过北上广。

我想说什么？我想说智库一定要有自己的定位，一定要理论联系实际，一定要接地气，一定要对国家、地方、企业发展有价值。也就是说，智库一定要做应用经济社会研究，一定要研究经济社会的热点、难点、焦点问题，一定要为党和政府的决策、部署提供有可行性的、有操作性的研究成果、咨询建议。

省委书记郭庚茂在多个场合说过，现在动辄几千字、几万字，厚厚一大本，翻来翻去，弄得头昏眼花，找不到一两句有用的内容。谢伏瞻也说过，不要光讲理论，现在的省长书记、市长书记也都是大学生，也都是硕士、博士，都有一定理论，现在要的是现实中出现的问题有什么办法、能拿出个什么方案来帮助解决它。

这就提醒我们怎么去定位智库的建设与发展，什么叫智库？智库到底应该做些什么。

二、立基应用经济社会现实问题研究

我想讲的是智库应该研究什么，如何形成自己的研究特色、研究风格，树立智库在经济社会活动中，特别是在党政部门高层决策过程中的积极影响和良好专业形象。

每一个智库都有自己的专业优势和专业特色，并不是什么都做，有研究国内外比较的，有研究宏观经济社会问题的，有研究部门行业经济的，有研究市场与企业经济的，等等，不能泛泛地什么都做。什么都做，什么也做不好，也不会有什么深度。一定要做自己有基础、有专长的，而且要连续做、跟踪做，形成持久力、影响力、竞争力。

在现有体制机制条件下，尤其是地方智库，不仅要研究一些现实的、深层的问题，也要做一些应时应景性研究，叫跟形势，但不管怎么说，智库的定位和研究内容，直接决定着你的影响力和话语权。我们是财经政法类大学，我们要发声，我们智库的建设发展，就是要围绕省委省政府的部署和中心任务、实践问题开展研究，以实在的研究成果赢得在河南经济社会发展中的话语权。

我们应该研究些什么呢？

中国社会科学院发布了一个智库报告指出，中国即将形成"一网五带"巨手型城市经济新格局。认为中国经济社会发展将在空间维度和时间维度上出现一些新特征、新趋势，区域、城市间分化、固化、强化动向复杂并存。

我一直在思考河南经济，比如中原城市群，1980年中期就提出来了，李克强当省长时很认可、很赞成，卢展工把它又拿进中原经济区作了这一战略的重要支撑内容，最近国家发改委也有专门的相应规划出台，而且多个规划里都提到中原城市群，包括省委省政府也出台了意见，但这个群到底怎么群起，群的运行怎么协调，群对另外九个城市怎么带动，群在四个强省建设中的效应怎么发挥，群的发展与创新示范区、自由贸易区发展怎么互动？实际上到现在也并不是那么清晰的。

还有河南经济区域功能划分问题、黄淮海平原协作区发展问题、豫晋陕黄河三角区发展问题，等等，这是长远性问题研究。短期的，如省委省政府这一两年抓的扶贫脱贫问题、国企改革问题、大气防治污染问题、传统产业转型升级问题等。应该说，现在开会的多，一般性议论的多，实实在在提出很有个性的思路方案、咨询建议的并没有多少。

比如现在都在谈河南十几个国家战略的叠加效应问题，其实，叠加也好，单一也好，本质内容就是引导地方政府和企业，抓住机遇，积极利用好其间的政策（包括直接政策、间接政策、交叉政策等），有所为，有所不为的问题，而这一点又恰恰没有多少人去研究和提出，所以研究一定要深入。只提出叠加，不理出叠加些什么，不给出怎么有效利用叠加，说那么多都是空话，白说。

包括我们很有优势的法学法律领域，中华人民共和国最高人民法院、河南省高级人民法院提出好多年了，要"推进庭审实质化"，学界似乎并没有太注意到这一点，这是一个实践命题，庭审中是不是坚持了这一思想理念，接触中我看还是被棚架悬浮在空中，是值得我们研究的。

现在好了，我们的台子搭起来了，领导搭台，智者唱戏，下一步就是要选好题，组好班子，使我们的智库务实地运作起来。河南财经政法大学应该也有优势做智库这件事情，做好智库这件事情，做足智库这件事情。

(2017 年 7 月 15 日上午在河南财经政法大学"河南经济与
社会发展研究院"揭牌仪式上的发言)

关于撰写智库报告与咨询 （决策）建议的认知

感谢航空经济发展河南省协同创新中心的安排，感谢志宏主任的盛邀，让我来和大家交流。一些认知，不一定对，不吝赐教。我交流两个方面的内容：一是关于智库报告的撰写；二是关于决策建议，或者叫咨询建议的撰写；如果还有时间，我想谈一点代政府起草文件的写作问题。

一、关于智库报告的撰写

这几年智库这两个字眼很热火，成立了很多智库，有的原本只是一个普通研究机构，摇身一变，干脆也叫起了智库。但是，是不是智库，有没有智，成不成库，做没做到了智库，反正都成了智库。而现实看，河南除了河南大学中原发展研究院、中国（河南）创新发展研究院，坦率地说，还真没有几家名曰智库的机构出了多少智慧东西、成就了怎样的一个"库"的。我们现在理解和评价智库，基本的好像主要都是看三点：一是领导对你的报告看了没看，尤其是主要领导，有没有批示；二是党政决策部门有没有采纳了你的报告内容，或是为提升政府治理能力现代化有直接间接的帮助；三是你的报告在学界、业界、社会贤达那里有没有引起反响，有没有被热议引用；等等。

在智库热中，我们高校也是摩拳擦掌，很多教师，包括一些学者专家决意一显身手，然而并非我们想象的就得到了领导的认可。记得前省委书记郭庚茂在任时说过一句很让专家们伤心，却又是真真实实的话，他说，大家很辛苦，写了很多东西，洋洋洒洒一万，甚至两万多字，看得头晕眼花，完了没有发现有一句有用的。包括文人书记谢伏瞻同志也表白过这样的思想。

为什么会这样？我琢磨了很长时间，我看了许多领导批示的参考资料性东西，我也看了一些资深的长期供职于领导身边的秘书长的感言，我还看了习近平谈给领导写材料，看了省委党校、省政府发展研究中心、省社科院的一些领导批件，感觉领导批示或被采用因素很多。所谓因素很多，是说有的是领导非常重视、看了感觉有启发，或是对正在困惑中的某个问题的解决有触动，挥笔批转，我称之为真正的领导批示；有的是领导是个老好人（恕我直言、对领导不敬），你只要到他那儿，他认识你或知道你，他就批；有的本来就是小领导拿着材料找大领导请批的；等等。

话说回来，多数领导还是很认真地对待专家学者意见建议的，关键是对路。什么是对路，直白地说，就是你写的内容正好是领导寻觅求解的问题，对他来说有用。我们高校教师不愿意搞这类东西，为什么，一是喜欢和擅长做虚的、纯理论的，不用费多大劲儿；二是做应用研究，费了很大的劲儿，上峰一点反应没有，一点鼓励没给，大家没动力。我想原因大概有两个，一个是渠道不畅，比如航空经济发展河南省协同创新中心，是省级平台，应与省委调研室（信息处）、省委政策研究室、省政府研究室有所接触联系，其实他们也非常需要我们提供决策咨询参考东西；另一个是要反思我们的材料写作路数与方法，就是琢磨怎么和人家对接，写出他们需要的东西。下面谈谈我的认识。

关于智库，我的认识可能有些不同。我认为智库最主要的还不是直接出决策咨询建议，智库的职能最主要的是对一个时期的经济社会形势做出研判报告，并且是现实的、系统的、很有个性价值的及能够成为影响地方政府或工商业界决策参考、谋划运作的研判报告。我没有叫研究报告，而是称"研判报告"，我是说，智库应该是对一些现象和问题要做出自己的研讨判断，这些现象和问题不能只是一般的记叙、简单的比较，而是要对相应现象和问题的未来发展做出基本的评估、判断、展望、预测，即智库的职能定位更多的是着眼于对未来发展的研判，着眼于能够为高层决策者分析和把握全局性发展及其做出相应抉择有所影响与帮助。

一般来说，智库报告应是对一个时期的总的宏观经济形势或是某一热点问题进行的研判。从具体内容上看，比如对总的宏观经济形势研判，这主要是立基国内外经济社会形势现状趋向，切入速度、就业、价格、国际收支四个维度开展的研判，也可以切入像国家发改委、国家统计局的路数做法，以"克强指数"展开研判，包括耗电量、贷款量、货运量、就业量、收入量等。再如对具体某一方面高层关注的热点问题的研判，像郑州航空港经济综合实验区发展对河南经济影响带动数量关系研究；河南省产业结构调整与财政税收增减变动关系研究、河南省民营企业在全省传统产业转型升级中的地位作用研究；河南省投资、消费、出口动态趋势研究；等等。或者直接分别就速度、就业、价格、国际收支进行动态趋势预测研究，直接就金融贷款、居民收入等进行趋势影响研究。

从具体方法上看，借助拥有的相关数据资料做数理统计分析，看环比变化，看同比变化，预测出基本的趋势、可能的隐忧、破解的思路。注意，一定要有相应的理性表达，不能像我们做学术性文章，做基础理论研究项目那样，列一堆数字图表，就是没有什么分析结论。数据图表也要有，但必须紧扣研究主题，密切联系主题。要有凸显自己的个性化见解，数据、典例、比较等，这是很重要的。

从报告的时间概念上看，可以是一个季度的，也可以是一年的（但不是蓝皮书，蓝皮书现在出烂了，没有多少实际可资借鉴的内容，有人说就是一个一般的论文集），或者是一时一地根据需要开展的研究。

从撰写字数篇幅上看，一般来说，五六千字，也有万把字的。建议大家下来看看北京的一些专职从事智库研究的机构，报告写得非常好，而且定期不定期地发布，多数已经成为影响政府部门或行业高层决策的必看的参考资料。高校的也有，做得好的如清华大学、中国人民大学等。河南省的河南大学中原发展研究院定期不定期出的一份交流性资料也很好，尽管多数是剪贴中央和省委省政府的最新文件、政策，也有摘自别的智库报告精要，领导们还是愿意看的。

二、关于咨询（决策）建议的撰写

学者专家或是科研机构向党政高层决策者和有关部门递送咨询（决策）建议，是理论界与党和政府以及业界交流互动的重要形式、重要载体，也是党和政府决策者联系学界的一个重要渠道。党和政府的任何重大决策都需要理论的支持，以保证相应决策的科学性，即按照客观规律办事。为此，高层决策者和有关部门或通过直接走访专家学者，或召开座谈会、研讨会，听取专家学者意见建议，也希望专家学者能就一些经济社会运行中发生的大事、要事、急事，给党和政府递送咨询（决策）建议，交流思想看法。但这里的专家学者主要是指关注经济社会现实问题、从事应用经济社会理论研究的人。高校教师绝大多数都是从书本到书本，基本上没有与经济社会现实联系，也习惯于做纯学术性基础理论研究，即使是按教师科研与教学人员的二八定律中的20%看，这20%中的大多数人也是主要做基础理论研究的，真正搞应用性研究的依然是少数。所以说，做咨询（决策）建议，是高校的一个软肋和短板，尤其是地方高校，做基础理论实际上并没有多大优势，而应用研究又缺乏感性认知、缺乏兴致动力，出现上不去、下不来的怪异现象，这是应该引起各方关注引导的。我始终认为，地方高校的生命力、竞争力在于积极、主动地服务地方经济社会需求，地方高校教师的能力、活力在于积极、主动投身地方经济社会发展，为地方政府决策提供咨询与决策建议。

咨询建议或叫决策建议，一般是主题鲜明、一事一议，就事论事，言简意赅，针对性强，有积极的可操作性。这类建议的撰写，我个人认为更多的应注重下列几点：

（1）尽可能聚焦到高层决策者关注的、热切的话题。想做咨询，想做第三方评价，或是直接给政府决策提建议，一定要是政府关注的所谓热点、难点、焦点问题。怎么知道政府关注些什么？一是多看主流媒体，看央视新闻，看《河南日报》《郑州日报》，看省政府或相关部门的官方网站；二是多看省委、省政府主要领导讲话，包括调研讲话、会议讲话、政府报告、记者访谈等；三是多观察老百姓街谈巷议的内容；四是多参加各类各种专业、行业会议，包括报告会、座谈会、研讨会、新闻发布会等。

（2）一定要主题鲜明，针对性强。这类建议文稿在写作上，应坚持要理性不要理论，要顶天（主要是与中央、省委省政府思路决策和战略部署保持一致）不要不立地（一定是契合于本地本土的现实问题）。这类建议撰写的一般逻辑和范式：是什么问题（背景）？为什么发生（成因）？怎么样解决（对策）？即"是什么、为什么、怎么办"，怎么办是落点，是重心，政府首脑最关心的是"怎么办"，怎么迎刃而解某一现实问题。

（3）执笔者必须树立高站位意识。研究全省性问题，一定要站立到省委省政府高度来审视，你就是省委书记、你就是省长，以省委书记、省长的身份与站位来看问题、想问题、解问题；研究某一地区或是行业问题，你就是地区或行业的最高领导，你就是那里的一把手，一定要站到一把手的层面看问题、查问题、解问题。有站位，才有意境、才有深度。

（4）学会说官场话，应用官方语言。长期以来，我们的专家学者，尤其是高校的，总感觉很委屈，辛辛苦苦写出来好不容易递上去了，可人家不屑一顾，很生气。但是你有没有再反观一下我们自己，人家上边下来的文件，讲话稿你看了吗？也许你也是连看一眼都没有，叫互不买账，这就是我们说的两张皮。这里存在着两个问题：第一，我们太学院派了、太学术化了、太理论化了，研究的东西很系统、很有理论，但不是政府要看的、想看的，他们也没有大量的时间去看我们的长篇大论。这就是说，我们的选题及其逻辑思维、表达方法有问题，不对路子。第二，也可能是最重要的，就是缺乏官场话、官方语，我们的语言和官场官方不仅是基调不对，而且口味也不对，有人叫"不对把"。所以我总是强调我们的老师多看领导讲话，多看官样文章，就是引导大家学会一些官场话语，汲取和应用一些官方语言——用官场话对官场讲，可能容易找到共同点。尤其地方高校，对地方写点什么，要多注意尽量减少些书生气、书卷气，尽量学会和增加一些"官腔"、官话、官气。

（5）坚持在1~2个专业领域持续发力。要增强专业领地、专业优势、专业影响意识。不要什么都搞，一定要有自己的专业和学科定位、建设定位，持之以恒、坚韧不拔，形成特色，造就品牌。要学任正非，28年持续对着一个城墙口冲锋。

（6）培育构筑自己的有较强应用研究能力的领军人物和团队。要把有应用研究能力的人、有兴趣做应用研究的人请进来，要把年轻的博士、硕士引进来，培养他们应用研究的能力和战斗力。有一支非常能干事的、很有作为的团队，这是具有战略意义的，为此还可以外聘高层专家学者进来传帮带。都说喻新安教授给黄河科技学院带来和扩大了多少多少影响，其实，最了不起的恰恰是喻教授对黄河科技学院应用研究人才队伍的培育、引领、带动。智库也好，咨询研究也好，关键是人才、是团队，这是根本。

（7）注重积累积淀，建设自己的专有数据库。要想打造自己的专业优势、专业品牌、专业影响，数据库太重要了。我们如果在平常就注意把调研的资料数据、完成的报告文献、采集的典型案例等收存起来，进行二次、三次再加工再利用，就会使自己的研究放大当量，对外还可以资源共享，可是过去我们都把它忽略了、丢弃了、浪费了，一个智库或是研究机构怎么会没有自己的数据库呢，它是智库建设发展的标志。

此外，单位也好，个人也好，还应积极与对口党政部门建立常态化联系，形成互动。

三、代政府撰写起草文件的特点

这几年随着"放管服"的深化，一些地方政府部门为了冲出文山会海，也为了使政府文献或是规划办法等更趋理性、更有新鲜感，会将一些诸如区域规划、产业规划委托一些高校、科研院所、行业机构等撰写起草，这也符合时代要求政产学研融合结盟大势，但到底怎么样能多全其美、各得其所，尤其是从撰写起草方面，我谈一点认识。

任何文字材料的撰写起草都有各自的规律。编制规划，一般是就某一地方的某一产业、行业在未来五年、十年的中长期发展所做的部署与安排，所以除了概略地对之前的发展做一简洁归纳外，最主要的是阅读、调研、考察现有国家产业政策指向、现存产业基础性质（传统产业、新兴产业）、未来产业结构调整的实际项目支撑、投资保障，技术水平、人力资源，以及生态环保影响等，并具体地从产业供给与需求的市场分析中提出规划的可能性、可行性、可观性。

过去传统的规划编制是三板块，即市场消费或称社会消费需求，生产供给可能，供需之间平衡，叫统筹兼顾，综合平衡。这是国家发改委直接编制国家中长期国民经济计划的路数方法。现在尤其是政府委托专业研究机构做的产业行业发展规划，则主要是规划未来，包括政府投资的基础设施项目，社会资本投入的、地方追求的战略性新兴产业，传统产业转型升级等现代产业业态和现代产业集聚集群项目，可以说基本上是布局项目的，所以规划里相应项目的支撑总是放在主导和主体位置。这反映出现在规划编制的一个变化，即主要是立基于对新时期新项目的部署安排，以期寻求新起点、新面貌的新格局、新发展。其他的内容就是怎么样在规划中反映出使这些项目顺利落地，如相应的招商引资政策办法、改善营商环境的措施办法，以及完善保障产业发展的体制机制等。

起草文件，比如说起草一份关于某某产业发展的指导意见，不是做理论文章，不需要多少理论，也不需要多少创新，更不需要施展多少个性，重要的是循着三点内容以此形成：第一，就这一产业发展与国家、省市的产业政策指向，本土发展这一产业的基础优势，该产业在现代产业体系中的技术层次，对相应产业的带动关联，对整个地方调结构、转方式的作用，对地方财政税收的影响等做出基本概述；第二，具体提出从哪些方面推进这一产业的崛起发展；第三，用怎样的政策措施、环境条件来保证这一产业又好又快发展。

对于一个市县区的发展，无论是产业规划，还是产业发展指导意见，一定要注意倾听地方主要领导的意见，这是我们现行体制下的一个特点。坦率地说，现在长官意志太厉害了，规划与发展意见反映不了主要领导的思想，既出不来，也落不了地。所以，我们撰写或起草政府文件：第一，不能让从事纯理论研究的人来做，更不能让整日和政府抬杠的人来做，而是让那些有着一定专业理论基础、长期关注地方经济社会发展的人来做；第二，不能照搬书本和学者、专家的话语思想起草，必须搜集拥有最高层、最权威、最时新的相关文件、领导讲话、政府报告等，学习、消化、深化、拿来；第三，和上述一样，尽量套用相应的上位文件、范式、内容、表达等规范格律。俗一点说，与上一级文件对应的，就是照搬，改动的也就是政府名称、表述称谓，核心的还是要把上级的指导思想、总体要求、目标措施、任务重点等搬来，新增的也就是拉近地方区情特点，在一些段落里加紧强化的字眼儿。先做一个靶子，征求各方意见，有了基础，请一些政府的、专家的人士进行座谈讨论，尔后拿出方案上高层会议通过下发。

（2018 年 12 月 7 日于郑州航空工业管理学院图书馆小会议室）

关于课题调研与报告撰写的认知

　　课题调研与报告撰写是科研活动的一个重要方面内容，无论是综合课题调研还是专项课题调研，不仅反映着科研工作者所借助的一定手段方式、一个时期相应科研活动及其目的意义，也展示着科研工作者的科研基本功和科研能力水平表现。

　　课题调研和完成调研后的调研报告与一般项目研究不同。课题调研多为联系经济社会现实问题，针对性、操作性、应用性鲜明生动，既需要一定的应用理论研究基础，更需要较强的分析现实经济社会问题的应用研究能力。党政部门的研究机构主要侧重于从事国民经济运行中的现实问题、开展的应用对策性研究。因此，高校尤其是地方高校，除了极个别的，多数系教学型或者教学研究型，科研定位也基本上都是着力进行拉近地方经济社会现实，拉近党政部门决策需要，进行应用理论研究，搞纯理论研究的地方高校并不具有多少优势。所以，地方高校的科研部门都应该重视引导老师开展应用性课题调研活动，撰写调研报告，服务地方需求，这不仅是履行高校服务社会的功能，更重要的是锻炼培育教师的科研素质，建立一支能够开展现实经济社会问题的应用研究的队伍。

　　但是，客观地说，由于教师长期习惯于庭院式的、象牙塔里的生活，少有接触经济社会现实，特别是中青年教师多为从学门到学门，从书本到书本，习惯于"假设""模型"，少有联系经济社会现实，所以真正具有"智囊""智库"意义，真正具有决策设计参考价值，具有政策完善参考价值的东西很少，深入实践一线调研，能拿出有分量的报告很少，这是一个值得关注的问题。应用型大学，不搞应用性研究，没有多少有影响的调研报告，就没有发展前景，培养应用型高级人才只能是喊喊口号而已。所以我很赞成与大家进行这么一个交流，也愿意认真地和大家交流一些认识，当然这只是我的个人见解，不一定对，谨做些参考吧。

我与大家交流三点内容：一是关于对调研工作的认识；二是关于调研报告的一般撰写认识；三是几点相关注意事项的认识。

一、关于调研工作

第一，认知、把握、酝酿、设计、编写调研提纲。这是起步，直接影响到具体调研的成败。具体地：

一是主持人要召集团队介绍、提出调研课题的主题内容和基本预期，在大家充分认知、领会、明了、把握主题意境、预期目的结果的基础上，酝酿具体调研的分题、分工、分组，按团队每个人的优势领域和研究兴趣认领题目，自由组合成分工负责的不同分题任务小组，以分小组拟出调研题目及纲要，经主持人与大家研讨统一认识后，方可开展具体调研活动。

二是设计、编制调研提纲。一般包括：

（1）调研主题和分题目的确立——无论是委托还是申报，还是自选课题，一定要明晰主题，并围绕主题提出调研的具体相关题目和分解细目，形成调研工作遵循。

（2）调研团队的分组分题——根据拟定的大小题目，将团队划分为若干调研小组，明确任务思路、目标预期。

（3）调研对象及联络——即明确各调研题目的调研对象，如到哪个党政机关，哪个部门处室，找哪个人去调研，具体谁负责与调研对象之间的联系等。

（4）调研方式及设备——是电话约谈、召开座谈会、拜访面谈，还是发放问卷调查等；调研中录音笔、摄像机等设备的准备。

（5）调研资料的收集——要安排专人收集调研对象的相关资料数据，包括文件、领导讲话、工作总结、内参要报、图片、影像、书籍、论文等（能收集到的，能索要到的，当时不管有没有用，一律拿回，很难说有用没用）。

（6）调研的时间内容安排——什么时间接触调研对象，什么时间整理汇总加工调研资料数据，什么时间举行分组成员研讨调研收获，什么时间分组撰写调研分题（组）报告，什么时间研讨分组（题）报告，什么时间汇总拿出调研总报告，什么时间召开团队成员总报告研讨，什么时间与调研单位反馈交流、征询意见，什么时间听取或者邀请相关权威专家座谈指导，什么时间完稿，什么时间拿出浓缩精华版，等等。

特别是调研报告中，调研的现状、问题成因、对策建议一定要反复征询、论证，一定要贴近实际，一定要具有决策和政策参考价值。

调研提纲也好，问卷设计也好，一定要使人明确总的调研主题内容，基本预期目标；一定要有明确的调研题目、细目以及分工责任人；一定要通过调研占有充分的相关资料数据；一定要把握调研对象提出的有针对性的思路建议和政府或企业要采取的措施步骤；等等。

第二，调研前认真备课，了解把握调研对象相关情况。

（1）明确调研对象是一个什么性质的单位，其职能作用有哪些？通过联络员工作，弄清楚要接触的到底是一个什么部门、什么岗位、什么人物。

（2）占有（网络搜集）与调研课题、调研对象相关的中央、省、市、行业的最新文件、规划、指导意见、领袖和各级领导讲话、工作总结、内参要报、大事要事动态消息等资料信息，取得与对方接触时的对话底气，缩小交流距离感。

（3）调研中注重与调研单位或个人建立起友好的、长期的联系，寻求增长日后科研需要或合作研究的契机。

二、关于调研报告的撰写

第一，写出为什么要调研这个题目，调研的背景、意义。

这一部分至少应包括三层内容：一是大形势背景——注意中央、省、市相关动态与本主题调研关系；二是调研主题在相关时空背景条件下的影响关联；三是这一调研课题的理论意义和现实的、长远的意义。这一部分最多有1000字左右就行了。例如：

搞会计的调研财务会计状况、调研财政税务、调研资本运营、调研公司理财等，不能只是就事论事，一定要放大眼界视野，把调研对象及其问题置于中央、国家、省、市大形势、大背景下，置于一定的经济社会周期和阶段特点，置于一定的学科专业原理机能，从而表现出积极的、足以引起读者兴趣、关注、想看的经济站位、社会站位、政治站位，以及具体的行业领域站位。所以这一部分看上去好像比较虚，虚中有实。有人说，这一部分是个过门，过不好，进不了门，整个调研报告就有可能被弃置了。坦率地说，会计学专业的知识面相对较窄，因为长期以来传统观念认为，会计就是一种工具，所以重心放在了操作层面，对于诸如经济学、管理学等往往忽略，现在要跨界，要补补课。马云让位给张勇，张勇原本就是做会计的，但如果没有后来十几年的经营经历，仅是一个财务官儿是不可能让他接班的。

搞物流的研究枢纽经济，不能只讲区位，讲产业，一定要拉到习近平在 2014 年春季来河南调研时的讲话论述，拉到省市领导相关讲话精神，拉到工业强省建设对生产性服务业发展需求等，要有高度，站位要高。

第二，写出相关问题的近况现状。

这一点主要来自于调研过程获取的各类资料数据，不能拿网络的千篇一律的粘贴几点，即使拿，也要转化成自己的语言，最好用政府部门的官方语言概括表述，实事求是地列上几条，不在多，而在于使人看了后觉得确实是这样的，符合客观实际。这一部分既要务实地概括出现状和问题所在，更要提炼精准各个段落标题，语言文字上一定要表达到位，而且题目与段落内容一定要相符。这一部分篇幅一般在 2000 字左右。

第三，写出相关问题的基本成因。

这一部分也是根据调研过程调研对象的解说，加之我们从相关学科专业上做的一些理论分析梳理出来的。不能讲大理论、纯理论，要从相关学科和交叉学科方面给出一定的理论成因，更多的还是根据一线部门，包括党政部门、相应研究机构、智库单位等提出的内容进行表述。对于基本成因，一定要梳理精准，将主要的、重要的、有针对性的概括出三五条就行，不要故弄玄虚，一列列了七八条，不疼不痒，使人弄不明白重点到底在哪儿。必须有理有据，令人信服，且还要注意尽量应用官方语言，引发产生共鸣同感。篇幅上以 2000 字左右为宜。

第四，写出自己对重点问题的解析。

主要是针对调研过程中发现的一些重点问题，凭借一定的数据资料，运用一定的方法，也可以是模型，进行重点分析阐释，提出个性化见解。这一部分无论采用什么方法模型，一是必须始终紧紧地扣住主题，二是把模型的分析结果，做定性叙述，即一定要有所主要的、基本结论，且结论表述到位、鲜明，领导主要是看结论的。过去很多自以为模型表达很清楚了，所以几乎没有定性的结论表述，领导不仅不买账，还说你卖弄风骚呢。这一部分一般可以占到 3000 字左右。

第五，写出破解问题的思维观念、决策参考、政策建议。

这是调研报告的逻辑结果，即调研工作应该结出的果实。这一部分既要对整个调研内容进行再综述、再提炼、再拔高，更要对思维观念、决策参考、政策建议进行再复述、再强调、再明确。编筐编篓，全在收口，一定要最认真、最精练、最完美地概括和撰写好这一部分。现在人们时间观念极强，看东西大多数关注开头和结尾，看开头是看为什么要做这个调研，看结尾是看给出了些什么意见建议，有没有道理。所以要写好，写出精彩。

此外，这一部分的最后，一般还是要写一两句就这一问题尚待进一步研讨的问题（调研对象提出或是我们认为一些需要后续调研解决的问题），这是一种科学的态度、认真的态度，在于表明我们的调研和认识是有限的，一些问题我们还需要再学习和再调研，也期望同仁与社会贤达共同开展研究。

三、几点特别提醒及认识

就调研过程及调研报告的撰写，我还想说几点：

第一，调研过程一定要谦虚、谦恭、谦和，出来进去一定要有礼貌，对话交流一定不能抢话头，随意打断对方讲话，包括你认为说的都是些不疼不痒的话，甚至是废话，也要耐心听。一定不能跟人家讲学术，讲课本，多听、多记、多看，多收集资料数据。

第二，课题调研不容易，一定要充分利用好调研信息和资料数据，同时还要注意把收集到的资料数据保存好。一个调研课题下来要有自己完整的资料数据积累，一个一个资料数据的积累，就组成了我们学校的资料数据库了，能通过各个调研获取不同的资料数据，并成库，不得了，不仅对今后开展科研工作是一种铺垫与贡献，且会成为社会或业内同行的一个看点和亮点——我们来自一手的资料数据与大数据连接，贡献了科研资源的共享。

第三，调研报告一般不一定非要用模型，但有条件和基础，需要的也可以应用，重要的是模型与内容主题联系要紧密。同时，所有数据，不管是调研中获取，还是其他途径获取，一定要是权威的、最新的、允许使用的，也就是说要有出处，并且一定要把它标注出来。

第四，调研报告一般不要写得太远太虚，一弄就是国际的什么什么，真需要也不是不可以要，问题是一定要拉近主题，联系实际，千万不要摆列几个美国的、英国的，或是国内一些大家都知道的典例等，但与内容无多大牵连。调研报告也讲究比较研究，但多为与同类、周边的实用性比较，或是一定周期（五年）的纵横发展比较。

第五，调研报告的初稿也好，终稿也好，精缩稿也好，一定要反复多次，特别是后期一定要认真统纂，一定要再看看是否围绕和突出了主题，是否表达了调研的内容意见，是否确有积极的政府决策参考价值，是否有较高的应用经济理论研究水平，是否有较高的语言文字表达水平。

第六，整个报告一定要突出针对性、操作性、决策影响性、政策参考性；一定要顺应和适于官方，不能学院腔，要学会应用官腔，用官场语言表述，增加与官方亲近感，认同感；一定不要做理论堆砌，一定要落足到应用性、操作性。

最后，要强调的，也是必须高度注意的是，调研报告的每一句话、每一段话、每一部分内容，一定要强调意识形态，注重政治站位，讲求政治导向，把好政治关卡，不说与新时代背反的话，不说敏感性的话，不犯政治错误。任何政党、任何国家、任何社会民族、任何单位个人，都会存在这样那样的问题，一定要看主导、看主流、看主要的方面，一定要多看、多说、多写好的、正面的东西，抒发正能量，增强正效应。什么样的论著，包括我们课题调研过程、课题调研报告的撰写，都应该是既使人们能够客观认清形势问题，又使人们能够客观看待、保持一个处事常态，并给人以希望、鼓劲、加油、拼搏、向上，这是一种信仰的力量，更是一种文化的传承。文化是什么？文化就是以常人的、常态的、常规的思维观念、心理定势，把优秀的、给人以感悟和启迪的人类社会文明进步中的经典故事颂扬光大、激励约束、砥砺前行。

（2018 年 9 月 18 日与郑州财经学院参加郑州市重点
项目研究人员座谈会上的发言）

在省社科联"中原智库"建设与发展座谈会上的发言

来到省社科联，参加这个座谈会，可谓有感想、有感动、有感激。感想是省社科联务实地发挥了对社科界的"联"的职能作用，引领了社科"五路大军"聚力"中原智库"，调集了"智"，形成了"库"，"联"出了"中原智库"的大本营；感动是省社科联不仅积极指导组织全省社科力量围绕中央、省委、省政府战略指向、中心任务开展了多形式、多层次、多方面的应用经济社会发展研究，而且率先垂范，从领导到部门处室人员，更是直接进行了相关大事、重事、要事，热点、难点、焦点问题的专题研究，完成了一大批被省委、省政府主要领导和相关党政决策部门看好、批示、应用的成果。短短千八时日，厚厚三大本，洋洋一百三十万字，着实令人感动；感激是我也有幸得到省社科联领导和同志们的挚爱，参与了其中，每当捧起这几本书，品读着书中的内容，再看看自己的文稿，一种感激之情和成就价值感便油然而生，觉得精神和意志都得到了抚慰，动能和追求都得到了增进，幸福感就总是荡漾在心头和脸上。

回顾这几年省社科联中原智库的建设与发展，我还有几点认识愿意与大家交流，即"三个认知一个建议"。

第一，省社科联已然成为了今天河南经济社会发展的智库中心和大本营，或者叫事实上形成了没有联盟的智库联盟。之所以这样说，既是由省社科联的职能定位所决定的，也是省社科联一班人辛勤努力锻造出来的。大家都应该有一种感受，党和国家、省委省政府只要一有新的部署、新的任务，第一个动起来的就是省社科联，他们迅即梳理主题，酝酿组织，引导专家学者在第一时间学习、调研、研讨，并通过举办论坛、课题调研、时政座谈、科学普及等形式，动员起全省社科界上下一致地宣传、贯彻，使得党中央、省委省政府高层声音迅即传播落地。过去是人们到办公厅打探动态，寻求南北东西方向遵循，现在更多的则是到省社科联了解信息，交流认知，把控作为。可知可觉的是，现在省社科联中原智库的建设运营呈现出两个基本的内容特征，一个是省社科联本身，包括主席在内的研究人员及其团队的、直接的智库能量的释放与影响，另一个是以省社科联、省政府发展研究中心、省社科院及某些高校研究机构为骨干的智库合作体的运营与影响，非常给力，河南省党政决策部门，社会各界给予了充分肯定、高度评价和赞誉。

第二，省社科联"联"的平台创新、形式创新、机制创新，成就了中原智库的良好品牌形象。新形势要求必须有新的创新，才能适应并不断跨越。省社科联这几年不仅立足"联"的功能，更注重"联"的效应，一方面巩固完善诸如"河南发展高层论坛""河南社科学术年会""河南省社科联年度调研课题""河南省社会科学普及规划项目"等已有平台，另一方面还借助新媒体，推出了"理论网刊"，特别是把年度研究成果编辑出版了中原智库集，使得智库成果有了一个新的载体与平台，从文化层面上放大了这些研究成果的智力传播性、交流持续性、作用影响性，大大提升了智库研究成果的内容形式与应用价值。可以说，这些智库运作过程及其新的平台建设，在省内外产生了极大的反响，已经形成了一种智库品牌，塑造出了河南人文社科研究智库的良好形象。

第三，省社科联特别重视中原智库成果的转化与推广应用。这几年，由省社科联主持组织的各类智库成果不仅在业内被广大社科工作者看好青睐，而且每年都有十几项成果被省委省政府主要领导批示和要求有关方面研究采纳，更值得一提的是，作为省社科联的主要领导，包括主席、书记等还特别注意抓住各种机会、利用各种场合，向有关领导、部门，以及高校、研究人员推介智库成果，引导成果转化，这是很难得的。

一个建议是关于智库研究资源共享，满足党政部门、工商企业决策需求与智库供给结构对接关系问题。现在省社科联有一个"智库快报"，能够迅速把下边智库专家的意见建议呈报给上边高层领导和决策部门，而如果再能有一个把上边党政领导和决策部门需求动态传递给下边智库专家，引导智库研究的成果供给与决策需求衔接一致，促进智库研究按需展开，无疑出来的成果将更具应用性，更接地气，而智库的建设运营则必然会更有意义和价值。这里重要的：一是如何获取和建立起与高层决策信息相应机关的正常联系渠道；二是创办一份类似于"智库快报"形式的，如"智库指南""智库动态""智库导视"等活页资料，以此为载体，定期不定期将有关智库需要研究的动态信息传递给专家学者和智库组织，建议省社科联予以考虑。

毋庸置疑，领导重视，社科联同志们的努力，如今省社科联的向心力、凝聚力，从而全省社科界的生机与活力日益增强，浓郁的中原智库运营氛围日益增强，河南人文社科智库在省内外的影响日益增强，未来省社科联智库运营及其效应日益增强，必会更加令人期待！

(2017 年 8 月 19 日日于河南省社会科学界联合会"中原智库"
建设与发展座谈会上的发言)

在全省哲学社会科学学会
工作座谈会上的发言

进入新时代，学会如何融入，如何发挥群团组织力量，为时代鼓舞，为时代增进正能量，今天这个座谈会开得很及时，很必要，很重要，大家相聚一堂，碰撞思路、交流经验、探讨问题，很有价值。

现就河南省经济学学会情况向大家做一简略汇报。河南省经济学学会于 1963 年由中共河南省委正式下文成立，系河南省社会科学界联合会直属学会之一，是河南省社会科学工作党委领导下的直属支部之一。多年来在历届省委、省政府，特别是省委宣传部、省社科联的直接领导关怀下，组织全省经济学界围绕中央、省委、省政府战略部署和中心工作开展了多形式、多方面的活动，包括结合中央、省委时事大政开展有针对性的专题研讨会、座谈会，撰写改革开放和社会主义经济理论与实践方面的文章或著作，宣讲中共十八大、十八届三中、五中全会以及十九大精神，参加省委、省政府决策咨询和规划工作等，在省内外各界产生了积极的影响，相关成果多次被省委、省政府主要领导批示或批转有关部门采用，学会连年被评为河南省社会科学系统先进单位。这些年我们还持续组织举行了"河南省高校经济学与管理学院（系）院长（主任）年度峰会"，从社会主义意识形态、政治导向方面，社会主义经济理论动态及前沿方面，国家和地方经济社会运行中的热点、难点、重点、焦点方面等，邀请省委宣传部、省高校工委、省政府有关部门领导专家与会作专题报告，不仅影响和引导了高校经济学与管理学的教学科研沿着社会主义道路向前，而且大大地调动了广大经济与管理学教师开展应用经济研究，服务地方经济社会需求的积极性，同时，也极大地凝聚和放大了高校经济学界的能量与潜力。

河南省经济学学会现任会长是我国著名经济学家、中共中央马列主义建设工程首席专家杨承训先生。截至目前，学会理事以上人员有近200人。

本学会主要以高校、科研院所、工商业界的著名专家学者为主体。每年一般独立组织，或与相关学会、单位联合举办2～3次活动，学会不收会费（团体、个人均不缴纳会费）。学会活动主要采取两种方式进行：第一，小型规模的活动，一般由相关副会长承担组织，所需场地使用、条幅背景制作以及误餐等费用由该副会长所在单位解决；第二，相对大型活动，则由承办单位一揽子负责（这种活动承办也多是由相应副会长认领牵头组织）。

学会现时存在的主要困难一个是个性的，一个是共性的。

个性的主要是因为我们学会不收会费，银行的账户又被记入"死户"，根本就没有资金往来，而民政部门则总是要委派会计师事务所给我们进行审计，这个程序不走，不给予年检，为这事儿每年都要磨叽几个月，2018年还没有年检。我们主要的考虑是，民政部门虽然说有文件规定，学会可以收取适当的会费，也一直鼓励我们对会员进行收费，但是这些年经济形势不好，加之整肃违规违纪，一些企业，包括国有企业存在不少困难，我们便不好意思让人家交费。

共性的是，现在让清理公务人员退出学会、协会等，对于高校、科研院所担任一定领导职务，又是著名经济学专家学者的研究员、教授们，是否一刀切，都要清退？如果是这样，学会就有可能运行不下去了，没有这些"干部类学者专家"的参与，就没有了带头人，没有了龙头。同时，没有这些人参与，学会又不收会费，又没有其他经费来源，学会今后的工作就可能无法正常运转了。因为会员是一个单位（我们主要是高校和科研院所）的科研骨干、知名专家和学者，往往又都担任着这个单位各层次级别的领导职务，他们并非为纯粹的行政官员，如果一概而论，不仅影响到学会工作，还必然会影响到这些专家学者型的干部们发挥自己的积极性、主动性和创造性，我认为还是实事求是的好，上峰应该认真考虑考虑这个事情。

（2018 年 10 月 16 日于郑州市豫棉宾馆）

关于《河南日报》理论版的
建设与发展随想

　　作为主流媒体的《河南日报》，既要及时反映中央、国家、省委、省政府最新的高层决策与宏观经济社会调控动态和政策指向，也要从理论上宣传、阐释、解析、引导人们的动能行为，趋向、助推、融入到中央、国家、省委、省政府的决策部署、大政方针、中心任务、规划目标。除了其他版面形式的不同功能发力，理论版，应该说一直担当了一个主角，一个窗口，一个呼应于中央、国家、省委、省政府要求和希望的理论载体平台。多少年过去了，我们的理论版做得不错，特别是能够围绕不同时期刊载不同的理论宣传文章，确实起到了党报的应有作用，这是我们必须给予充分肯定和赞誉的。作为一个社会科学工作者，总是比较关注理论版，并期望从这里获得中央、国家、省委、省政府治理国家与地方的每一个动作的理论依据、政策依据、措施依据，获得我们经济社会发展的态势、大势的有用数据资料信息和灵感启发。因此，从高起点出发，借此会议，对于未来理论版谨提出以下不成熟的意见建议，做个参考吧。

　　我的总的认识是，理论版既要定位在理论宣传，也要确实凸显出积极的理论阐释解析。我讲的理论阐释解析，不是庭院里象牙塔纯理论，也不是从理论到理论的全说教，而是围绕党和国家、省委省政府在一个时期的战略规划、中心工作，围绕经济社会发展中的焦点、难点、热点问题开展应用性、接地气的理论研讨，既包括深层解读领袖们的相关重要论述，也拉近经济社会现实，通过大数据分析，深度揭示问题的缘由症结，给出理性的思路对策，从这个认识出发，我感觉我们的理论版应该有三个"跟着走"：

一、跟着党和国家大势大运走

这一点理论版做到了，如围绕中央提出全面建成小康社会打赢"三大攻坚战"，围绕省委十届六次全会精神的学习贯彻等，做了不少工作，但我觉得还可以再放开一些眼界，比如刊载一些研讨中央大政对河南经济影响的文章。党的十九大前后，从中央的一些大报和不少地方党报都在刊登关于中央经济工作会议提出的当前国内经济的矛盾和问题根源是重大结构失衡——实体经济失衡，金融和实体经济失衡，房地产和实体经济失衡，从而看出中央强调以供给侧结构性改革为主线的论断等形势分析方面大政大势；还有货币政策、财政政策变化对经济的影响等；这些都是关乎经济运行，关乎经济改革的重大问题，从一个省、一个发展中大省来说，同样是重要的。像这类内容并不一定很多，但还是要有，党政官员们需要，学者专家也需要，业界更需要，地方经济不了解国家宏观经济形势，不能把自己置于国家宏观背景条件下发展，是难以有计划、有目标向前的。坦率地说，我们现在刊登的官样文章还是显得多了一些，很多是只宣传，无理论。

二、跟着省委省政府高层部署走

这一点也是做得不错的，但似乎刊发的时效性、选择的议题、文稿的内容还可以有提升空间，还可以更讲究一些。我始终认为，作为一个省的主流媒体的理论版，应讲时效性、讲权威性、讲说理性、讲接地气、讲应用理论底蕴，一定要避免泛、散、空，既要刊载一些紧紧围绕党与政府部署和中心发展目标的文稿，刊载一些经济社会形势态势分析的文稿，刊载一些领袖、领导论述解读的文稿，也要刊载一些引领宏观政策、战略规划指向鲜明的文稿，刊载一些政界、学界、社会贤达、产业劳动者、老百姓关注的文稿；既要刊载一些省外专家学者的文稿，也要刊载一些省内专家学者与各界人士的文稿。总是让那么多北京和其他省外的"大家"谈河南经济、谈省委省政府决策部署，是大而空的、不接地气的、缺乏内涵理性的。目前，学习贯彻省委十届六次全会精神的文稿有一些，但是拿来领导讲话、重复会议决议内容的多，表面化的、应景性的多，深层的、具有学理性的、说明省委省政府为什么要这样提、为什么要这样做的少。

三、跟着理论类大报走

不同版面有不同的定位风格性情，理论版应有理论版的特色优势，即便是地方性报纸，也要有层次影响。我建议我们的理论版也要学习汲取一些《人民日报》《光明日报》《经济日报》，包括《中国经济时报》《中国经济导报》《中国改革报》《中国社会科学报》等办报路数模式。既通过它们把握理论版动态动向走势，更以此谋划定位、选题、刊用文稿计划和重点。

长期以来，我们的理论版的一个定位就是理论宣传，但宣传也需要有理性，要有理论厚度，要有使人愿意看、抢着看的涵养和影响，应该沉稳有为，可是如果太沉稳，太过于宣传化了，就不能称之为理论版了，还是要有些应用理论支撑的。我用"沉稳有为"四个字是说，太过于沉稳了，就不会太有为了，不会有太大作为了。鉴于地处中原，意识观念约束，《河南日报》不一定办成《文汇报》《解放日报》等，敢于刊发诸如当年皇甫平那样的文章，但是也可以向《北京日报》时不时刊发一些不同意见观点争论的文章，激起几朵浪花，只要坚持"四个意识"，把住意识形态、政治导向方面不出事儿，就应该是正常的。否则，总是平平淡淡、官样文章，版面就没有活力了，报纸就没有多少人愿意看了。文喜高山不喜平，报纸杂志一样，有点起伏跌宕，有点不同凡响，有点社会影响，应该是好事儿。

理论版一定要有理论研究的味道、氛围、气质，当然我指的是要刊载一些应用理论研究的选题内容。今年是改革开放40周年，要有计划地安排一些相应文章，如改革开放的理论与实践研究、中国特色社会主义市场经济发展研究、新时代中国特色社会主义与河南经济发展研究等。也就是说，要有组织地围绕改革开放40周年，刊载一些有分量、有价值，在省内外形成较大影响的文稿。从我个人的认识看，至少有几个问题是否应该在值此40年改革开放再出发之际，需要研究的，尽管可能这些内容或被认为有些超脱出河南，甚至被认为不是我们地域性报刊关注的问题，但如果能有这样一些实实在在的文稿，我们的理论版对此的贡献，就全国来说也是不言而喻的。例如，不能只是呼吁从多元产权架构向单一私有产权变革，而是要从社会主义制度的目标追求和共产党人的信仰信心上来论述中央的"两个必须"发展方针的正确性；不能只是抱怨政府与市场、政府与企业关系的不顺，而是要提出怎么样才顺，中国特色社会主义市场经济体制下之顺的评价衡量到底是什么；不能只是谈经济下行压力大、经济新常态，中美贸易战因缺"芯"受人牵制被动而叹息绝望，而是要按照经济规律、市场法则、国际通则，进行客观的、实事求是的理论解析与说明；不能只是说形势大好或是举几个典例，大飞机、航母、天眼、完事儿，而是要研讨 40 年改革开放的理论基础、指导思想，以及改革开放 40 年轨迹的实践告慰与历史醒示，要宣传我们的发展进步，给人以力量与希望（当然也不一定那么张扬地呼喊"厉害了，我的国！"客观地说，我们纵向自己比，是"厉害了"，但是我们横向与其他国比，比如美国特别是与我们的近邻日本比，我们还不到说"厉害了"的时候，我们还和人家差得很远很远，过于张扬了，就容易遭到人家的羡慕嫉妒恨，不利于我们发展），也要指出我们的梦想被羁绊，给人以动能与拼搏；不能只是唠叨我们的人均 GDP 水平、人均收入水平的落后，要给人说出河南经济不断走高、走好、走稳的经验教训，看好未来；等等。理论版不一定完全受制于一个地区，它应该和其他版面定位有所不同，重要的是能不断刊载出一些在省内、国内有理论价值、实证价值的，有影响的文章。

理论版，一定要有理论，要把党和国家、省委省政府的顶层设计、决策部署、任务要求从理论上说清楚，以充分地应用经济社会理论研究文章，引领人们进入理性思维、理性追求、理性劳动、理性发展。

（此为原先准备的《河南日报》座谈会发言稿，后因与 2018 年 9 月 14 日会议主题不符，没有公开）